地圖大歷史

 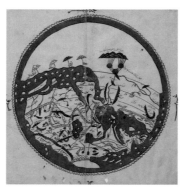 

NATIONAL GEOGRAPHIC

DK

地圖大歷史

傑瑞‧波頓 Jerry Brotton——著　王敏穎——譯

Boulder Media　大石文化

地圖大歷史

作者：傑瑞・波頓
翻譯：王敏穎
主編：黃正綱
資深編輯：魏靖儀
文字編輯：許舒涵、王湘俐
美術編輯：吳立新
行政編輯：秦郁涵

發行人：熊曉鴿
總編輯：李永適
印務經理：蔡佩欣
美術主任：吳思融
發行副理：吳坤霖
圖書企畫：張育騰、張敏瑜

出版者：大石國際文化有限公司
地址：新北市汐止區新台五路一段 97 號 14 樓之 10
電話：（02）2697-1600
傳真：（02）8797-1736
印刷：群鋒企業有限公司

2024 年（民 113）7 月初版二刷
定價：新臺幣 1200 元
本書正體中文版由
2012 Dorling Kindersley Limited
授權大石國際文化有限公司出版
版權所有，翻印必究
ISBN：978-986-95377-2-8（精裝）
＊ 本書如有破損、缺頁、裝訂錯誤，
請寄回本公司更換

總代理：大和書報圖書股份有限公司
地　址：新北市新莊區五工五路 2 號
電　話：（02）8990-2588
傳　真：（02）2299-7900

國家圖書館出版品預行編目（CIP）資料

地圖大歷史
傑瑞・波頓 著；王敏穎 翻譯 .-- 初版 .-- 臺北市
：大石國際文化，
民 106.9　256 頁；23.8× 28.5 公分
譯自：Great Maps
ISBN 978-986-95377-2-8（精裝）

1. 地圖學 2. 世界地理

609.2　　　　　　　　106015387

A WORLD OF IDEAS:
SEE ALL THERE IS TO KNOW
www.dk.com

作者將本書獻給
他的父親亞倫・波頓（Alan Brotton）。

目錄

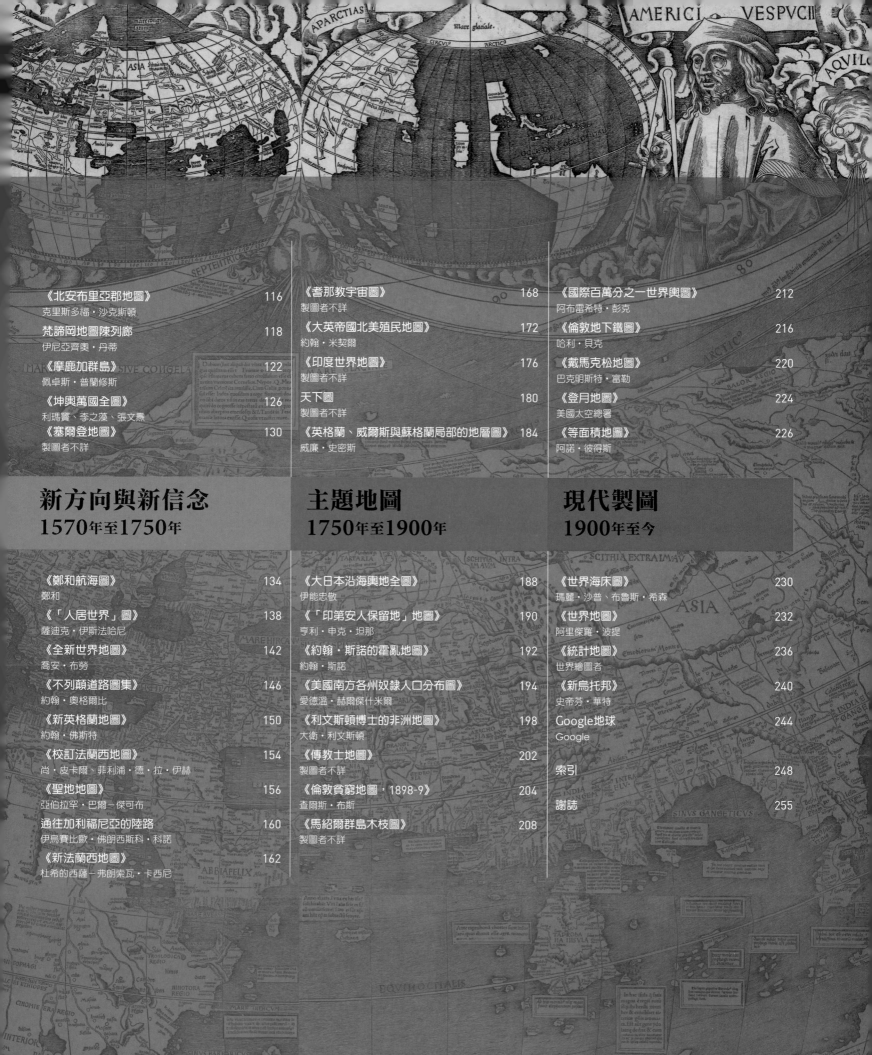

新方向與新信念
1570年至1750年

主題地圖
1750年至1900年

現代製圖
1900年至今

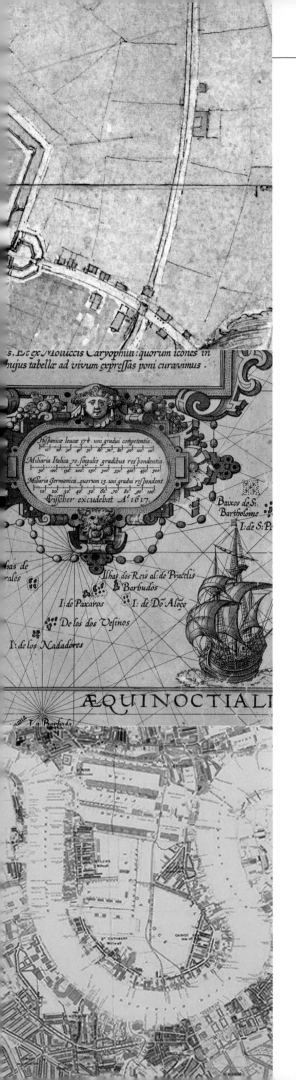

序

今天，地圖通常被視為定位或導航的工具。它以紙張製成，或者，更常見的是以數位方式瀏覽，提供我們周遭環境的相關資訊，或導引我們以最快、最有效率的方式從一個地點移動到另一個地點。然而，從古至今，地圖有過許多不同的功能。事實上，自從人類在4萬年前第一次學會如何在岩石上留下圖像記號以來，就已經懂得用創作地圖來概念化自己與周遭環境的關係。因此，地圖用來定義自身存在的作用，不亞於指引方向的功能。用空間的觀點理解周邊環境是人類的基本活動，心理學家稱之為「認知圖繪」（cognitive mapping）。別的動物只會劃分領域，我們是唯一一個能繪製領域的物種。

理解世界

　　所以，什麼是地圖？英語中的「map」這個字第一次出現於16世紀，雖然後來衍生出300多種不同的解釋，但目前的學者大多同意，地圖可以被定義為「一種圖像表示法，以空間的方式呈現人類世界的物品、概念或事件」。雖然這個定義看起來可能有些籠統，但它卻讓地圖跳脫只能被視為科學工具的框架，讓各式各樣的演繹都能被歸在「地圖」這個標題底下——天文的、占星的、地形的、神學的、信仰的、統計的、政治的、導航的、想像的、或是藝術的。這寬廣的定義也能廣納各種不同的文化傳統，包括不同的群體製作什麼樣的地圖、如何製作地圖、又為何製作地圖，從希臘文的「pinax」、拉丁文的「mappa」、中文的「圖」，到阿拉伯文的「ṣūrah」。本書會談到這些不同的傳統，從3500多年前刻在岩石上的一幅地圖說起，再逐一探究用黏土、馬賽克、莎草紙、獸皮、紙張和電子媒體製作出來的各種地圖。

　　《地圖大歷史》主打在世界各地的歷史關鍵時刻製作出來的各種地圖，解釋它們如何為各自的時代最迫切的問題提出重要答案。本書告訴讀者，繪製地圖真的是種全球現象—它是每個民族、每個文化、每個宗派都有的活動，儘管大家都以自己獨特的方法描繪各自的世界。本書也指出，雖然史上有這麼多地圖師宣稱自己的地圖是完美的，但世界上根本沒有完美的地圖這種東西。地圖永遠是主觀的，而同一個地區的地圖，也總是有很多種方法可以繪製。《地圖大歷史》按年代分為五個章節，但這不表示愈接近現代，地圖就愈科學精準、愈「正確」。反之，每個章節都解釋一份地圖如何回應目標受眾的特定需求，也就是說，對原始受眾而言，一張把耶路撒冷放在中央的13世紀宗教地圖，就和我們今日常在手機上查詢的數位地圖一樣「真確」。

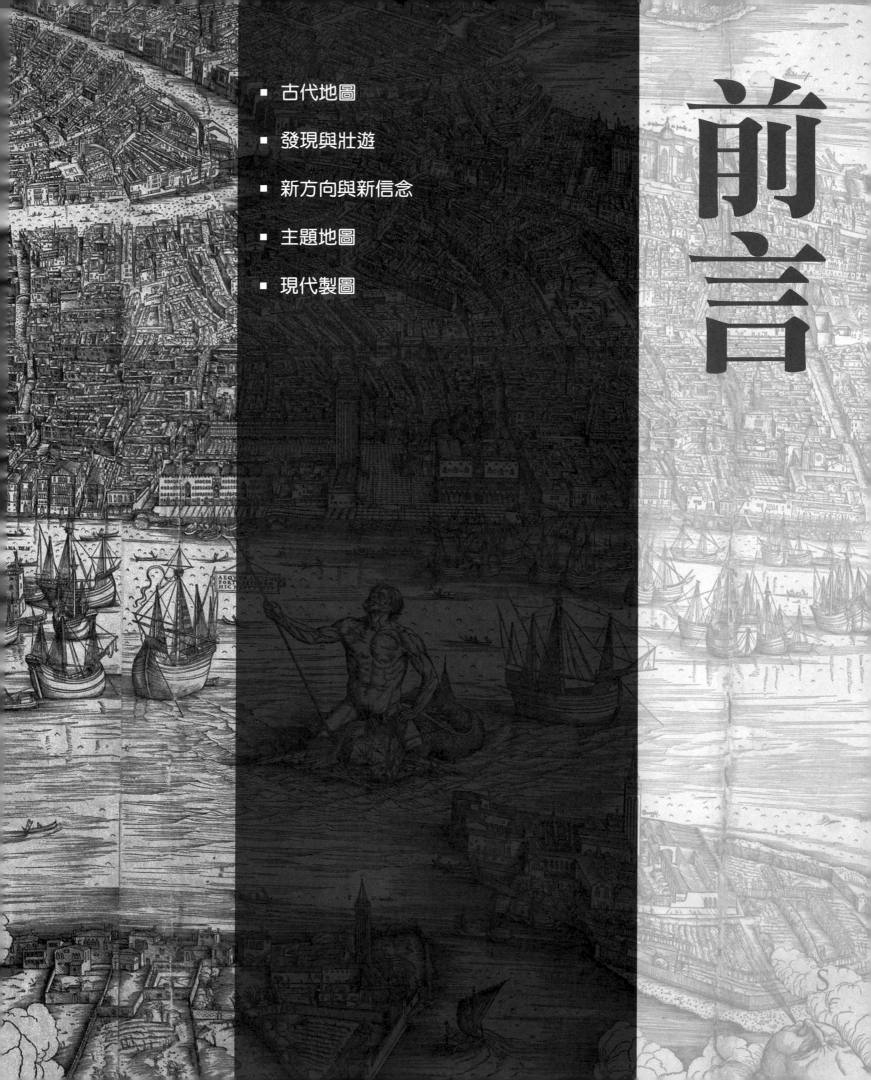

前言

古代地圖

古典世界涵蓋前基督教時代的巴比倫、波斯、希臘和羅馬帝國，當時的地圖有各種不同的功能——歌頌帝國的世界觀、解釋創世之說、描繪天堂，或是把宗教信仰化為圖象。還要再過很長一段時間，地圖才發展出規畫行程和引導的功能，而且這些功能通常是次要的，因為它們的比例和細節一開始還相當有限。學者在研究古典時代的地圖時，有一個難題：能保存到今天的地圖很少。倖存的文字記錄顯示，早至公元前7世紀，就有人繪製了世界地圖和區域地圖。有一本名叫《環遊世界》（*Periodos Gēs*）的書，裡頭附有地圖，把世界描繪成一個被水環繞的圓盤，涵蓋了歐洲、亞洲、和非洲。

到了柏拉圖時代（公元前427-347年），希臘人已經知道地球是球狀的，亞里斯多德（公元前384-322年）則認為它還可以被劃分成不同的氣候區。到了公元前3世紀，埃及的亞力山卓已經靠著它那座傳奇的圖書館，成為聲譽卓著的地理研究中心。首席圖書館員埃拉托斯特尼（Eratosthenes，約公元前275-194年）寫下了《地理學》一書，這本書是最早幾本以《地理學》為書名的著作之一，

書中描述整個已知世界，並將之繪成地圖。埃拉托斯特尼運用數學和幾何學和來繪製他的地圖。他也是推算地球圓周的第一人，而且驚人的是，他算出的答案和正確的地球圓周只差了2000到4000公里。後來，克勞狄烏斯·托勒密承襲了埃拉托斯特尼的科學方法。托勒密自己撰寫的《地理學》（公元150年）列出了希臘羅馬世界8000個地點的座標，並解釋如何運用幾何學與數學，把它們插入名為「方格圖」（graticule）的經緯線網格中。

科學之外

其他地方的製圖師沒什麼興趣追隨希臘傳統、以科學立論。例如，《波伊廷格地圖》就是一張扭曲變形的長條地圖，呈現公元4世紀開始分崩離析的羅馬帝國。至於像《馬達巴馬賽克地圖》和中世紀歐洲的世界地圖（mappa mundi）這樣的宗教地圖，則是用神學而非幾何學來定向。在中國，像《敦煌星圖》這樣的占星圖嘗試表達天庭的變化如何牽動凡間的人類。其他地圖（例如《禹跡圖》）確實是把中國畫在度量網格中，但其計算方式卻和希臘人發

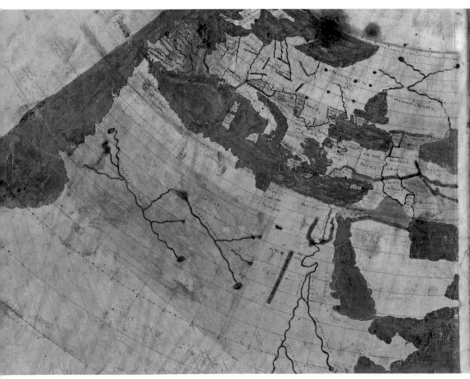
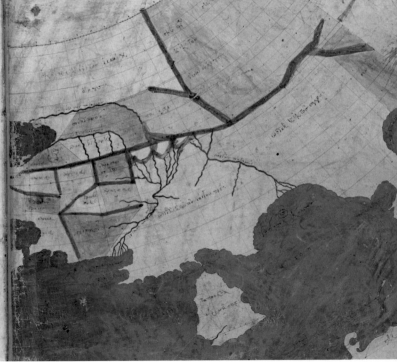

▲ 《托勒密世界地圖》　托勒密筆下的「已知世界」。對他來說，已知世界從西邊的加納利群島延展到東邊的朝鮮，中間是巨大無比的地中海和印度洋。

當觀察者看著這些地圖和地圖所說明的國家時,他看到的是忠實的描述和悦目的形式。

謝里夫・伊德里西,《給嚮往環遊世界人士的消遣》(Al-Sharif al-Idrisi, *Entertainment for He Who Longs to Travel the World*)

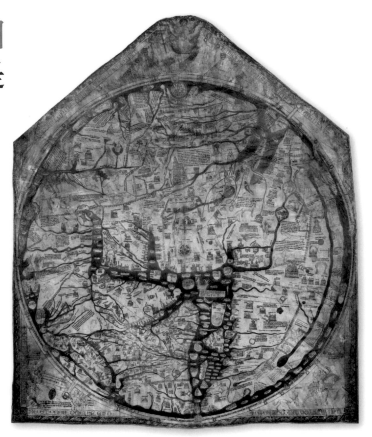

▲ **《赫里福德世界地圖》** 這張地圖的原始功能不詳,但上面的文字談及中世紀的地理學、神學、宇宙學和動物學。

展出來的大異其趣。許多古代地圖都是專門為皇帝、學者、神職人員等菁英製作的,但也有一些具有比較實用的目的。地中海周圍的穆斯林和基督徒都會製作波特蘭型航海圖,這種導航地圖唯一的目的就是確保航程安全。波特蘭型航海圖通常樸素無華,只專注於繪出海岸線並標註地名。它們的使用者是商人和水手,兩者的生計和未來的榮華都看他們能不能迅速安全地從一地移動到下一地。這類地圖,像是埃及《奇書》裡的地圖以及現存最古老的波特蘭型航海圖《比薩航海圖》,為地圖學指出了一個新的方向。

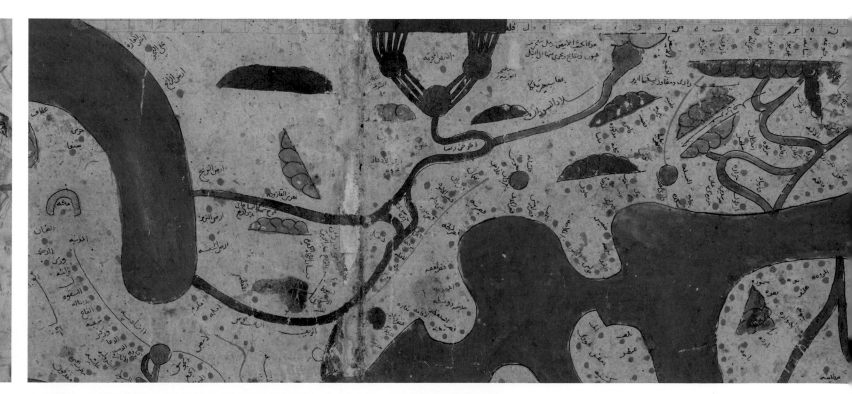

▲ **《奇書》** 這張地圖融合了實用的導航功能與伊斯蘭世界觀。南方在上面,阿拉伯半島和聖城麥加都非常顯眼。

發現與壯遊

裝飾精美但荒誕不經的《卡塔蘭地圖集》描繪1375年的人居世界，從葡萄牙一路延伸到中國，圖上滿是怪誕的生物和神話祕境。然而，不出200年，傑拉德・麥卡托的《世界放大新詮》就已經能夠呈現我們今日熟悉的世界。14世紀末到16世紀末這段時間裡出現了許多重大的轉變，因而獲得「發現的年代」之美名。然而，如果少了本書中討論的某幾張地圖，其中的許多轉變可能根本不會發生。歐洲、鄂圖曼和中國的探險家開始勇闖自己未知的疆域，因此需要地圖——首先是要幫助他們抵達目的地（通常經由海路），接著一旦在海外奪得財產，又需要地圖來炫耀一番。

　　15世紀初，為了讓葡萄牙的航海探險隊深入北大西洋，探險家不得不修改地中海的波特蘭型航海圖，並利用星辰導航。於是有了像祖阿尼・匹茲加諾（Zuane Pizzigano）製於1424年的這種波特蘭型航海圖。這張地圖看起來簡明扼要，但仔細研究，上面似乎還有一連串的「幽靈島」，歷史家懷疑可能是加勒比海，甚至是美洲——比哥倫布正式「發現」新大陸還早了70年。在朝鮮這一邊，權近也繪出了一些準確得讓人稱奇的細節。他的《混一疆理歷代國都之圖》似乎畫出了可以繞過去的非洲南部，比葡萄牙人發現好望角早了至少80年。

航海地圖與反映哲學觀的地圖

　　製圖的科學雖然在這個時期有了重大的革新，但遠距離航海依舊險象環生，地圖也還是經常有方位錯誤或扭曲的問題。胡安・德・拉・科薩製作了第一張標示出哥倫布在美洲登陸點的地圖，但他繪製新大陸和舊大陸時，使用的卻是兩種截然不同的比例尺。另一方面，迪歐哥・列比路的《世界地圖》可說是用地圖進行宣傳的最早範例之一。這張地圖竄改了摩鹿加香料群島的位置，以便西班牙

◀ 《**胡安・德・拉・科薩世界地圖**》　這張地圖的東半部用托勒密的比例尺畫出歐洲、非洲、和亞洲，西半部則用另一種大得多的比例尺來呈現美洲。

宣示主權。鄂圖曼海軍將領皮里・雷斯製作了一幅神祕的世界地圖，但只有西半邊留存至今。它使用的投影法依然讓現代地圖師百思不解。

發現新世界也催生了更多反映哲學觀的地圖。湯瑪斯・摩爾之所以在1516年出版《烏托邦》一書，部分原因是受到西班牙在美洲的探險活動所啟發。它也開啟了烏托邦文學這個全新的文類，描寫一座由理想社會支配的島嶼。後世出了許許多多的地圖來描繪這座知名的虛構之島，最早的是阿姆布羅修斯・霍爾班為摩爾這本書所繪製的地圖，一直延續到英國藝術家史帝芬・華特（Stephen Walter）和他2013年的作品《新烏托邦》。

擁抱科學

很多這個時期的實用地圖都有一個共同點：想利用新的科學方法來測量它們所呈現的空間。在歐洲，托勒

地圖將存在的奇蹟化為系統。

尼古拉・古蘭（Nicholas Crane），《麥卡托：畫出地球的人》
（*Mercator: The Man Who Mapped the Planet*）

密的智慧遺產引導地圖師逐漸拋棄神學，改採幾何地圖投影法和區域測量法來製作地圖，以協助地圖的主人征服、統治或捍衛它們所描畫的疆域。這份用心可見於16世紀初的威尼斯市地圖和奧格斯堡地圖，還有達文西精美的伊莫拉地圖（雖然這是一張用來驅逐潛在侵略者用的軍事策略圖），以及《阿茲提克人的特諾奇提特蘭地圖》——這張地圖捕捉了阿茲提克帝國毀滅前夕的前哥倫布時代墨西哥人自成一格的都市幾何學。如果說在這個時代，地圖展現了新世界和新觀念，那麼製圖師的技藝也開始被視為一種有用的工具，有助於在本土或海外取得政治、軍事或經濟力量。

▲ **第一張美洲地圖** 馬丁・瓦爾德澤米勒的地圖雖然橫跨了12張圖紙，卻還是很難把最新的地理發現全部塞進去，因此地圖的形狀變得很怪異，像一顆圓滾滾的球，幾乎要衝破圖框。

▲ **《阿茲提克人的特諾奇提特蘭地圖》** 阿茲提克人的製圖風格很獨特，混用了幾何學、象形文與神話意象來呈現他們的世界觀，例如上面這張。

新方向與新信念

到了17世紀，我們今日熟悉的那種世界地圖逐漸成為主流，製圖學也愈來愈專業化。多虧印刷術的發展，地圖的受眾也增多了。結果製圖變成了一種較為商業化的行為，不同的利益團體會雇用工匠和學者團隊來表達自己的信念。在英國，約翰·奧格爾比看出地圖具有道路圖集的潛力，而在英吉利海峽的另一邊，卡西尼家族（Cassini）則憑藉法國皇室贊助人的支持，研發新的測繪技術。卡西尼家族的《新法蘭西地圖》不僅是世界第一張全面性的國土測繪圖（比英國地形測量局早期製作的地圖還早了幾十年），還大受法國共和黨人歡迎（不管是在1789年的革命期間還是革命後皆然）。共和黨人把這張地圖「國有化」，用來象徵他們擺脫君權統治的國家。

地圖角色的轉變

其他人把地圖與日俱增的力量應用在不同的方向。雖說利瑪竇那張很有氣勢的世界地圖主要是為了勸中國人改信基督教上帝，但它也高明地揉合了東西雙方的製圖知識。同時，改信猶太教的亞伯拉罕·巴爾－傑可布也製作了一份《聖地地圖》，在猶太踰越節家宴慶典上使用。科學製圖法傳到印度，跟南亞的製圖傳統融合，因而有了「人居世界」這樣的美麗地圖，也就是蒙兀兒時代的印度學者（例如薩迪克·伊斯法哈尼）看到的那些。這些新的製圖技術也傳往西方，使殖民者得以在過去不曾被納入地圖的地區（例如北美洲）測繪發行自己的地圖。約翰·佛斯特那張粗略但非常有用的清教徒聚居地地圖鎖定美洲東部，而在大陸的另一側，耶穌會教士伊烏賽比歐·科諾則從此證明了加利福尼亞不是一座島嶼。隨著世界變得愈來愈容易理解，它也開始相對縮小，地圖師的角色也從飽學之士變成了管理人，緩緩填補著地球表面的空白處。

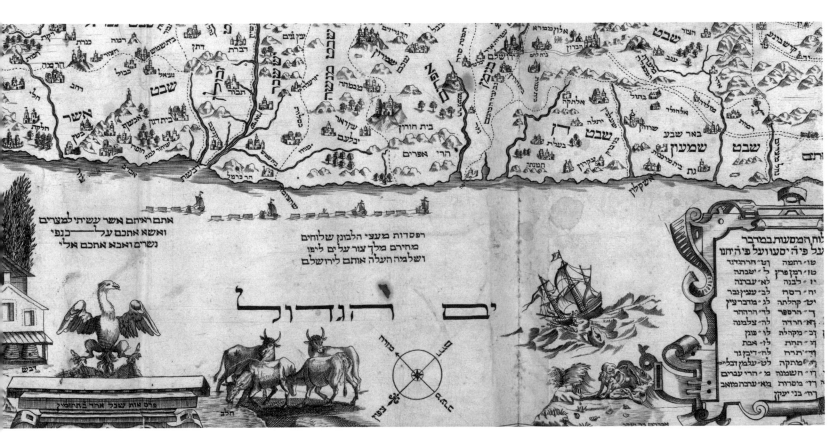

▲ **《聖地地圖》** 巴爾·傑可布這張17世紀的地圖歌頌猶太聖地。它被複印在一本祈禱書中，用意根本就不是要協助旅人在這個地區旅行。

主題地圖

19世紀是主題地圖的大好時光，在西方世界尤其如此。這個時代有了一些獲取與呈現統計資料的新方法，可以跟地圖的平面設計結合，打造出強而有力的視覺效果。國家人口普查在19世紀初大行其道，為地圖師提供了大量資料，各式各樣的主題都有，從貧窮、財富、疾病到民族、宗教、奴隸。設計和發行方式也有新的推展，讓地圖有了更廣大的受眾。像平版印刷這樣的技術則讓彩色地圖成為可能，而且遠比傳統雕版印刷省時省錢得多。

地圖與社會轉型

地圖也愈來愈常被政府和各類學術機構用來推動各種政治與社會工程計畫。1815年，當威廉·史密斯（William Smith）遞上大不列顛的第一張全國地質圖時，伊能忠敬也在孜孜矻矻地為德川幕府繪製日本全境海岸線。短短十年之後，亨利·申克·坦納（Henry Schenck Tanner）製作的地圖就被美國國會拿來協助執行美洲原住民部落的「重新安置」工作。同一時期，歐洲製圖法也被用來把西方宗教和文化傳播到世界各地，特別是非洲這樣的地方。大衛·利文斯頓博士的非洲地圖看似單純，實則掩飾了他想把商業和基督信仰引進這所謂的「黑暗大陸」的積極企圖，而擺明了就是要傳福音的《傳教士地圖》則發揚美國牧師威廉·米勒（William Miller）的基督復臨派信仰。這些地圖，連同其他許多當代的地圖，都擅自宣稱某些人民和領土歸他們所有，但他們其實根本沒有這樣的自然權利。

不過，雖然有一些地圖師只想把自己的價值體系強加於世界，但還是有其他人追求更進步的做法。愛德溫·赫格什米爾的《美國南方各州奴隸人口分布圖》提供了一份怵目驚心的圖表，美國總統林肯在南北戰爭期間（1861-65）就用它來提倡廢奴。在19世紀的英國，社會政策受到約翰·斯諾和查爾斯·布斯這類改革人士的主題地圖所影響。斯諾的霍亂地圖讓流行病學從此改觀，布斯則把財富資料應用在一張倫敦地圖上，結果發現貧窮的現象其實遠遠超過他的想像。在印度和朝鮮等地，頌揚信仰及神話的地圖仍不斷出現，和較為科學的地圖和樂地共存著。

▲ **《倫敦貧窮地圖》** 社運人士查爾斯·布斯運用一套色彩編碼系統，清晰有效地呈現了他關於貧窮的資料。

> **不論是史學家還是製圖師，都永遠不可能複製他們想要傳達的真實情況。**
>
> 克蘭·布林頓（Crane Brinton），美國歷史學家

現代製圖

在20和21世紀，製圖學曾經走上許多不同的方向。雖然世界上的神祕之地已經沒那麼多了，但製圖可以發揮的空間卻絲毫不減；有一些真的很了不起的地圖都是出自這個時期。然而，其中很多都受到批評，說它們呈現的是現代世界的強烈意識形態，或者更糟的是，被人拿去推行他們自己的計畫。事實上，現代製圖師經常遇到一種棘手的兩難問題：他們已經一再證明，任何地圖都只是選擇性地局部詮釋某個地域，但同樣這個事實也讓他們的作品變成一種強大的工具，因此容易被有心人士盜用，以達到他們的軍事、政治、意識形態或宣傳目的。

權力與藝術

阿布雷希特・彭克試圖做出一張統一以百萬分之一為比例的世界地圖，但是沒有成功。最後，他只能無助地看著軍方接手他的計畫，用在第一次世界大戰的軍事行動上。同時，像阿諾・彼得斯和巴克明斯特・富勒這樣的激進分子與夢想家也提出全新的地圖投影法，摒棄被他們視為歐洲中心或欠缺環境意識的傳統視角。這造就了一批詭異卻又絕妙的地圖。事實上，富勒的《戴馬克松地圖》和丹尼・道靈（Danny Dorling）的一系列統計地圖證明，最「準確」的地圖往往是那些看起來扭曲最嚴重的地圖。難怪這些革新會吸引藝術家走進地圖的世界。他們受到啟發，用地圖玩起色彩、形狀、語言與政治的無窮可能性，阿里傑羅・波提和史蒂芬・華特只是其中的兩位而已。

20世紀的進展

到了1960年代晚期，人類已經幾乎沒有到不了的地方，所以地圖師面對的障礙就很少了。也因此，製圖師能畫的地點多不勝數，從深海到遙遠的異星世界都可以。1970年代晚期，地質學家瑪莉・沙普和布魯斯・希森

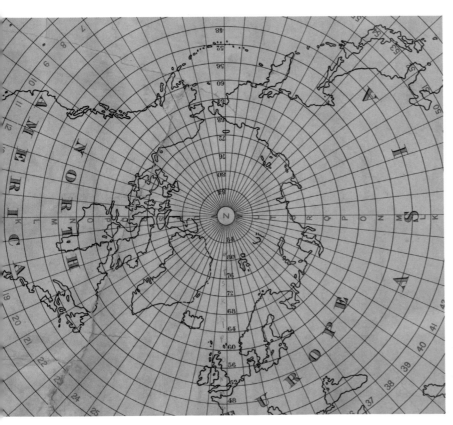

▲ **「百萬分之一地圖」** 彭克對《國際百萬分之一世界輿圖》的期望，就是能動員每個國家用同一個比例繪製自己的地圖。這是個野心勃勃的計畫，但終究注定失敗。

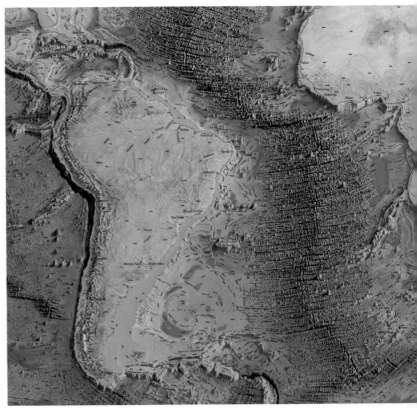

▲ **《世界海床圖》** 世界第一張全面海床測繪圖1977年才誕生。這要感謝美國地質學者瑪麗・沙普和布魯斯・希森，還有奧地利地景畫家海因利希・波藍（Heinrich Berann）。

不僅進行了史上第一次海床全面測繪，還從此證實了大陸漂移說。在地圖光譜的另一端，美國太空總署終於畫出月球圖，達成了像伽利略和里喬利等17世紀科學家只能癡心妄想的成就。

數位時代

　　21世紀的地圖用像素取代紙張，邁入了數位時代。電腦生成的地理資訊系統（GIS）從1960年代以來的發展也讓科學家（而不是製圖師）能以前所未有的精細度繪製整個世界。最後的顛峰之作就是Google之類的網路服務供應者今日所說的「地理空間應用程式」。此前人類從來無法想像能有這麼多的地理資訊，拜它之賜，現在任何電腦或手機使用者都可以在幾秒鐘內橫越地球，取得超高解析度的地圖。

> # 你做不出完美的地圖。永遠不可能。
>
> 丹尼·道靈，英國社會地理學者

地圖的未來

　　雖然數位應用程式象徵了製圖學的一個新紀元，也確實代表著紙本地圖的沒落，但現代製圖者面對的許多問題，卻和2500多年前巴比倫人遇到的沒什麼兩樣。地圖上應該標記什麼、又該省略什麼？地圖的費用該由誰來支付，地圖又該給誰使用？誰來使用地圖？不論載體是什麼，偉大的地圖似乎永遠都有存在的必要。畢竟，它們回答人類最歷久不衰的問題：「我在哪裡？」甚至是：「我是誰？」

▲《登月地圖》人類打從17世紀開始就想繪製月球地圖，但一直到1969年才終於成功。雖然人類總算在那一年登上月球，這張地圖卻是用天文臺提供的圖片做成的。

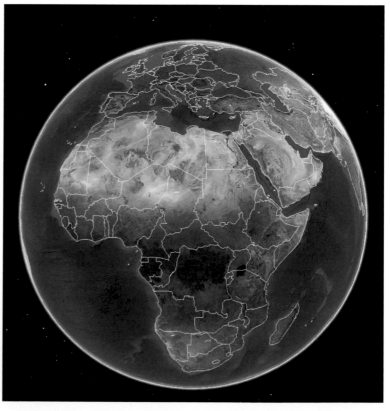

▲ Google地球　使用者可以透過電腦、平板電腦和手機取得這些高解析度的數位地理空間圖，放大他們的國家、城鎮、甚至是街道。

古代地圖

- 《貝多利納史前岩畫》
- 《巴比倫世界地圖》
- 《托勒密世界地圖》
- 《波伊廷格地圖》
- 《馬達巴馬賽克地圖》
- 《敦煌星圖》
- 《奇書》
- 《禹跡圖》
- 《給嚮往環遊世界人士的消遣》
- 《梭利地圖》
- 《比薩航海圖》
- 《赫里福德世界地圖》

公元前1500年—公元1300年

貝多利納史前岩畫

約公元前1500年 ■ 石刻 ■ 2.3公尺 X 4.6公尺 ■ 義大利，卡莫尼卡谷地，卡波朋提

製圖者不詳

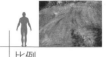

比例

史前人類的藝術呈現了人類想要製作地圖的衝動。

凱薩琳・狄蘭諾・史密斯（**Catherine Delano Smith**），《製圖學的歷史》（*The History of Cartography*）

渴望描繪實際環境是人類的基本活動，而且很可能跟人類獲得語言能力有關。某些最古老的地圖可以追溯到舊石器時代晚期（公元前4萬年至公元前1萬年），也就是史前製圖人把地圖刻在岩石上的時候。這些圖被稱作「岩石雕刻」，大多只是粗略地呈現當地風景。位於義大利阿爾卑斯山區的卡莫尼卡谷地是世界出土最多史前岩畫的地點之一。

合，有神聖符號也有地形符號。岩畫的作者是被稱作「卡莫尼人」（Cammuni）的鐵器時代早期農業社會成員，他們描繪公元前1000年在這個地區形成的聚落，以及當時的階級劃分。事實上，這張地圖呈現的是一種宇宙觀——是卡莫尼人的理想聚落風貌，部分出自想像，而且極為抽象。

鐵器時代的藝術

在卡莫卡尼谷地的超過20萬幅岩石雕刻中，最有趣的包括20世紀初期在卡波朋提地區的貝多利納發現的岩刻。一開始，人們覺得《貝多利納史前岩畫》（Bedolina Petroglyph）似乎只是描繪下方的谷地，包括奧約河。不過我們現在認為，岩畫中由帶圓點的幾何方塊、相交的線條以及牲畜和聚落的圖畫所構成的網絡是一套更複雜的組

親臨現場

岩石雕刻（petroglyph）的歷史可以追溯到1萬多年前。人類用多種不同的方法把圖像留在岩石表面，包括切割、雕鑿或刻劃等。《貝多利納史前岩畫》是用燧石、石英或後來出現的金屬工具，敲擊或鑿（刮）出線條和形狀繪成的。

▲ **今日仍然可以**位於阿爾卑斯山的卡莫尼卡谷地看到這幅岩刻地圖。

細部導覽

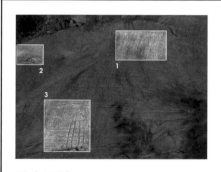

放大區域

▶ **牲畜** 圖中也畫出了牲畜，暗示著這張地圖可能代表人類發展的一個關鍵時刻——從集獵文化進入一種較偏向農耕的文化。對聚落糧食供應的焦慮感可能投射在這些理想化的雕刻上，是一種祈福的形式，想在面對不明朗的經濟情勢時確保五穀豐登。

▶ **屋舍** 相較於上方的雕刻，這兩幢斜屋頂的木屋構造比較寫實，但也比較粗略巨大。它們似乎是很久以後的鐵器時代晚期才用金屬工具加上去的，似乎不是主構圖的一部分。

▲ **田地與人物** 帶圓點的方塊似乎代表田地，暗示土地所有制剛剛出現。考古學家推測，每個圓點都是獻給亡魂或神明的祭品，以祈求田地豐收。接下來的幾個世紀裡，圖中的其他地方被逐一添上戰士、動物、甚至還有一把梯子（也許通往另一個世界）。

巴比倫世界地圖

約公元前750年到500年 ▪ 黏土 ▪ 12公分 X 8公分 ▪ 英國倫敦，大英博物館

製圖者不詳

比例

這塊破裂的黏土板是目前已知最早的世界地圖，1882年在伊拉克南部的西巴爾遺址（Sippar）附近出土，但我們並不知道它的作者和用途。儘管貌不驚人，它卻給了我們一個難得的機會，可以一窺古巴比倫文明的世界觀。黏土板上方三分之一是楔形文字，下方三分之二則是地圖。世界被畫成一個圓盤，被環狀的「marratu」（鹽海）包圍，與巴比倫和古埃及的信仰一致。

　　根據美索不達米亞神話，蘇美國王埃塔納（Etana）騎著老鷹飛上天堂，在那裡俯瞰人間。這塊黏土板以一種由上而下的類似角度想像世界的樣子，既視覺化了世界地理，也囊括了巴比倫神話。地圖以位於巴比倫帝國中央的一個圓規孔為中心，一切都從這個神聖的核心向外發散。然而，巴比倫的勢力從中央向外遞減，而雖然地圖邊緣的三角形區塊很多都殘缺不全，但還在的那些楔形文字都有提到，被描述成巴比倫文明之外的蠻夷之地。

談 背景故事

1881年，出生於伊拉克的考古學家霍姆茲德·拉薩姆（Hormuzd Rassam）在挖掘古巴比倫城市西巴爾附近一座遺址時發現了這塊被後世稱為《巴比倫世界地圖》（Babylonian World Map）的黏土板。拉薩姆當時正在尋找聖經大洪水的證據，而且他不懂楔形文字，所以誤以為這塊黏土板無關緊要。事實上，他甚至沒意識到這是一張地圖。要等到20世紀末，大英博物館的楔形文字學者才破解黏土板上的文字，發現了它的重要性。

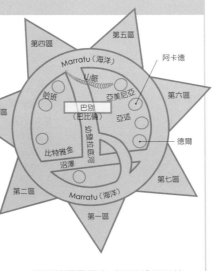

▲ 這張簡圖呈現出《巴比倫世界地圖》描繪的巴比倫神話與地理。

細部導覽

放大區域

1

▶ **巴比倫和幼發拉底河**　地圖中央的垂直矩形代表幼發拉底河，流入長形的沼澤，沼澤下方就是古城蘇沙（Susa）。橫在上方的矩形代表巴比倫，周圍的城市和山脈則以圓形、長形和曲線來呈現。

2

▲ **楔形文字**　楔形文字是史上最早的書寫系統之一。這塊黏土板上方及背面的楔形文字描述巴比倫的宇宙觀，包括大地如何在「不息的海洋」上方被創造出來。這塊黏土板具體呈現了巴比倫人的成就。

3

◀ **三角區塊**　這些三角區塊被標示為「nag」（意即「區域」或「省分」），代表巴比倫世界的邊境，有「看不見太陽」的危險地帶，以及變色龍和獅子之類的可怕猛獸。它們是許多地圖上都有的「terra incognita」（未知之地），散發著歷久不衰的抗拒感和吸引力。

描述巴比倫世界
觀的楔形文字

「Marratu」（鹽海）

巴比倫

幼發拉底河

托勒密世界地圖

公元150年左右 ▪ 獸皮紙 ▪ 57公分 X 83公分 ▪ 義大利羅馬，梵諦岡圖書館

比例

克勞狄烏斯·托勒密

克勞狄烏斯·托勒密是第一位把幾何與數學應用在地球研究上的古典時代學者。他寫了一本叫《地理學》（*Geography*，公元150年左右）的教科書，裡面載有將地球投影到平面紙張（以托勒密而言應該是莎草紙）的科學方法。這本教科書定義了何謂地理研究，解釋如何繪製區域地圖及世界地圖（運用基本的幾何與數學定理創造出兩大投影法），並羅列出古典世界的8000個地點。在接下來的1000年裡，托勒密的投影法一直是地理學者和製圖師的樣板。

繪製托勒密的世界

托勒密引介了一種基本的經緯格網（座標格），用希臘、波斯、羅馬和阿拉伯幾個世紀以來累積的資料推算出緯度和經度，然後畫出他稱之為「已知世界」（ecumene）的人居世界。托勒密的世界圖從西邊的加納利群島延伸到東邊的今日韓國所在。最北邊的點是土勒（Thule）——後世對這個地點的位置看法不一，認為是斯堪地那維亞或奧克尼群島（蘇格蘭外海）的某個地方。最南到非洲撒哈拉沙漠，和東南亞相連。托勒密的地理學中沒有美洲或太平洋，而且高估了地中海的大小，又低估了地球的圓周。現存最古老的《地理學》版本製作於13世紀末的拜占庭，讓學者質疑托勒密本人究竟是不是真的做過地圖。

克勞狄烏斯·托勒密（**Claudius Ptolemy**）

約公元90年至公元168年左右

托勒密是希臘羅馬時代的學者，在埃及的亞力山卓皇家圖書館寫下了古典時代最偉大的幾份科學文獻。

托勒密的姓氏告訴我們他原籍埃及（托勒密王朝不久前才被羅馬人推翻），而且祖上有希臘血統；他的名字則指出他是羅馬公民。他在古代世界最偉大的圖書館——亞力山卓皇家圖書館工作。建造這座圖書館的目的是要把所有已知的知識全部匯集於一處，托勒密也因而有了一個絕佳的場所，可以拓展他的各種興趣。除了《地理學》之外，他還寫過幾本關於音樂和光學的書、一份深具影響力的地球中心論天文研究，叫《天文學大成》（Almagest），還有一本占星學的權威著作，叫《占星四書》（*Tetrabiblos*）。

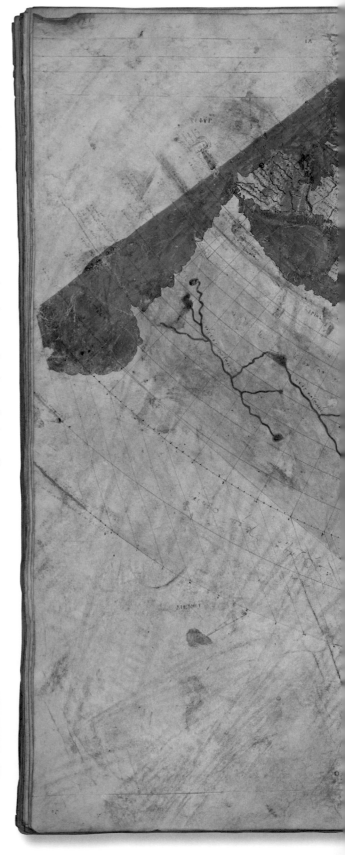

地理學就是透過繪圖，臨摹整個已知世界。

托勒密，《地理學》

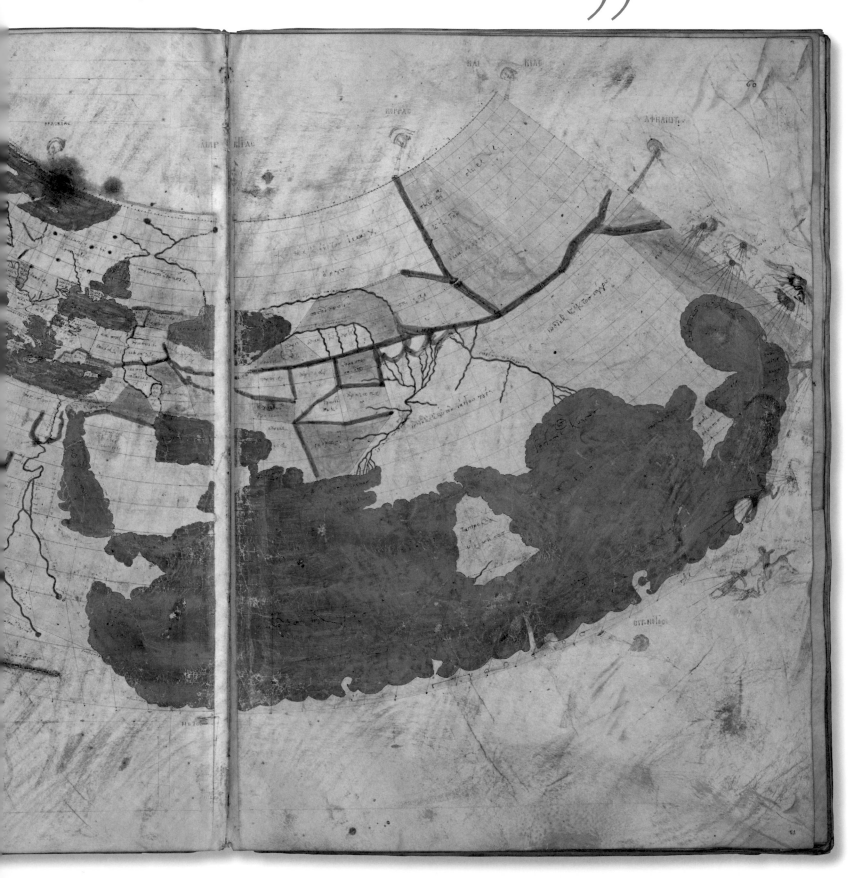

細部導覽

放大區域

1

▶ **地中海** 希臘人認為「已知世界」（人居世界）是以地中海為中心。由於參酌了希臘人和羅馬人幾千年來的知識，這張圖描繪的地中海具有某種程度的真確性。北非海岸畫得很好，涵蓋了托勒密的家鄉亞力山卓，還有拜占庭、黑海，以及畫得沒有那麼好的裏海。托勒密高估了地中海的縱向長度，認為有61度（正確應是41度），但是有超過一千年時間，西方製圖師都沒有糾正這個錯誤。

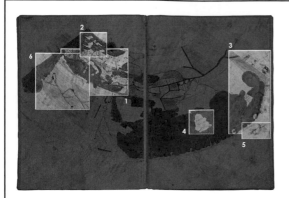

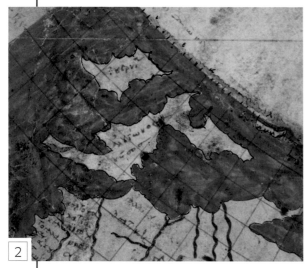

2

▲ **不列顛群島** 托勒密推算出來的極北點是北緯63度的土勒，在不列顛群島的最遠端。他對不列顛群島的描述顯示他對海岸、港灣及河流（包括朴次茅斯、特倫特河、恆伯河、泰晤士河）有相當的認識，可能是從羅馬人的文獻中讀到的。他在蘇格蘭畫出了克來德河，在愛爾蘭則畫出了波因河。雖然蘇格蘭的東西方位錯誤（古典時代晚期的地圖都有這個特徵），但英格蘭的輪廓畫得相當好，而且跟愛爾蘭的相對位置也是正確的。

▶ **托勒密世界的邊緣** 托勒密地圖的最東端是遠東的神祕港口「卡蒂加拉」（Cattigara），坐落於加納利群島東方177度處。它的正確位置眾說紛紜，有人認為是位於中國、朝鮮、甚至是美洲西岸的一座重要港口，屬於一個延伸到撒哈拉以南非洲的陸塊。它的西邊是被稱作「黃金半島」（Golden Chersonesus）的岬角，一般認為就是馬來半島。這兩個地方都深深吸引著後世的探險家，包括哥倫布和達伽馬。

3

4

▲ **塔普洛巴納** 托勒密的地圖愈往東方去，就愈不可信賴。他在今日的斯里蘭卡附近畫了一座比不列顛還要大的大島「塔普洛巴納」（Taprobana），說從印度出發必須航行20天才能抵達，而且圖中的印度海岸線幾乎是完全平直的。這座島有赤道穿過，有可能是跟東非到印尼之間的諸多島嶼搞混了。

論 技術突破

托勒密對製圖最偉大的貢獻，是提出兩種可以將圓形的地球畫在平面上的投影法。第一種是圓錐投影：用一根圖釘、一條線、一支筆畫出弧形的緯線，然後用一把尺畫出直的子午線，這樣畫出來的地圖就像一個圓錐。第二種投影法比較複雜，要畫出弧形的緯線和子午線（見下圖）。托勒密承認這兩種投影法都不完美，但它們為古典製圖的難題提供了最有效的解答。

▲ **托勒密的球面投影**呈現從太空看到的地球，影響了好幾代的製圖者。

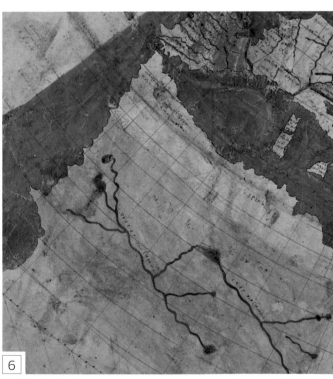

5

▲ **黃道符號** 托勒密不只是地理學者，還是天文學家。他著有《占星四書》，這是古典時代最有影響力的研究之一，探討天體運行如何影響人間之事。在這裡，他把他對星象的觀察畫到了地面上，例如代表弓箭手的射手座。希臘神話中的射手被放到天上，好引導傑森與阿爾戈英雄們穿過位於今日喬治亞的科爾基斯（Colchis）。但在這張地圖裡，他卻被放在遠東。

6

▲ **未知之地** 托勒密認為人居世界止於赤道南方，那裡有一條赤道的平行線，穿過埃及南部和利比亞。他的北非有縱橫交錯的湖泊與河流，從埃及的法尤姆綠洲（Fayum Oasis）向西延伸。不過赤道以南16度之下，就完全是空白的「未知地域」。

波伊廷格地圖

約公元300年 ■ 羊皮紙 ■ 30公分 X 6.75公尺 ■ 奧地利維也納，奧地利國家圖書館

比例

製圖者不詳

《波伊廷格地圖》（Peutinger Map）是製圖史上最重要的地圖之一，讓我們得以從一個獨特的角度了解羅馬時代的製圖法。然而，它也是個謎團：它是一份羅馬地圖的複本，公元300年左右製作的原件已經佚失，現存這張複本是1200年左右在德國南部製作的，得名自一位名叫康拉德·波伊廷格的德國律師。波伊廷格這張圖又是從另一位學者那裡繼承來的。

　　這張地圖最不尋常的地方在於它的尺寸及形狀。它畫在羊皮紙上，再切割成11塊，本書選錄的是呈現羅馬的第五塊，以及呈現地中海東部的第八塊。地圖長將近7公尺，

寬度卻只有30公分，攜帶時應該是放在一個羅馬人存放卷軸的箱子（capsa）裡。這張地圖描繪公元300年左右的羅馬帝國，從西方的不列顛群島一路延伸到東方的印度。由於東西向的比例尺比南北向的大了許多，所以很多地貌都被壓得很扁，因此羅馬和迦太基看起來好像只有一水之隔，義大利半島則占去了11張圖中的將近3張。

條條大路通羅馬

　　這張地圖上用紅線描畫了10萬公里的羅馬道路，還以英哩、里格（league）、甚至是波斯的「帕拉桑」

不論是世界的哪個時代、哪個文化，都找不到一張地圖能與這張匹敵。

理查・塔爾伯特（Richard A. Talbert），英裔美籍古代史學者與古典學者

（parasang）三種單位記錄城鎮之間的距離。它根據羅馬官方運輸系統「公共郵政」（cursus publicus）的資料，畫出聚落、驛站、公共浴場、河流、神殿和森林，曾經被視為規畫行程或軍事活動用的道路圖。然而它卻是在「四頭政治」的時代設計的，當時的羅馬由四位皇帝分治，大家都拼命想讓分裂的帝國維持統一。這暗示著它的作用也有可能是為了說服羅馬人，他們那個幅員遼闊、和諧團結的帝國依舊存在，並沒有成為過去式。

康拉德・波伊廷格（Konrad Peutinger）

1465年左右至1547年左右

康拉德・波伊廷格是外交家、政治人物與經濟學家，也是出名的古物研究者，積累的藏書量為北歐最大之一。

一般都認為康拉德・波伊廷格是歐洲文藝復興時代最偉大的人文學者之一。他出生於德國奧格斯堡（參見第96-99頁），在義大利聲譽卓著的波隆納大學及帕多瓦大學修習法律和古典文化，然後返鄉擔任奧格斯堡的鎮書記，並兼任神聖羅馬皇帝馬克西米利安一世的謀士。文藝復興時代的人對古典文化再度產生興趣，他也跟上風潮，開始收藏數量可觀的古文物，成為一位出名的藏書家與古代手稿收藏家。他在1508年繼承了這張最後被冠上他姓氏的不凡地圖。

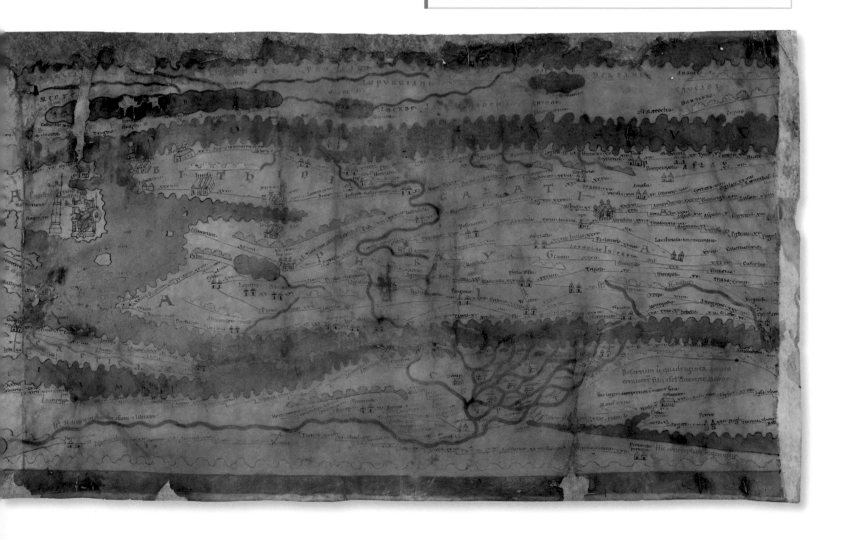

細部導覽

 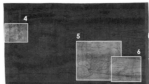

放大區域

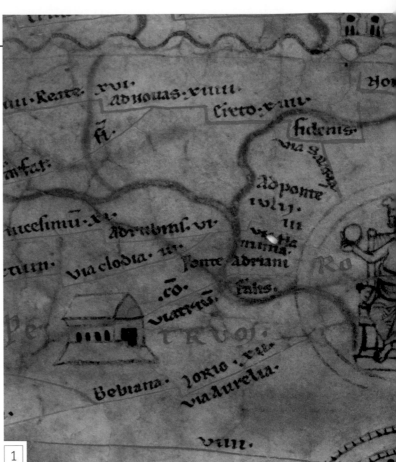

▶ **羅馬**　在這張地圖上，條條大路確實都通往羅馬，也就是它象徵性的心臟。羅馬被擬人化成一位坐在王位上的女性，手持地球儀、盾牌和法冠，12條標註了路名的道路從中央輻射出去。臺伯河用綠色顯示。圖的左邊可見凱旋大道通往聖彼得大教堂（圖上可見紅色的「Petrum」字樣）。我們可以從中瞥見當時的人對羅馬的具體印象與象徵觀感，十分有意思。

▲ **羅馬港口歐斯提亞**　羅馬的古港口歐斯提亞（Ostia）以大比例尺呈現，筆法立體，不過由於比例尺變動太大，加上南北向的壓縮，它看起來似乎和北非城市迦太基（Carthagine）只有短短的一水之隔。迦太基是羅馬共和國最大的敵對帝國，相較之下卻像是個小聚落。羅馬和迦太基的實際距離有將近600公里，但是這張地圖關心的是這兩座城市之間的帝國近身利益，而不是實際的距離。

▲ **拉芬納（Ravenna）和伊斯特里亞（Istria）**　著名的寨城（如亞得里亞海附近的拉芬納）以比較詳細的方式呈現，較小的聚落被畫成有兩面山形牆的建築，公共浴場（左上角）則是有院落的方形建築。山脈以褐色的波浪狀線條示意，紅色的道路上方用羅馬數字標出兩地之間的估算距離。這張地圖上有2700個地點和距離，還有52座公共浴場。亞得里亞海嚴重擠壓變形，因此伊斯特里亞（主要位於今天克羅埃西亞）看起來彷彿緊鄰著義大利海岸。

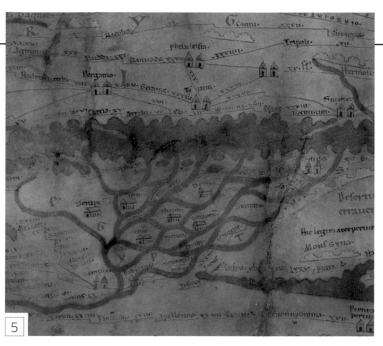

▲ **埃及、尼羅河與柏格蒙** 這張地圖南北向的壓縮在繪製埃及時尤其顯著。尼羅河三角洲蜿蜒的細節一覽無遺，橫過圖中央的綠色水域則是地中海，因為地圖縱長不夠而被壓得很扁。地中海上方的海岸線是今日土耳其，受偉大的古希臘城市柏格蒙（Pergamon）掌控。希臘時代的前首都法洛斯（Pharos，即亞力山卓）非常模糊地出現在圖的左下角。這兩座城市之間的實際距離大約是600公里。

▲ **西奈山** 在這張地圖的製作年代，基督教已經是羅馬社會的一部分，而這張圖也呈現了早期基督教的影響。西奈山上有一段文字，譯為：「以色列的子民在摩西的帶領下，漂泊了40年的沙漠」。紅海橫在中央，下方有一段文字描述「犬頭人」，指的應該是東北非一種狗頭人身的怪獸。

▲ **君士坦丁堡** 公元324到330年間，剛剛改信基督教的羅馬皇帝君士坦丁大帝（公元272-337年）定都君士坦丁堡（今日伊斯坦堡），為羅馬帝國建立了新的東部半壁江山。在圖中，這座新城市的恢弘程度幾乎可以媲美羅馬，擬人化的女性形象也跟羅馬明顯相似。她指向一根柱子，頂部有一尊戰士雕像，戰士拿著一顆圓球和一把長矛，描繪的應該就是這座城市的建立者：君士坦丁。這張地圖捕捉了羅馬帝國即將投向基督信仰、分裂成東西兩半的關鍵時刻。

談 背景故事

羅馬人的製圖手法偏實用性與輯理性，尤其是相較於他們的希臘老前輩科學化且常常帶有哲學色彩的手法（例如托勒密，見第24-27頁）。《波伊廷格地圖》集這些特點於一身，長久以來都被視為羅馬製圖理念的代表。人們原本認為，羅馬人改編地圖是為了用在土地管理、土木工程及軍事計畫上。不過最近的研究發現，《波伊廷格地圖》之類的羅馬地圖中還有更多裝飾性、哲學性與政治性的面向。

▲ 這張《世界地圖》（*Orbis Terrarum*）是馬爾庫斯・維普撒尼烏斯・阿格里帕（Marcus Vipsanius Agrippa）將軍在公元20年左右委託製作的一張羅馬軍事地圖的複製品。原版地圖都已經佚失。

馬達巴馬賽克地圖

公元560年左右　■　馬賽克磚　■　5公尺 X 10.5公尺　■　約旦馬達巴，聖喬治教堂

製圖者不詳

《馬達巴馬賽克地圖》（Madaba Mosaic Map）是現存最精美的拜占庭地圖，也是已知用磁磚做的地板地圖中最古老的一份，今日可以在約旦中部馬達巴的聖喬治教堂地板上看到。原有的馬賽克只剩下四分之一，但剩下的這個部分卻是最偉大的早期聖地地圖之一，從約旦峽谷畫到尼羅河的支流卡諾匹克河（Canopic）。它北邊在上，耶路撒冷位於中心，和這個地區的早期基督教地圖一致。

為信徒製作的地圖

這張地圖仔細描繪地形元素，用拜占庭時代的希臘文標註出150個地名。地圖各處的比例不一，從猶太地（Judaea）的1:15000到耶路撒冷的1:1600都有——後者之所以畫得更精細，應該是基於它的重要性。圖中還有漁船、橋梁、獅子、瞪羚、魚、建築物、聖經片段，十分生動。這些片段很多都取自羅馬基督教學者凱撒里亞的尤西比厄斯（Eusebius of Caesarea）所著的一本記載聖經地名的書：《聖經地名大全》（Onomasticon，公元320年左右），暗示著這張地圖的用意在於教導信徒和宗教朝聖者。

馬賽克的空白區域飾有野生動物。

約旦河中有許多的魚。

地圖上的說明文字用拜占庭時代的希臘文寫成。

親臨現場

▲ **馬達巴鎮的聖喬治教堂**依舊是朝聖者趨之若鶩的地點。

馬達巴的絕大部分鎮區都毀於公元746年的一場地震，這幅馬賽克因而遭到掩埋，直到1884年建造聖喬治教堂的時候才被發現。聖喬治教堂屬於希臘東正教，建在另一座古建築的原址上。新教堂完成時，這片馬賽克被保留在後殿，今日還是可以看到倖存的部分地圖。不幸的是，從出土到1960年代開始保存並修復殘存馬賽克的這段期間，它已經受到程度不等的損傷。德國和耶路撒冷也有這張地圖的複製品。

彼時的當代世界風貌，呈現出美妙的包容性與連貫性。

丹尼斯・伍德（Denis Wood），《重思地圖的力量》（*Rethinking the Power of Maps*）

細部導覽

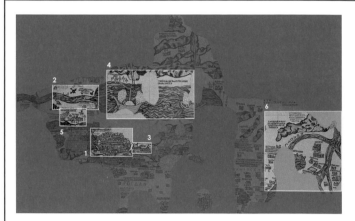

放大區域

▼ **耶路撒冷** 這張地圖的正中央是基督教的心臟，也就是城牆圍繞的「聖城耶路撒冷」。耶路撒冷以驚人的細節呈現，包括21座塔及各種角度的鳥瞰圖。左邊（北方）是大馬士革門，通往錫安山上的紅瓦教堂。聖墓教堂出現在中央的前景內。

▼ **約旦河** 約旦河是耶穌受洗的地點，以色列人就是跨過這條河進入應許之地。在這張地圖中，寬闊的約旦河裡滿是魚群，兩岸有獅子在追逐瞪羚。圖上還看得到用滑輪牽引的渡船（左下角）。圖的右上方是約書亞立下12塊石碑的「吉甲」（Gilga）；右下角則是施洗者約翰的教堂及施洗地點「伯大尼」（Bethabara）。

▶ **伯利恆** 這張地圖的宗教地貌相當準確，連伯利恆城內與基督降生有關的個別建築物都參考了當時資料，描畫得鉅細靡遺。它清楚地勾勒出聖誕教堂，毗鄰著一座紅瓦建築，還有一棟帶塔樓的黃色住宅。圖的下方是猶大山和《創世紀》曾提到的「以法他」（Ephratha，「結實纍纍」的意思）。

▶ **死海上的船隻** 「鹽，瀝青湖，又稱死海」，馬賽克上的文字如此描述這個地區。這座海因為曾是希律王造訪過的水療地而馳名，那幾個名字則是源自海中抽出的瀝青，以及海中沒有生物的事實。由於反對偶像崇拜，拜占庭禁止藝術作品上出現人物形象，所以船上靠跑船營生的水手圖像都被抹除了。

▲ **耶利哥** 在《舊約》中被形容成「棕櫚樹城」的耶利哥（Jericho）也是以色列人渡過約旦河攻下應許之地的第一役的發生地點。它是一座肥沃繁華的綠洲，周圍有九棵棕櫚樹，並且坐擁四座高塔和三座教堂。

◀ **西奈地區** 埃及、尼羅河及其支流還有西奈地區全都呈現在這裡。多岩的西奈沙漠位於圖頂，附有許多以色列人從埃及出走到應許之地的相關說明。圖的左上方是《出埃及記》中亞馬利人攻擊以色列人的地點「利非訂」（Raphidim），下方則是「尋的曠野」（Desert of Zin），也就是耶和華降下甘露給以色列人的地方。

論 技術突破

這張地圖用羅馬及拜占庭馬賽克拼畫中常見的「tessera」拼成。「tessera」是一種小口方磚，材質為石灰岩、大理石或彩色玻璃。不過，這種作法需要投入大量的時間、技術和金錢。必須先請一位工藝大師勾勒出地圖的輪廓，再由藝術家逐一嵌下小方磚，拼出城鎮、山脈、河流、人物和文字。

▲ **馬達巴**這幅現代的基督馬賽克使用的是和古地圖一樣的技法。

敦煌星圖

約公元649-684年　■　紙張上墨　■　24公分 X 3.94公尺　■　英國倫敦，大英圖書館

比例

李淳風

許多古文明都有觀星的傳統，通常是因為相信天上的變動左右著地上的種種。在這些文明當中，中國的天文學和星象圖是最先進的。《敦煌星圖》是已知最古老的天象圖，製作於唐朝，大概在公元649-684年間。馳名中外的英籍匈牙利裔考古學家奧萊爾・斯坦因（Aurel Stein）於1907年在中國西北絲路上的敦煌千佛洞內發現了這份圖，連同另外4萬份珍貴手稿。

　　這張圖畫在一張上乘的紙上，長度將近4公尺，但寬度只有24公分。地圖由右向左展開，卷首是一篇談占星術（

靠著觀察自然天象來占卜）的文字，並列出各種「氣」（雲型）。接下來是12張時角星圖（每張覆蓋12分之1的天空），最後則是一張北極天區的星圖。

可觀的成就

　　這13張圖合起來，展現了整個可見的北半球天空。據估計，圖上共記錄了1339顆星，分成257個星座，中國的天文官似乎能以肉眼看到所有這些星座。一般相信這張星圖的作者是天文學者李淳風，他參考三份為星宿編目的既有

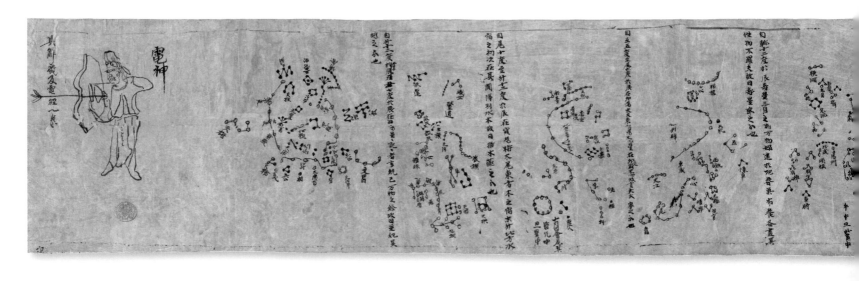

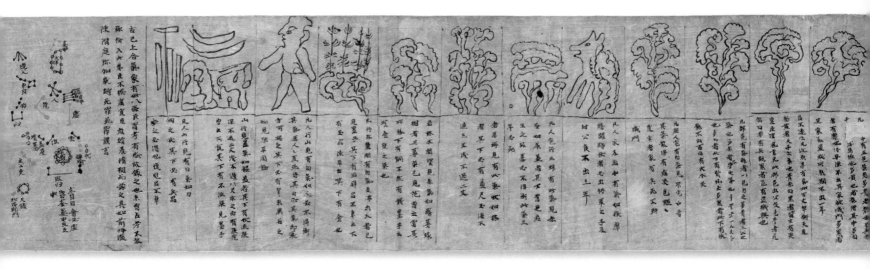

全世界保存至今最古老的完整星圖。

尚-馬克・博奈-畢多（Jean-Marc Bonnet-Bidaud）、佛朗索瓦絲・普拉德西（Francoise Praderie）、
蘇珊・懷特斐德（Susan Whitfield），《敦煌的中國星空》（*The Dunhuang Chinese Sky*）

天文文獻，最古老的那份比他的星圖早了700多年。某些星星的顏色代表最早辨識出它們的天文學家，其他許多星座的名稱則透露了中國日常生活中人們最關注的事項，像是社會階級和個人財富。

李淳風

公元602至670年

《敦煌星圖》的注釋中有「臣淳風言」的字樣，說明這位傑出的道家數學家、天文家和歷史學家曾參與製作。

李淳風是朝廷的天文官、史官和初唐太史局的太史令。他以改革中國曆法聞名，朝廷在公元665年頒行他的新曆法。這份叫做《麟德曆》的新曆引入每三年插入一個「閏月」的概念，類似西曆的閏年。這項任務相當重要，因為它能夠更準確地預測左右朝廷施政的日月食。李淳風還為朝廷撰寫數學算經，以及天文、氣象、命理、音樂著作。這些著作和《敦煌星圖》一樣，受到時人的高度重視。

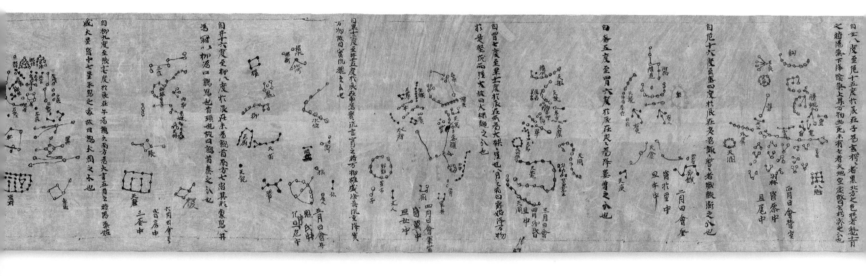

細部導覽

放大區域

▶ **北極天區**　北方的天空在中國天文學上最為重要。天庭反映中國的社會階級，而這塊天空被認為是最重要的，所以安排在最後一張。每個星群都有各自對應的朝中人物與地點。圖中共畫出144顆星，全部都繞著正中央那顆用模糊紅點代表的北極星旋轉，這顆北極星代表的正是皇帝。它的右邊有四顆星，代表皇帝的謀士。

▼ **電神**　卷末畫著一位身著古裝、彎弓射箭的弓箭手。他右邊的文字說明他是道教的雷電之神——當時的人認為閃電是他射出的箭造成的。用他來為這份手稿畫下句點再適合不過，因為手稿的起始與結束都跟氣象左右人類命運這個主題有關。

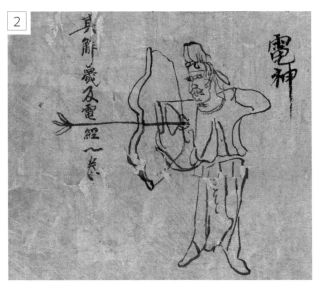

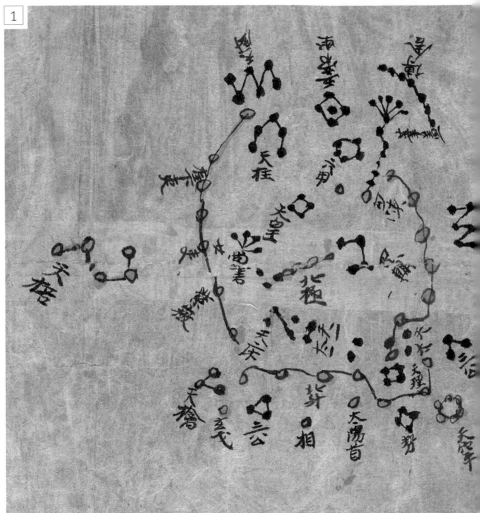

▶ **雲氣**　敦煌星圖一開始就精心描繪出26種不同的雲氣，並以80行文字解釋占卜術，保證它們全都「曾考有驗」，「未經占考，不敢輒備入此卷」。例如，一片「如狼虎騰躍蹲伏」的雲被視為吉兆，這戶人家「必出將軍之子及封公侯」。別的雲氣就沒這麼吉利了，是死亡和毀滅的兆頭。

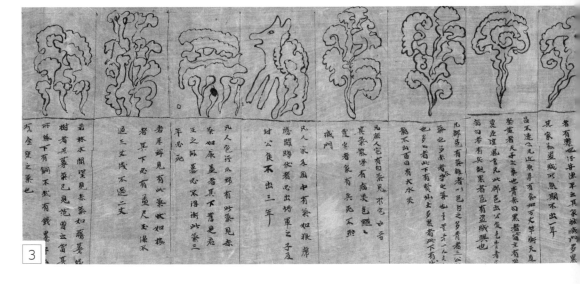

▼ **獵戶座** 中國天文學者最早認識的星座是獵戶座。由於十分明亮且位於天球赤道上，它是最顯眼的星座之一。它在這裡用「參」（一位偉大的獵人）代表，是中國和西方天文學者在星座形狀上少見解一致的案例。

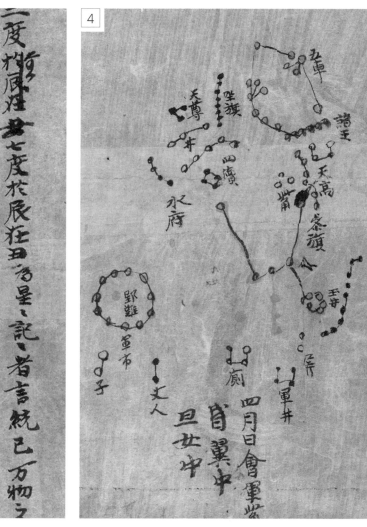

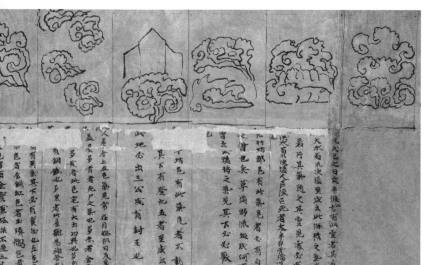

談 背景故事

中國古人相信人世的種種都取決於天象。中國天文學者必須製作曆書、預測幾種天象變化，他們因為能夠預測日月食及彗星等現象與它們代表的人間事件，被授予很大的權力。天空被劃分成幾個「宮」，並以四種動物代表四個方向——青龍、白虎、朱雀、玄武。中央的關鍵地帶代表天子、他的王位，以及輔弼大臣（「中國」取「中」字為名，象徵自己位於世界的中央）。此外，中國星圖上的數千顆星星都被分配在28個星宿中。

▲ **中國古代的天文官**在朝廷中很有影響力。

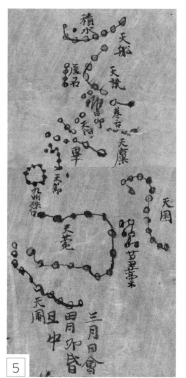

▲ **昂宿星團和畢宿星團** 金牛座由昂宿和畢宿兩個星團組成，它們都出現在第四張星圖上。昂宿星團在西方被稱作七姐妹星團。它們在這張圖上位於「大樑」星次內，中文用「昂」稱呼，意思是白虎星。

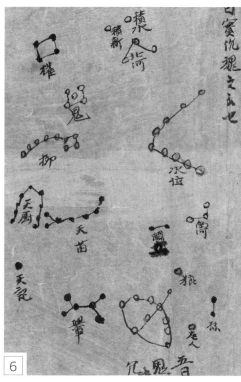

▲ **老人星** 老人星是天上第二亮的星星，位於南方天際。在希臘神話中，老人星（卡諾普斯）是一位舵手，被當作南極星使用。中國人叫它「老人」，也就是壽星星君。不過它在這張圖上的位置太靠近赤道。

奇書

約1020年至1050年　■　紙張上墨　■　24公分 X 32公分　■　波德利圖書館

製圖者不詳

比例

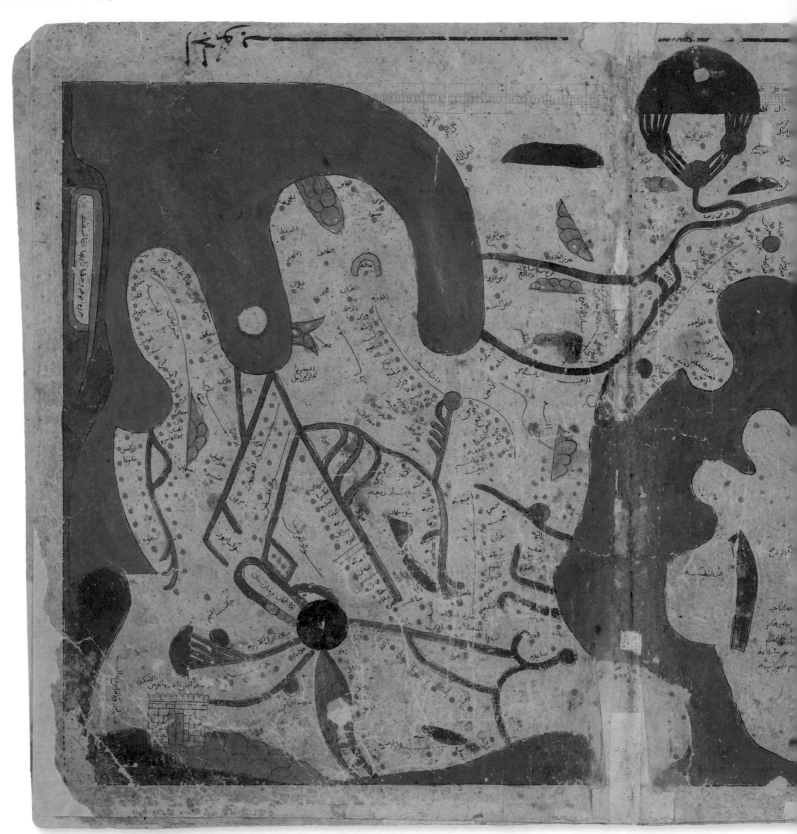

英國牛津的波德利圖館（Bodleian Library）在2002年取得一份編纂於埃及的阿拉伯著作，作者不詳，成書於法蒂瑪王朝，大概在1020到1050年間，名為《科學之奇與目睹之奇》（*Kitāb Gharā'ib al-funūn wa-mulah al-'uyūn*）。這份手稿描述穆斯林天文學家、學者和旅人眼中的天堂與人間，扭轉了我們對早期伊斯蘭宇宙學和地理學的理解。手稿內含幾張人居世界的地圖，包括兩張世界地圖，一張是圓的，另一張是方的（如圖所示）。這張地圖和中世紀基督教或穆斯林世界遺留下來的其他任何地圖都大異其趣。

中世紀的伊斯蘭觀點

這張圖南方在上，是當時伊斯蘭地圖的典型作法，阿拉伯半島和麥加畫得格外醒目。歐洲位於右下角，奇大的伊比利半島雄踞一方，凸顯穆斯林統治下的西班牙。同時，義大利與希臘跟北非一比顯得很小，而且北非畫得詳細得多，尤其是埃及以及構成尼羅河源頭的那些錯綜複雜的支流。阿拉伯半島受麥加統治，而且在圖上看起來是印度和波斯的兩倍大。中亞包括幼發拉底河、底格里斯河，以及上面註有「信仰基督教」字樣的君士坦丁堡（今伊斯坦堡）。這個地區也保有一些神話元素，像是傳說中亞歷山大大帝為了阻擋怪物歌革與瑪各（Gog and Magog）而築的牆。更東邊可以看到印度和中國，但細節愈來愈含糊。人居世界的邊緣是地圖最左邊謎樣的「珍寶之島」。最上方的比例尺暗示，這張地圖運用了此前的中世紀製圖師都不懂的數學運算法。這本書和地圖都非常借重希臘時代的資料，尤其是托勒密的作品（參見第24-27頁），以及許多阿拉伯與伊斯蘭的權威著作。

> 神將地球分成了幾個區域，某些區域較高等、某些區域較低等；而且祂還讓各個區域的居民特性符合當地的特質。

《奇書》（*Book of Curiosities*）

細部導覽

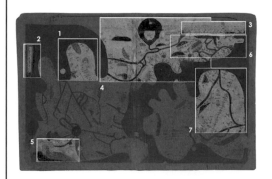

放大區域

▶ **阿拉伯半島和麥加**　穆斯林的聖城麥加（中右）支配著阿拉伯半島。它和地圖上的其他城市不同，用馬蹄形代表，可能是指涉該市最神聖的建築物「卡巴」（Kaaba）對面的一堵半圓形牆「哈提姆」（Hatim）。這張圖強調伊斯蘭早期的宗教地理，包括麥地那、沙那（Sana'a）、馬斯喀特（Muscat），都以紅點標示。葉門的哈德拉茅山脈（Hadhramaut mountain，最上方）則塗成紅色。

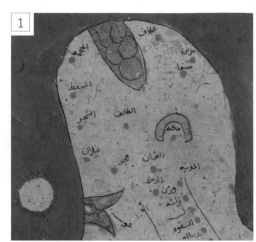

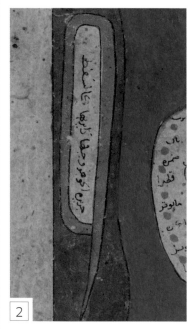

▲ **珍寶之島**　這座謎樣的島嶼坐落在人居世界的最東端，它的位置是參考波斯數學家與地理學者花拉子米（al-Khwarizmi，約公元780至847年）的著作。花拉子米描述這座島在赤道附近，靠近「陰暗之海」——也就是大西洋。在這張圖上，它位於印度和中國的東邊，有可能是現在的臺灣，不過它的確切位置及身分依然是個謎。

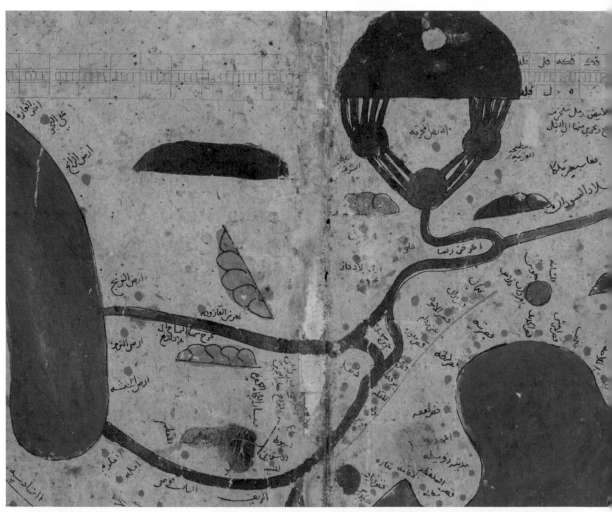

▶ **比例尺**　這隻比例尺是地圖史上最早出現的比例尺之一。它從右邊每5度為一個單位向左增加，表現出想用數學測量地球的複雜企圖。計數到左邊就中斷了，告訴我們製圖人想要複製一張更早、技術性更高的地圖，但沒有成功。

▲ **亞歷山大的壁壘** 基督教和伊斯蘭教都相信亞歷山大大帝在高加索山築了一道牆,以阻擋傳說中的怪物:歌革與瑪各。這堵牆在這張地圖上被畫成一道「壁壘,其建造者有兩支角」。傳說亞歷山大有一對公羊角,象徵力量與男子氣概。

論 技術突破

《奇書》的作者和許多伊斯蘭製圖者一樣,將世界分成七個氣候區(「climate」這個字源自希臘文的「klimata」,意思是「傾向」)。亞里斯多德相信氣候區影響地球上人居世界的等級和特質。它們包含「不溫和地區」,如赤道地區和北方的凍原,以及「溫和地區」,如地中海。伊斯蘭學者欣然接受這個概念,並將它寫入《奇書》,書中描繪的第一個氣候區位於南方,穿過非洲(「炙熱大地」)、印度和中國,第七個則位於極北之地,穿過斯堪地那維亞,還有一座人口清一色為女性的島嶼。第四個氣候區穿過羅德島和巴比倫,「性質及傾向都最好」。

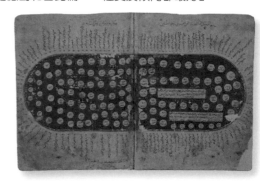

▲ 根據照亞里斯多德的模型,《奇書》中的地中海屬於「溫和地區」。

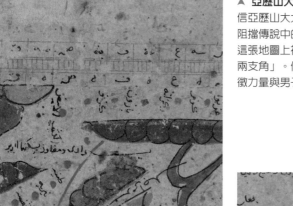

▲ **尼羅河及「月亮山」** 從古希臘時代起,尼羅河的源頭就是個令探險家著迷的地點。這張圖依照希臘哲學家戴奧真尼斯(Diogenes,約公元前404至323年)的理論重現尼羅河的源頭。他誤以為尼羅河源自中非的一座山脈,有十條河流從那裡流入幾座湖泊,接著再往下流到尼羅河。這個謬論一直到19世紀才被推翻。

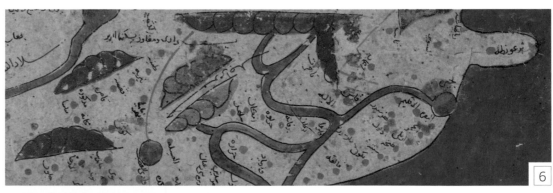

▲ **摩洛哥** 摩洛哥位於伊斯蘭世界的最西端,河流、山脈、聖城和商路都畫得很仔細──丹吉爾(Tangier)和非茲(Fez)尤其顯眼。這張地圖也呈現出欲將伊斯蘭威權施加於這個地區的心力:圖的右上方是柏柏爾人的聯盟巴格汪他(Barghwatah),他們統治大部分的沿海地區;內陸則是「柏柏爾人居住的沙漠」。

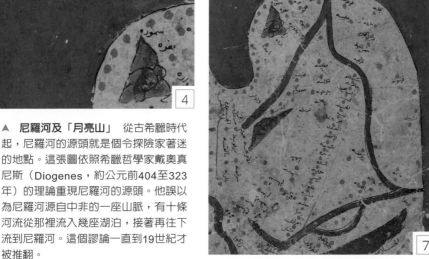

◀ **安達魯西亞** 到了11世紀時,摩爾人統治的西班牙(或稱「安達魯西亞」)因為穆斯林王朝對立所掀起的派系之爭與基督教的再次崛起,而面臨政治分裂的局面。這個地區被形容為「橫向要走20天」,並以紅色虛線標示出一條對角路線,從里斯本行經賽維爾到阿美里亞,倭馬亞王朝的根據地哥多華(Cordoba)則畫在瓜達幾維河(Guadalquivir R.)的正上方(圖左最上)。

禹跡圖

公元1136年左右 ■ 石碑 ■ 84公分 X 82公分 ■ 中國陝西，碑林博物館

比例

製圖者不詳

《禹跡圖》大概是知名度最高的中國地圖。它的年代可以上溯至宋朝（公元960至1279年），圖名得自中國賢君大禹的傳奇事跡：大禹以改造地貌治水的神話留名於世。這張地圖刻在一塊石碑上，中國的輪廓描繪得出奇地正確，特別是河流和海岸。它也是已知第一張用座標格標示比例尺的地圖。整張圖被分割成5000個方格，每個方格的邊長為100里（中國古代單位，100里略長於50公里），所以比例大概就是1:4,500,000。這張地圖雖然正確，卻把黃河的源頭弄錯了，圖上顯示的是大禹指名的黃河源頭，變成了中國人把精確製圖跟史載神話融於一爐的獨特案例。

是它那個年代的所有文化中最出色的地圖。

李約瑟（**Joseph Needham**），英國歷史學者

談 背景故事

打從7世紀開始，中國的君王和領袖就會用石碑（刻有圖文的紀念石板，如圖中這塊）向公眾曉諭大事、記錄宗教類和其他類型的銘文。在石碑上打方格刻畫地圖是一種高難度的技術性工作。不過，不懂製圖技術的使用者可以用拓印法複製這種地圖。像這樣拓印在紙上的地圖大量通行於中國民間。

▲ **這塊石碑**刻有西安古城的地圖。

細部導覽

放大區域

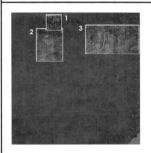

1

▲ **圖說** 這些文字解釋這張地圖標示有「古今州郡名」、「禹貢山川名」，承認將事實與傳說混於一處。

2

◀ **黃河** 大禹說黃河的源頭在「積石」這個地區（如圖所示）。然而，黃河其實是源自崑崙山脈。

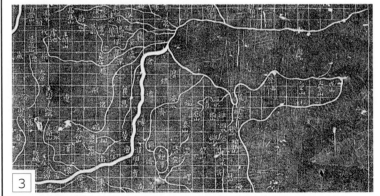

3

▲ **山東半島** 山東半島是中國歷史最悠久、人口最稠密的地區之一，因為地處黃河下游，戰略地位重要。這張地圖將山東半島描繪得格外仔細。

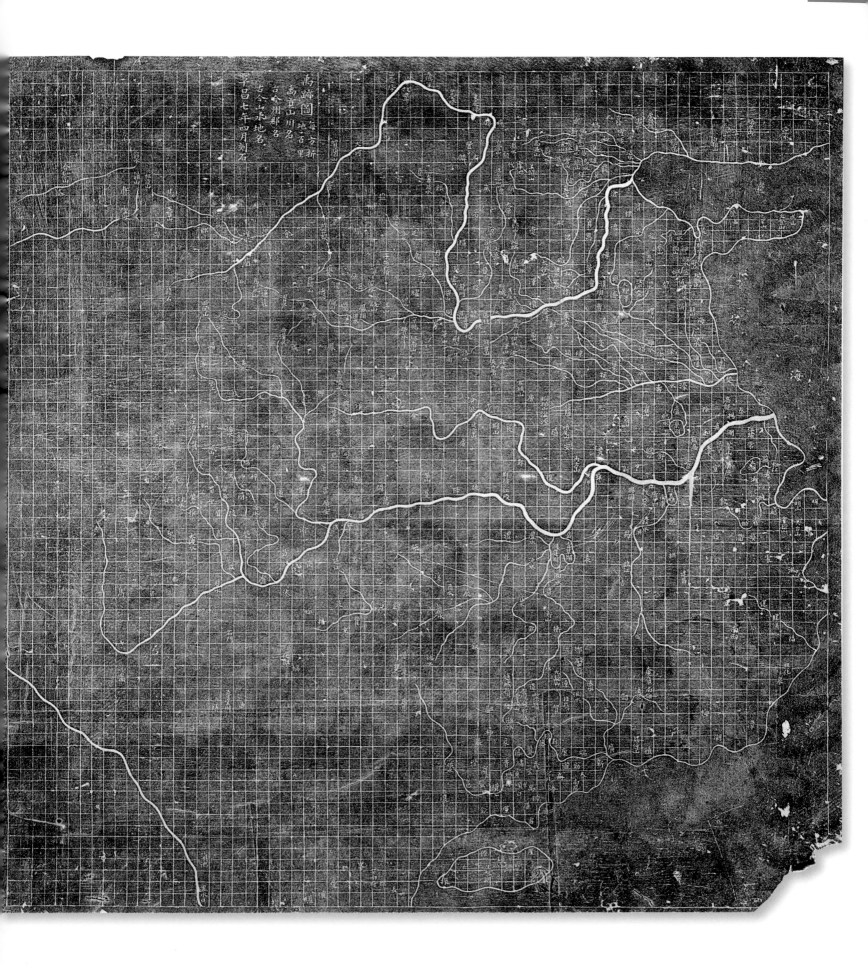

給嚮往環遊世界人士的消遣

1154年 ■ 手稿 ■ 21公分 X 30公分 ■
英國牛津，波德利圖書館

比例

謝里夫・伊德里西

這張圓形的世界地圖是中世紀最出色的地圖作品之一，摘自穆斯林阿拉伯學者謝里夫・伊德里西所寫的地理書《給嚮往環遊世界人士的消遣》（*Kitāb nuzhat al-mushtāq fī ikhtirāq al-āfāq*）。伊德里西受西西里王國的諾曼統治者羅傑二世贊助，在西西里島撰寫這本書，書中有70張覆蓋人居世界的區域地圖，並以這張世界地圖為始。這張地圖最特出的地方大概是它的方位：南方在上。大部分的早期伊斯蘭世界地圖都是這個方向，因為許多在7、8世紀改信伊斯蘭教的族群都分布在麥加以北，因此祈禱時要面朝南方。這張地圖取用《古蘭經》的概念，認為地球被海環繞、被火包圍。伊德里西的非洲故鄉顯得很大，據信為尼羅河發源地的山脈雄踞一方。歐洲畫得很粗略（西西里倒是很大，這不令人意外，畢竟它是贊助者）。阿拉伯（包括麥加）則位居地圖中央。

謝里夫・伊德里西（**Al-Sharīf al-Idrīsī**）

約公元1099至1161年

謝里夫・伊德里西是地理學者、旅行家、埃及學者與製圖師，他那個時代最精準的某幾張地圖都是出自他之手。他曾在西班牙哥多華的一流穆斯林大學進修，且當時就已經因為行遍西歐的經歷而出名。

沒有幾個製圖師能說他們是宗教先知的後裔，但出生在北非海岸城市休達（Ceuta）的伊德里西來自哈穆狄德家族（Hamm did），血統可以追溯到穆罕默德身上。伊德里西在1130年代晚期來到諾曼王朝統治的西西里，為精明又有野心的國王羅傑二世工作了30年，並在當地兼容並蓄的學術圈走動，同僚有基督徒、希臘人、猶太人和穆斯林。他發表了一些地理與醫學論文，還製作了各種不同的地圖與地球儀，之後才返回北非。

細部導覽

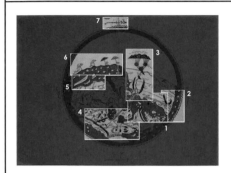

放大區域

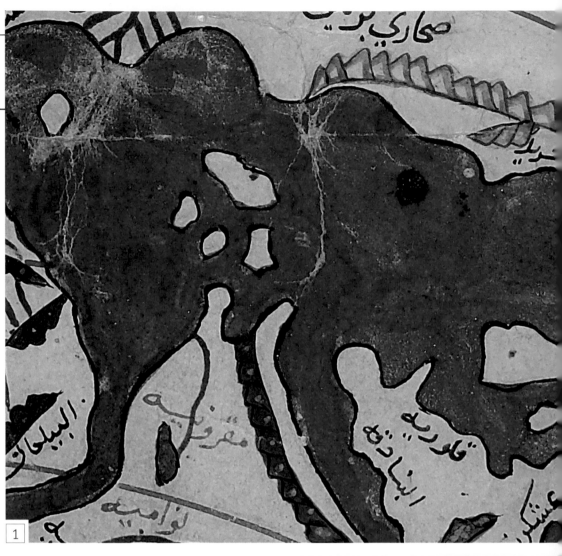

▶ **西西里的統治**　在地圖的中央右方，那個略呈三角形的島嶼是羅傑二世的西西里王國——伊德里西的第二故鄉，在地中海上十分顯眼。雖然它是這個地區最大的島，但伊德里西還是把它畫得太大，看起來有下方的薩丁尼亞島的四倍大，但薩丁尼亞島其實只比它小了一點點。

1

2

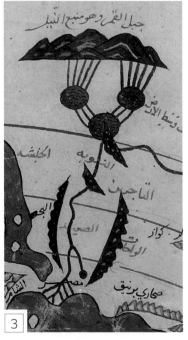

3

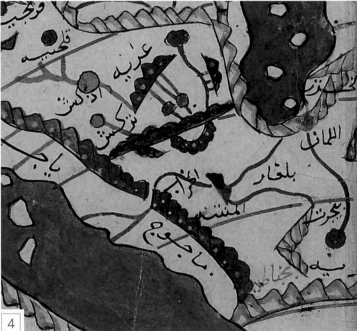

4

▲ **世界盡頭的島嶼**　伊德里西在這張地圖的邊緣畫了五、六個不規則狀的島嶼，從伊比利亞下行到非洲西岸。這是托勒密提到的「幸運群島」（Fortunate Isles），有可能是加納利群島，古典時代的大部分製圖人畫的本初子午線都通過這裡。伊德里西稱它們為「al-Khalidat」，並把它們放在大西洋，也就是穆斯林製圖人所說的「陰暗之海」。

▲ **尼羅河的源頭**　跟托勒密和其他許多穆斯林製圖師一樣，伊德里西也對尼羅河的源頭十分著迷。希臘人相信這條河源自一座白雪覆頂的山脈，然後流入一連串大湖，如這張圖所示。

▲ **中亞**　伊德里西試圖發展出一套地圖語彙，應用在這整個地區：排成一列的金色三角形代表山脈，棕色和灰色代表河流及湖泊，黑色的文字描述城鎮和聚落。黑海占據了最上方的大部分區域，右邊是形狀怪異的愛琴海東部。

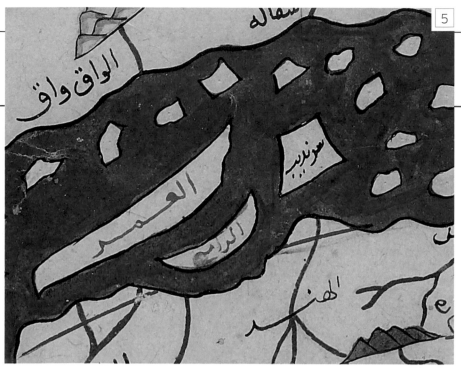

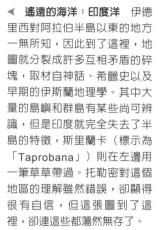

◀ **遙遠的海洋：印度洋** 伊德里西對阿拉伯半島以東的地方一無所知，因此到了這裡，地圖就分裂成許多互相矛盾的碎塊，取材自神話、希臘史以及早期的伊斯蘭地理學。其中大量的島嶼和群島有某些尚可辨識，但是印度就完全失去了半島的特徵，斯里蘭卡（標示為「Taprobana」）則在左邊用一筆草草帶過。托勒密對這個地區的理解雖然錯誤，卻顯得很有自信，但這張圖到了這裡，卻連這些都蕩然無存了。

6

◀ **想像出來的南方大陸** 「氣候區」（參見第43頁）的理論讓希臘人相信世界上有個溫和的南方地帶，那裡住有「對蹠人」（antipodes，希臘文，意思是「腳的生長方向相反的人」，或住在世界另一端的人）。伊德里西的南方大陸畫得很簡明，從遼闊的非洲延伸出去，上有許多山脈。

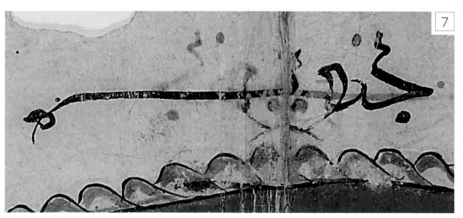

◀ **古蘭經的地理** 這張地圖標出了四個方位，還有一行簡短的文字，取材自古蘭經中真主創造「七重天」的說法（這七重天包括一個被水環繞的圓盤狀地球）。這張圖沒有提到其他的神學信仰或創世假說，也沒有怪獸，只有一種充滿好奇的自然主義，想知道世界的形狀及範圍。

談 背景故事

伊德里西吸收了豐富的伊斯蘭製圖傳統，這個傳統可以上溯到8世紀末在巴格達建立的阿拔斯王朝（Abbasid）。伊斯蘭早期的製圖師大多借鑒希臘地理學，尤其是托勒密的作品（參見第24-27頁），並採納他的概念，把地球劃分成不同的緯度區，稱為「氣候區」（參見第43頁），加以修改後再用來描述伊斯蘭世界的「省分」（iqlim）。伊斯蘭地圖和借用了大量聖經地理的基督教世界地圖不同（參見第56-59頁），只間接提及古蘭經的創世說，比較關心省分管理與貿易或朝聖路線之類的問題。

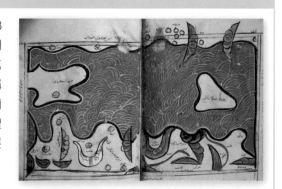

▶ **伊德里西地圖集**把世界分割成十個緯度區，每一張地圖都描繪其中的一個區。這張圖顯示的是印度洋。

梭利地圖

1200年 ■ 手稿 ■ 29.5公分 X 20.5公分 ■ 英國劍橋，基督聖體學院

比例

製圖者不詳

《梭利地圖》（Sawley Map）是神學家霍諾理厄斯・奧古斯托宕西斯（Honorius Augustodunensis, 1080至1154年）所著的一部極受歡迎的編年史《世界圖像》（*The Picture of the World*）內的一張小插圖。它是已知最早的中世紀英國製世界地圖，根據《聖經》觀點描畫世界的大小、形狀、源起，比許多更出名的同類型地圖還要古老。這張地圖畫出有立體效果的綠色海洋、紫色河流、紅色山脈，美不勝收，229份文字與插圖顯示它融合了古典文獻與基督教文獻。圖中東方（oriens）在上、西方（occidens）在下。這張地圖和許多後來的中世紀歐洲製世界地圖不同，中央並不是耶路撒冷，而是古希臘神話中心迪洛斯島（Delos）。歐洲的地位相對不重要。

　　這張地圖雖然受到古典文明影響，但主要的重點還是聖經歷史。它是一份宗教宣言，從最上方的伊甸園一路往

記錄顯示，《梭利地圖》原本屬於英格蘭的「梭利修道院」（Sawley Abbey），它可能也是在那裡製作的。許多早期的基督教世界地圖都是修道院製作的，因為那裡有進行這類工作所需的財力與學者人力。這些地圖呈現出強而有力的基督教世界觀，由教會散布。除了地點之外，它們的圖像也描繪出一系列年代，從《舊約》到中世紀。

▶ 《薩泰爾世界地圖》（Psalter World Map，1265年） 是一張有泥金裝飾的微型畫，畫中基督正在祝福以耶路撒冷為中心的世界。

下，可以看到中上方的巴別塔，再穿過聖地——包括以色列12部族的勢力範圍和耶穌在世時駐留過的諸多地點。在四位天使的守護下，《梭利地圖》描繪的是等待審判日的基督教世界。

細部導覽

放大區域

▶ **天使以及歌革與瑪各** 圖左上方的天使指著神話中的怪物歌革與瑪各，他們在審判日前的衝突中被釋放。這些天使跟新約《啟示錄》中的天使很像，阻擋了毀滅性的暴風，暗示這張圖的主題是基督教的正義戰勝世界罪惡的混亂與毀滅。

1

2

▲ **埃及和衣索比亞** 這張地圖愈往邊緣，資訊就愈含糊不清，套用扭曲的古典信仰和雜亂的基督教內容：非洲有火燒山和爬蟲般的蛇怪，也有聖安東尼修道院和埃及金字塔。金字塔被稱為「約瑟的穀倉」，因為《舊約》說約瑟曾經儲糧於此。

3

▲ **迪洛斯島、九頭女妖、漩渦海怪** 地中海這部分引用了希臘神話的典故。一如荷馬的《奧德賽》所描述的，女海妖（Scylla）和漩渦怪（Charybdis）守衛著義大利和西西里之間的海峽（當時西西里還不是義大利的一部分）。圖的左邊（整張地圖的中央）可以看到迪洛斯島，也就是傳說中希臘神祇阿波羅和雅特蜜絲的出生地。

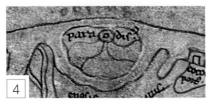

4

▲ **天堂** 這張地圖最重要的地點是伊甸園。它被描繪得和《創世紀》所說的一模一樣：「有一條河從伊甸流出，灌溉園子，然後分成四條支流」。

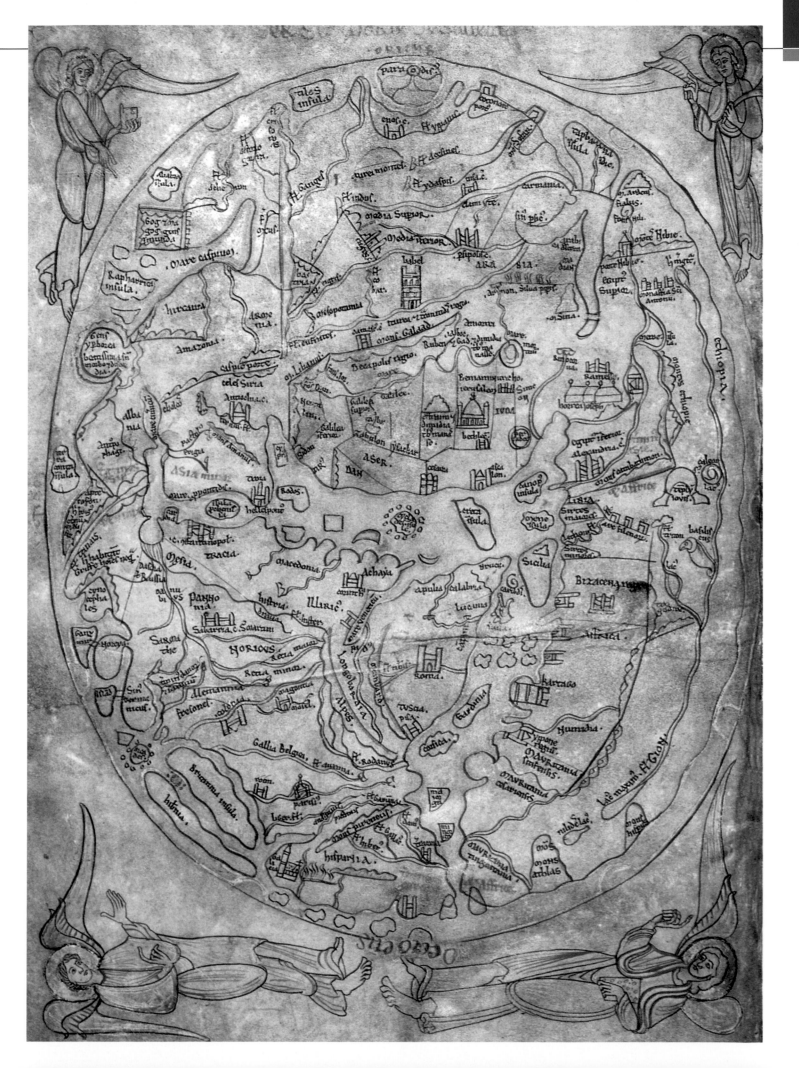

比薩航海圖

公元1275至1300年左右 ▪ 羊皮紙 ▪ 50公分 X 104公分 ▪ 法國巴黎，國家圖書館

製圖者不詳

《比薩航海圖》是已知最早的波特蘭型航海圖，因此它是製圖史上最重要的地圖之一。波特蘭型航海圖（portolan chart）的名字源自義大利文「portolano」，「港口」的意思，是跨越水域時用來指引航路的簡易地圖，圖面由羅盤方向構成（參見第68-71頁）。雖然《比薩航海圖》是現存最古老的波特蘭型航海圖，但它的細節與製作手法卻和晚了許多的類似地圖幾乎完全一樣，彷彿製作這種地圖的技術是一夕之間冒出來的。這張地圖的作者、最初的所有人、使用目的都不詳，名字也只是來自很久以後發現它的地點：義大利的比薩。連它的確切年代都還是有爭議，儘管大多數專家都認為應該是在13世紀晚期左右。

導航工具

以地中海為重點的《比薩航海圖》殘破不堪，說明航海員在橫越地中海的時候經常使用它。它也在左上角簡略勾勒出大不列顛群島，最右邊則是聖地（唯一明顯的宗教符號就是阿卡城的十字架），此外也畫出黑海與大西洋岸。圖中用各種語言羅列出約1000個地名。製圖人為了正確導航，試圖讓它有點科學秩序，因此小心翼翼地寫出地名，一律與海岸線垂直，並加上羅盤方向和座標格線。

〔它〕宛如天外飛來的一道靈光，揭露一個新的世界，已經完全成熟，而且絕無前例。

托比・萊斯特（**Toby Lester**），《世界的第四個部分》（*The Fourth Part of the World*）

細部導覽

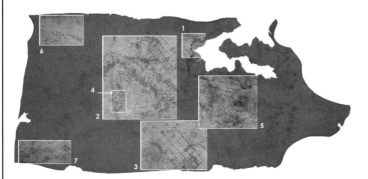

放大區域

1

▶ **比例尺** 這張地圖附有比例尺,在當時十分罕見。比例尺畫在一個用圓規畫出來的圓圈內。這把比例尺以海里為單位等分成許多小格,不過這個年代的航海家還很少用到比例尺。雖然這張地圖創造了這個變革,後來的波特蘭型航海圖卻放棄使用比例尺。

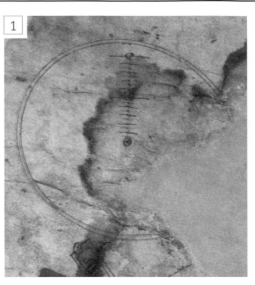

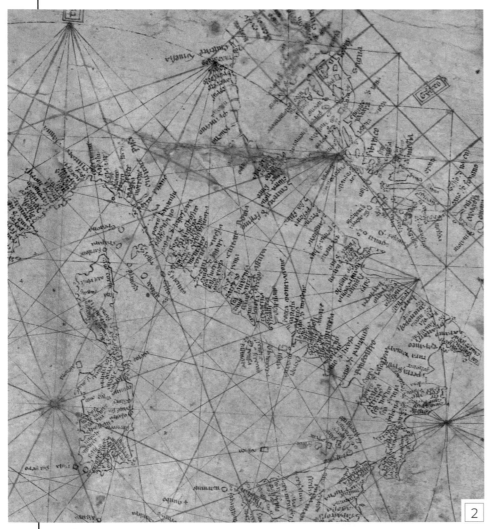

3

▲ **北非的格線** 這張地圖的製圖師似乎用尺規畫出了所謂的「4X4網格」,把大約320公里的距離分成了四等份。這種作法透露出用數學為地圖加上線性比例以輔助航海的大膽企圖。

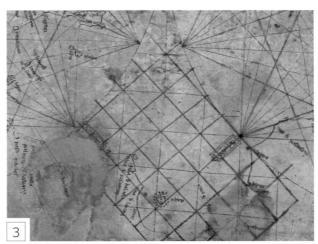

4

◀ **薩丁尼亞島** 這張地圖非常仔細地描繪出薩丁尼亞及其他地中海島嶼,因為商業航海路線上的水手都用它們辨識方向。這座島的輪廓線幾乎跟現代地圖一樣正確,而且標出了所有相關的港口與城鎮。

2

▲ **義大利海岸線** 雖說這張地圖很可能製於義大利,而且地中海岸線也描畫得相對正確,但它的義大利半島卻畫得很拙劣,尤其是「靴跟」這個部分。不過,它倒是正確標出了許多義大利港口及城市的名字。

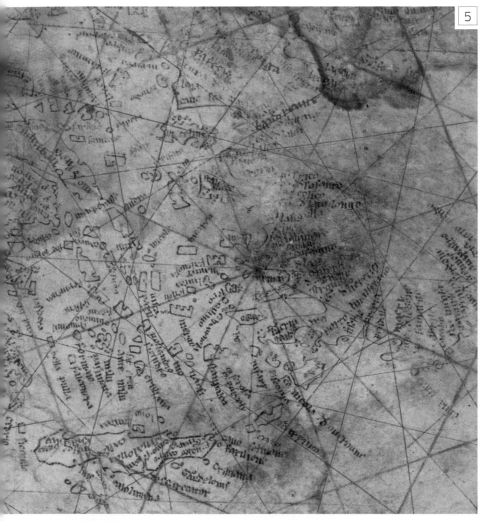

◀ **小亞細亞海岸線**　這張圖上有幾個地區顯得格外稠密，小亞細亞和黑海便是其一。這個地區當時受拜占庭帝國管轄，不過這張地圖上看不出太多拜占庭的痕跡。波特蘭型航海圖只在意水域及海岸線，製圖者對內陸及人文地理沒有太大興趣，有時甚至完全不關心。

▼ **不列顛群島**　這張地圖的製圖者把不列顛畫成一個不規則的粗略形狀，而且誤植成東西走向，顯示出他不怎麼在意這座島的商業地位。圖上只標出六個不列顛的地名，包括倫敦（Londra），就在圖下方中央那條看似泰晤士河的河流上。

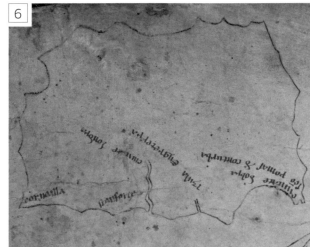

▲ **西北非海岸線**　西北非的座標格內也畫出了史上最早的摩洛哥海岸線，包括阿茲穆爾城（Azzemour），就在今日的卡薩布蘭加下方。這張圖列入阿茲穆爾城，預示有一個多世紀的時間，葡萄牙人將會頻繁下行到這段海岸線。和當時的中世紀歐洲製世界地圖不同的是，這張圖的非洲沒有怪獸出沒。

論 技術突破

波特蘭型航海圖根據重複讀取羅盤方向得到的資料，用圓圈、直線、方格繪成。畫在這張圖上的第一個東西很可能是兩個大圓，各據地中海的一端。再根據羅盤判別北方，將每個圓分作16個風向。然後製圖人先畫出海岸線，再核對羅盤方向，添上地名。

▲ **瓊恩・歐利瓦（Joan Oliva）**　在1593年製作的這張波特蘭型航海圖年代比《比薩航海圖》晚了許多，但兩者的風格有不少相似之處。

赫里福德世界地圖

公元1300年左右 ■ 獸皮紙 ■ 1.58公尺 X 1.33公尺 ■ 英國赫里福德，赫里福德大教堂

比例

哈爾丁罕的理查德

《赫里福德世界地圖》（Hereford Mappa Mundi）上有將近1100條說明文字，詳述中世紀生活的地理學、神學、宇宙學、動物學等面向。它是這個時期留下來的最偉大工藝品之一，讓我們得以從一個獨特的角度窺看中世紀的歐洲。這張地圖大約設計於1300年，設計者是一批教士，長駐在英格蘭的林肯及赫里福德兩地的大教堂，領導他們的是一位謎樣人物：「哈爾丁罕的理查德」。這張地圖用獸皮紙（小牛皮）製作，牛頸在上，脊椎沿中央向下伸展。牛皮先經過處理，刮乾淨，再由一隊抄寫員和藝術家用墨水、金漆和各種顏料裝飾牛皮內面。它打從完成後就一直留在英格蘭的赫里福德大教堂，直到今天都還能看到。這張地圖的意義及功能讓好幾個世紀的學者都大為困惑。有些人認為它為基督教會分擔扮演知識泉源與指點迷津的角色，教育會眾世界的地理及神學之謎；其他人則認為圖中的世俗成分較多，是在影射中世紀赫里福德教區的地方爭議。

通往天堂的地圖

　　這張地圖根據中世紀基督教信仰畫出世界的樣貌。它的東方在上，飾有上古與古典時代的歷史場景，還有取自舊約及新約的故事。隨著觀者的目光往下（也就是往西）

哈爾丁罕的理查德（Richard of Haldingham）

公元1245年左右至1326年左右

這張地圖的左下角有一條說明文字，說它的創作者是「哈爾丁罕及拉弗德（Lafford）的理查德」，這個人「製作並策畫了」這張地圖。

「哈爾丁罕及拉弗德的理查德」是個神祕人物，別處也有人稱他為「貝洛的理查德」（Richard de Bello），我們對他所知不多。他來自索賽克斯的巴特（Battle），在林肯郡的哈爾丁罕及拉弗德聯合教區（今名為「哈爾丁罕及斯利福（Sleaford）」）展開他的教士生涯，並擢升成為林肯大教堂的首席詠禱司鐸，接著又擔任司庫。在這張地圖的製作期間，哈爾丁罕的理查德已經又升到了赫里福德地區更高的教會職位。他可能憑著這樣的身分而成為領導人，帶領一群教士設計這張地圖，以光耀赫里福德和那裡的大教堂。

移動，這些場景一一開展，最後止於地中海西緣。耶路撒冷位於地圖正中央，上有基督的十字架；地圖邊緣則有中世紀基督教幻想出來的產物，如怪誕的動物和野獸般的人物。基督像站在這一切之上，看著審判日的情景。這張地圖帶領讀者前往性靈的終點站——基督教的天堂，而不是任何凡間的目的地。

> 讓所有擁有這段歷史，或聽過、或讀過、或看過這段歷史的人，向耶穌的聖靈祈禱，憐憫哈爾丁罕及拉弗德的理查德——製作並策畫這張地圖的人。

細部導覽

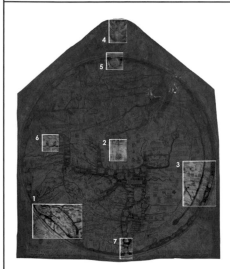

放大區域

▶ **不列顛群島**　不列顛群島擠在這張圖下方的角落裡，被分成「Anglia」、「Wallia」、「Scocia」和「Hibernia」，也就是英格蘭、威爾斯、蘇格蘭和愛爾蘭。上面的81條說明文字大多是河流、有大教堂的城市，以及部落名稱。倫敦、愛丁堡和牛津都有提到，此外還有跟這張地圖的製作相關的地點。林肯郡與它的大教堂都在圖上，還有建造於13世紀末葉的威爾斯邊界要塞城鎮喀納芬（Caernarvon）和康維（Conway），兩者都在赫里福德附近。

▲ **耶路撒冷**　這張地圖的正中央是基督教的象徵中心──基督被釘上十字架的地點，就在耶路撒冷正上方。用紅字標示的耶路撒冷被畫成一個有16個雉堞的圓圈，內含八座高塔，中央是聖墓教堂。環城中央有一個用圓規戳出來的洞，可能是製圖者留下的第一個痕跡。

▶ **怪獸般的人物**　非洲的撒哈拉以南地區到處都是神話之地、幻想出來的生物，以及怪獸。從上而下有穴居的「類人猿」、一隻有毒的「爬蟲怪」、一個「眼睛和嘴巴長在胸膛上」的「無頭人」民族，還有「會把新生兒放在蛇面前」的「菲力人」。

▲ 伊甸園 這張地圖最北邊的點是基督信仰中的一個基本地點：伊甸園。它被標註為「天堂」，畫出亞當和夏娃犯下原罪的那一刻。這座花園位在一道有城門的堅固城牆內，在圖中是古代世界四條大河的源頭：比遜河、基遜河、底格里斯河、幼發拉底河。基督教信仰認為，人類全部的歷史都從這一幕展開。

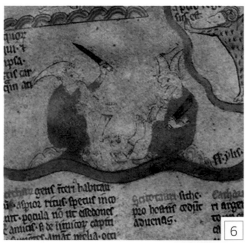

◀ 基督 基督站在這張地圖最上方，凌駕於凡塵的時空之上。他展示十字架刑留下的傷痕，主持審判日，宣告：「看著我的證人」，聖母瑪麗亞則以崇拜的眼光看著他。他身後那些屬於天堂的波浪狀線條和接受審判的人世形成對比。

談 背景故事

中世紀歐洲製作的基督教世界地圖依照《聖經》重塑了地理，把《舊約》和《新約》字面上和寓意上的詮釋融為一體，創作出世界地圖，《庇多士地圖》（Beatus map，下）就是一例。它們呈現出宗教時間的流逝，還有天堂之類的地點，以及亞當和夏娃等人物。這些地圖幾乎全都預期會有《聖經》所說的審判日，以及世界末日。

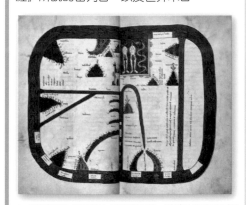

▲ 2世紀的《庇多士世界地圖》描繪出伊甸園裡的亞當、夏娃與蛇。

◀ 食人風俗 從古典時代開始，黑海北方的中亞地區賽西亞（Scythia）就被描繪成世界的盡頭，住有可怕的食人蠻族。這張地圖上畫了一支拿著刀的凶殘民族，名叫「艾瑟多尼斯」（Essedones），父母一旦死亡，他們就會舉行「一場混合了獸肉及人肉的隆重饗宴」，吃掉他們。圖中，艾瑟多尼斯人正在享用人頭與人腳。

◀ 海克力士之柱 這張地圖的最西點是「直布羅陀岩」上的「海克力士之柱」。在古典神話中，海克力士的任務之一就是要來到這個地方——希臘已知世界的邊緣、地中海與「陰暗之海」大西洋交接的地方。在往後的一個世紀裡，這對石柱都代表古典與基督教地理學的極限，直到葡萄牙人開始航入大西洋為止。這張地圖也標出了直布羅陀西邊的「Gades」（即今日的卡迪斯，Cádiz）。

發現與壯遊

- 《卡塔蘭地圖集》

- 《混一疆理歷代國都之圖》

- 波特蘭型航海圖

- 《弗拉・毛羅世界地圖》

- 《胡安・德・拉・科薩世界地圖》

- 《威尼斯地圖》

- 《伊莫拉地圖》

- 第一張美洲地圖

- 《皮里・雷斯地圖》

- 《烏托邦地圖》

- 《奧格斯堡地圖》

- 《世界地圖》

- 《阿茲提克人的特諾奇提特蘭地圖》

- 《新法蘭西》

- 《世界放大新詮》

公元1300年－公元1570年

卡塔蘭地圖集

1375年　■　獸皮紙　■　每幅 65公分 X 50公分　■　法國巴黎，國家圖書館

亞伯拉罕・克列斯克

比例

在中世紀的卡塔蘭製圖傳統中，這一份以巴塞隆納與巴里亞利群島（Balearic islands）為重心的地圖可說是已知最精美的作品。這張圖出自猶太製圖師亞伯拉罕・克列斯克和他的兒子荷胡達之手，據信是替未來的法國國王查理六世製作的。而且，很重要的是，它首開先例地融合了中世紀基督教世界地圖和傳統地中海波特蘭型航海圖的風格。這份有華麗泥金裝飾的地圖畫在四張獸皮紙上，可以像屏風一樣摺疊，動用了專業裝訂師、插畫家和製圖師的技術。有幾個特點是一眼就可以看出來的。首先，它和大多數中世紀歐洲製世界地圖不同，沒有明確的方向——如果從南

方看北部地區，會發現北部地區上下顛倒，由此可知看這份圖的正確方法應該是把它攤在桌上，繞著桌子邊走邊看。其次，這份地圖細節驚人、場景生動，包括了2300個名字以及更多的山川、城市、動物。最後，這份地圖還贏得了另一項重要的世界第一：圖上畫有一個羅盤面。

時代影響力

《卡塔蘭地圖集》（*Catalan Atlas*）汲取三個不同領域的地理知識：一是中世紀歐洲製作的世界地圖，仿照它們把神聖的中心定為耶路撒冷，並從中取得大量古典世界和

一份對當時已知世界的綜覽，從剛發現的大西洋群島一路延伸到中國海。它是了解中世紀晚期歐洲地理知識不可或缺的一份摘要，是最後幾份偉大的中世紀歐洲製世界地圖之一。

尚・米榭爾・馬辛（Jean Michel Massing），《法國藝術史》（*French Art History*）

聖經時代的細節；二是波特蘭型航海圖，呈現歐洲和地中海的兩幅圖都是根據它們畫出基本的形狀與方向，再加上縱橫交錯的恆向線；第三則是從亞洲來的最新遊記，特別是馬可波羅（1254至1324年）。事實上，馬可波羅的作品讓西方人對遠東有了全新的認識，改寫了右側的版面，雖然裡頭依舊滿是荒誕不經的故事，有不可思議的王國和怪物般的民族。整體來說，這份地圖捕捉了古典與基督教的地理信仰在商貿交易面前逐步引退的一幕，圖中顯示人們的貿易範圍從西方的撒哈拉黃金貿易一路延伸到遠東的香料貿易。

亞伯拉罕・克列斯克（Abraham Cresques）

1325至1387年

亞伯拉罕・克列斯克又名「克列斯克的亞伯拉罕」，是一位備受尊崇的製圖師，曾效命於亞拉岡國王佩德羅四世（Pedro IV，1336-87年）。除了製作地圖之外，克列斯克也會製作時鐘、羅盤和航海工具。

亞伯拉罕・克列斯克出生在馬約卡島的帕爾馬（Palma）一個富裕的猶太家庭，經常跟兒子荷胡達（Jehuda）一起工作。他倆都是14世紀著名的馬約卡學派製圖師。有幾份文件把克列斯克和《卡塔蘭地圖集》連上了關係，文中稱他為「猶太人克列斯克」和「世界地圖與羅盤大師」。雖然他後來又設計了幾份世界地圖，但全都佚失了。克列斯克去世後，他的兒子繼續製作地圖，但他在1391年被迫改信基督教，並改名為「傑米・利巴」（Jaime Riba）。

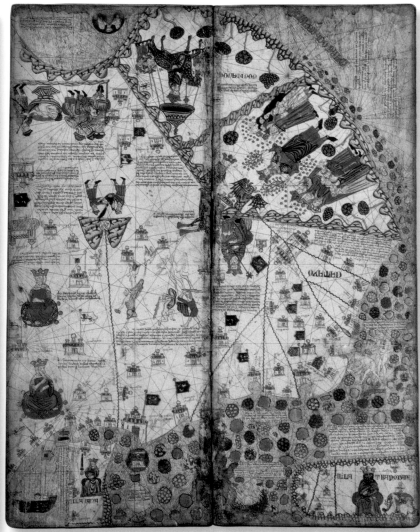

細部導覽

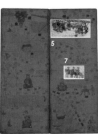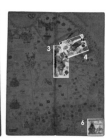

放大區域

▶ **加納利群島**　克列斯克把位於西班牙和非洲之間的加納利群島畫得格外精確，唯獨遺漏了帕馬（La Palma）。根據克列斯克的文字說明，群島南方的這艘船屬於他的馬約卡同鄉，也就是探險家亞克美爾‧費瑞爾（Jacme Ferrer）。這個人在1346年出發前往傳說中的西非「黃金河」，此後便再也沒有人見過他的。

▲ **非洲的財富**　這份地圖以一位騎著駱駝的圖阿雷格牧民和「幾內亞黑人君王」曼薩‧穆薩（Mansa Musa）來代表利潤豐厚的撒哈拉貿易路線。曼薩‧穆薩在1312至1337年間統治馬利，克列斯克稱他為「全世界最富有、最尊貴的國王」，因為這個地區蘊藏黃金。

▶ **亞歷山大大帝、魔鬼與忽必烈**　宗教、古典信仰和旅人的故事在地圖邊緣相遇。在這裡，古代馬其頓國王亞歷山大大帝指向一個魔鬼，揉合了聖經中的歌革、瑪各與反基督。下方這位必須倒過來看的綠衣人則是元朝的開國君主忽必烈。

▶ **基督般的國王**　為中世紀的基督教統治者製作的地圖經常故意把非洲、印度和亞洲的統治者誤畫成基督徒，希望能藉此遏止其他宗教的擴張，例如伊斯蘭教和印度教。在克列斯克這份地圖集的遠東地區，有一位豪奢的基督徒統治者正在上朝。

▼ **馬可波羅的駱駝商隊**　這份地圖是最早明白顯示出《馬可波羅遊記》影響力的地圖之一。這本書記述馬可波羅1276至1291年間在亞洲的劃時代之旅。圖中這一幕描繪的是連同馬可波羅一家人在內的一支駱駝商隊，在蒙古使節的陪同下沿著絲路旅行。

▲ 這張圖形的大圖周圍框著代表四季的圖像，附有黃道、七個已知行星與各個星座的資料。

6

▲ 「塔普洛巴納」 塔普洛巴納（Taprobana）是一座讓古典與中世紀作家都一頭霧水的島嶼。有些人認為它就是現在的斯里蘭卡，有些人則認為是蘇門答臘。馬可波羅和克列斯克都偏愛後面這個觀點。克列斯克把它放在東南亞一片有2700座島嶼的海中，由一位喜愛大象的異國君王統治。

7

▲ 東方三博士 基督教傳統認為，耶穌降生後前來觀見的東方三博士分別來自阿拉伯、波斯和印度。但在這張圖上，他們看起來卻疑似像歐洲人，正騎著馬穿越北印度往伯利恆而去。這份地圖經常不顧時代、融合古今，這只其中一例。

談 背景故事

《卡塔蘭地圖集》自稱「世界的影像」，而且它呈現的不只是地理學而已。有兩個額外的版面呈現已知世界的宇宙學，主要是天文學及占星學的圖文。其中一幅是一張宇宙圖，如下所示，呈現出以地球為中心的同心圓行星系。這種地球中心說承自希臘人，並被賦予了基督教的詮釋方式，在這裡和整本地圖集中都可以看到。

▲ 這張圓形的大圖周圍框著代表四季的圖像，附有黃道、七個已知行星與各個星座的資料。

混一疆理歷代國都之圖

公元1402年左右 ▪ 紙張上墨 ▪ 1.58公尺 X 1.63公尺 ▪ 日本京都，龍谷大學

權近

比例

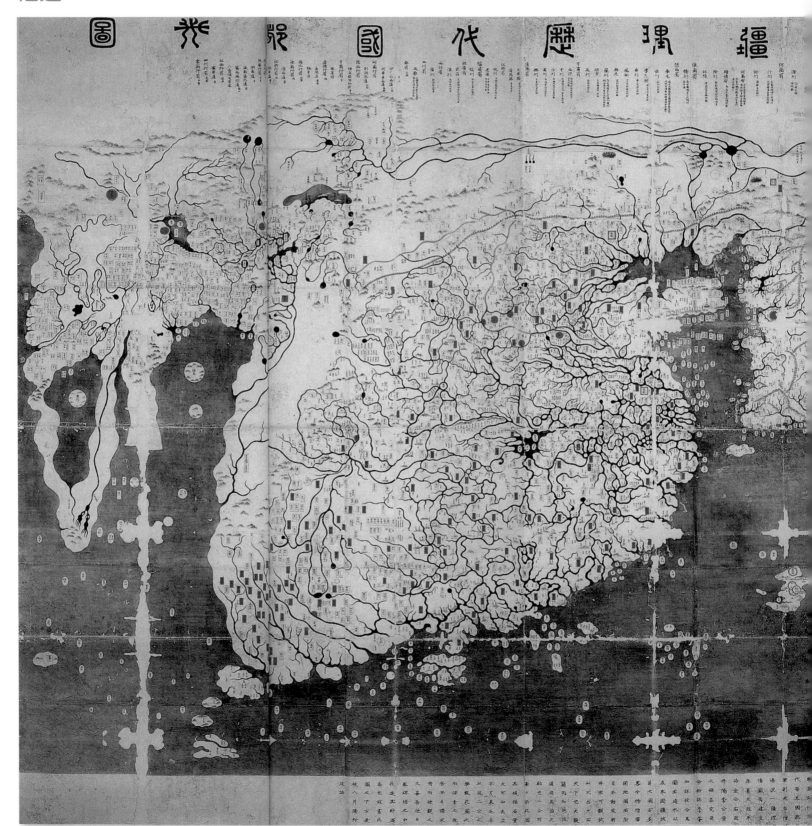

朝鮮最有名的地圖《混一疆理歷代國都之圖》最初製於1402年。正本後來就遺失了，不過後來又出了幾份複製本，這張大約製作於1560年的地圖便是其中之一。它是已知最早的東亞製世界地圖，也是第一份同時畫出剛建立的朝鮮高麗王朝與歐洲的地圖。製圖者權近在地圖下方的文字中說明，這個世界由中國的明朝統御。地圖右上方還畫了一個過度膨脹的朝鮮半島，是日本（右下）的三倍大，但實際上是日本比較大。世界的其他部分都不重要：印度幾乎完全消失了，不過歐洲和非洲的精細度卻

讓人驚奇，畢竟沒有任何證據顯示希臘羅馬的地理知識在當時就已經傳到了朝鮮這麼遠的地方。地圖最上方的陸地無限延伸，暗示著權近就像許多中國製圖者一樣，相信天圓地方之說。

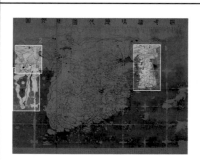

權近

約1352至1409年

權近是宋明理學家、使節和詩人，在14及15世紀的高麗王朝和李氏朝鮮王朝都擔任要職。

權近經歷過改朝換代的動盪，又由於他在派系鬥爭中支持某個黨派，曾有一段時間流亡在外。他曾多次出使明朝治下的中國，進行敏感的外交任務，也寫了許多關於教育和儀禮的著作，人生的最後十年則致力於製作他這張知名的世界地圖。

細部導覽

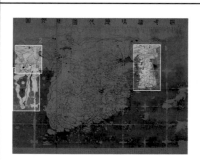

放大區域

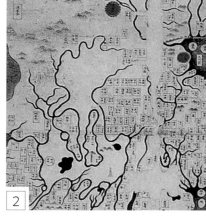

2

▲ **歐洲** 地中海在這張地圖上以白色顯示。義大利半島居中，下方有一座可能是西西里的島嶼。靠近圖頂的紅點應該是拜占庭帝國的首都君士坦丁堡（伊斯坦堡）。亞力山卓、甚至是德國都出現在圖上，展現了朝鮮人的地理知識範疇。

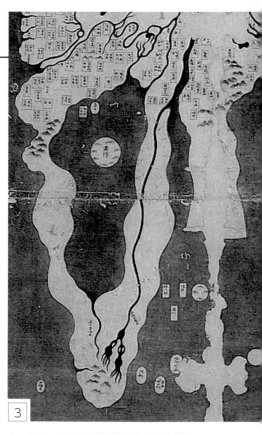

3

▲ **非洲** 非洲有可以繞過去的南方岬角，中部還有一個據信代表撒哈拉沙漠的區塊，比當時歐洲人製作的地圖還要正確。這暗示著，來自亞洲的航海家真的曾經繞過這片大陸。

◀ **朝鮮** 朝鮮半島呈獨特的花瓶狀，就算是跟中國相比也顯得太大。它最重要的特徵是錯綜複雜的山川，還有沿著海岸線分布的海軍基地，以點狀示意，宛若一座座小島。

1

波特蘭型航海圖

1424年　■　獸皮紙上墨　■　57公分 X 89公分　■　美國明尼蘇達州，詹姆斯・福特・貝爾圖書館（James Ford Bell Library）

比例

祖阿尼・匹茲加諾

祖阿尼・匹茲加諾這張樸素的北大西洋波特蘭型航海圖就像一個謎，堪稱西方探險史上最神祕
的地圖。它於1853年被發現，但是我們完全不曉得它來自何處。它的製作者是個謎樣人
物，甚至連他的簽名都很可疑。它是一張典型的波特蘭型航海圖（參見第53頁），
用彩色墨水畫在獸皮紙上，以恆向線和比例尺協助引導沿著愛爾蘭、英格蘭、
法國、伊比利半島海岸、巴里亞利群島與西北非外海諸島航行的人。

　　這張地圖畫的是大西洋，但把大半個地中海排除在外。它列出
543個地名，幾乎都分布在海岸線上，包括大西洋中的幾座神祕
小島──最重要的莫過於傳說中的安提利亞島（Antilia），
這是第一次有人提到這座島。安提利亞島後來又陸續出
現在許多地圖中，但卻無法跟任何已知的群島對應
起來。1419年，葡萄牙人都還只發現馬德拉群島
（Madeira），但是這張圖顯示的範圍似乎更廣，
甚至可能連美洲都有，比哥倫布早了將近70年。

製圖史與地理史上一份
異常珍貴的紀念物。

阿曼多・科特曹（Armando Cortesão），
葡萄牙地圖史學者

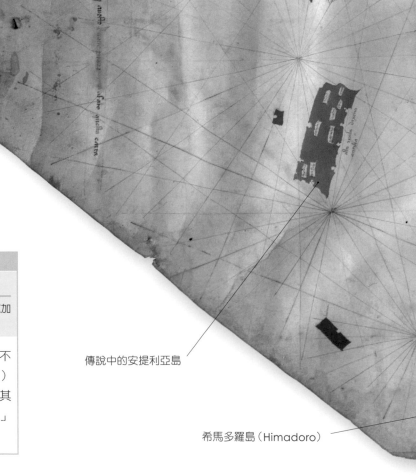

傳說中的安提利亞島

希馬多羅島（Himadoro）

祖阿尼・匹茲加諾（Zuane Pizzigano）

大約15世紀初

這張地圖的作者簡直和它的內容一樣神祕。沒有任何記錄告訴我們祖阿尼・匹茲加
諾的生卒年，而他製作的地圖也只有這張波特蘭型航海圖存留下來。

從地圖說明文字所使用的義大利方言判斷，他應該是威尼斯人。他不
尋常的名字也支持了他是威尼斯人的說法──「祖阿尼」（Zuane）
是「喬凡尼」（Giovanni）的變體，威尼斯人有時會使用，但在其
他地方就非常少見。他也可能是14世紀一個姓「皮濟哥尼」
（Pizigani）的製圖世家的後代，但沒有憑據可以證明這一點。

細部導覽

放大區域

▶ **幽靈島安提利亞**　這座標示為「安提利亞」的長方形巨島出現在大西洋，這是第一次有地圖標出這個島嶼。雖然島上列出了七座純屬虛構的城市，還是有人相信它是一座位於加勒比海的島嶼，甚至是美洲海岸線的一部分。

▲ **惡魔島**　安提利亞北邊、傘狀的薩亞島（Saya）下方，有另一座不明島嶼，被標為「薩塔納茲」（Satanazes）與「惡魔島」。有些歷史學者懷疑它所指的惡魔與挪威神話中的格陵蘭有關，而「薩塔納茲」就是拉不拉多海。

▶ **比例尺**　這張地圖上那隻粗略的比例尺共分為八大格，每一格再細分為五等分。每個等分相當於16公里。這張波特蘭型航海圖的比例就像其他許多製作於15世紀的大西洋地圖，大約是1:6,500,000。

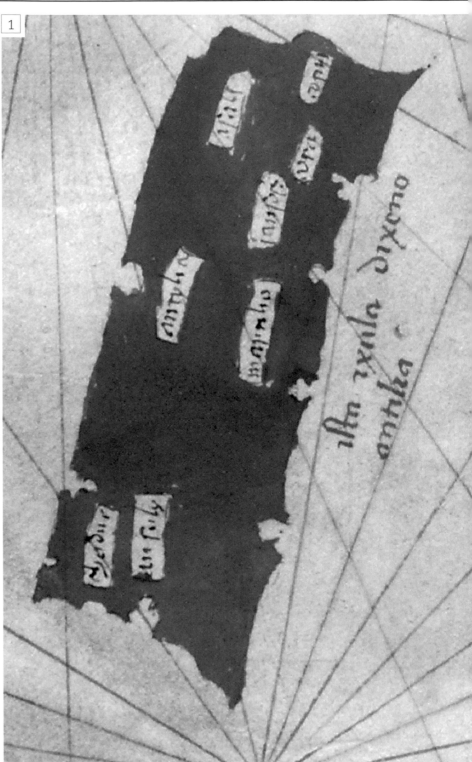

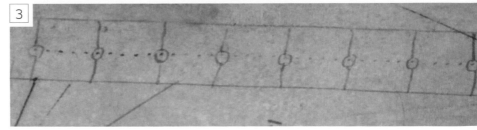

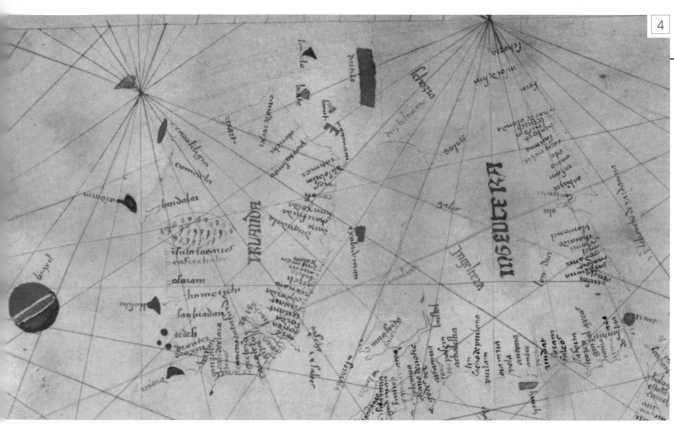

◀ **英格蘭、愛爾蘭──還有「巴希」？** 在英格蘭（Ingeutra）和愛爾蘭（Irlanda）的西邊，有一座紅藍相間的圓形小島，被標示為「巴希」（Brasil）。14世紀初的歐洲地圖上經常出現這座神話小島，但和南美洲的巴西無關（Brazil，發現於1500年）。傳奇的巴希島應該是源自愛爾蘭蓋爾人傳說中的「永樂島」（Hy Breasal）。

5

▲ **希馬多羅島：真有其事** 加納利群島的南邊有一座標示為「希馬多羅」（Himadoro）的島嶼，周圍還有四座較小的島。這個名字可能是「黃金島」的誤植，而這些島嶼則很可能是後來的維德角群島。不過，葡萄牙人要到1460年才正式宣布迪奧戈·戈梅斯（Diogo Gomes）發現了維德角群島。

▶ **地圖上的署名** 這張地圖的最左邊，有一行說明文字寫道：「1424年8月22日，祖阿尼·匹茲加諾製作了這張地圖」。但即使是這條證據也不是很清楚，因為姓氏被弄糊了──也許是有人故意想把名字抹掉。

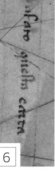

談 背景故事

匹茲加諾和許多15世紀的製圖師一樣，並不確定地球的大小和範疇，必須評估相互矛盾的旅人遊記有多少真實性，根據真偽參半的敘述來繪製島嶼。在那個歐洲人還沒有發現美洲的年代，大西洋被視為一片黑暗幽晦的海域，很少有水手能從那兒回來。有些基督教製圖師將遙遠的土地畫成怪獸與惡龍的故鄉，以及天堂或地獄入口。像匹茲加諾這樣的業餘地理學家試圖把幾千哩外的地點畫上地圖，結果讓想像力豐富的地圖迷得以藉圖發揮，認為它們畫的是加勒比海、美洲、中國，甚至是亞特蘭提斯。

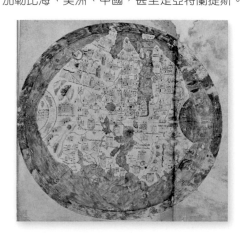

▲ **這張世界地圖**摘自發行於1436年的《航海地圖集》（*Atlante Nautico*），出自義大利海員及製圖師安德里亞·比安科（Andrea Bianco）之手。

弗拉‧毛羅世界地圖

1450年左右 ■ 獸皮紙 ■ 約2.4公尺 X 2.4公尺 ■ 義大利威尼斯，柯瑞爾博物館（Museo Correr）

比例

弗拉‧毛羅

弗拉‧毛羅這張巨大的中世紀歐洲製世界地圖是製圖史上最美麗、最重要的作品之一。身為修士的弗拉‧毛羅在威尼斯的慕拉諾島（Murano）製作這張地圖，根據中世紀晚期的基督教信仰呈現整個宇宙的形象。它也代表，中世紀初期那種反映聖經地理學的世界地圖已經開始走向尾聲。它小心翼翼地接納了新的科學技術與發現，就算它們質疑權威性的古典和基督教地理學時也一樣。

信仰與科學

雖然世界在這張圖上呈圓形，但它其實隸屬於一個更廣的宇宙，也就是外圍的正方形圖框，包括天堂、已知的宇宙和天文圖。這張地圖最顯著的特徵之一是它南方在上，既不仿效托勒密北方在上的作法（參見第24-27頁），也不像其他的中世紀歐洲製世界地圖一樣東方在上（參見第56-59頁）。它違反傳統，沒有把耶路撒冷放在世界中央，南非的海岸線也畫成可以繞過去的樣子，進一步摒棄了古典時代的觀念（但有意思的是，這比葡萄牙人在1488年第一次繞過好望角還早了30多年）。這張地圖的3000多條說明文字吸收了旅人從非洲和亞洲捎回的最新報導，做出那個年代對這兩塊大陸最詳盡的說明，包括西方製

圖師畫出來的第一份日本地圖。

這張地圖採用最上等的獸皮紙、黃金和顏料，以大比例繪成，威尼斯最傑出的製圖師、藝術家與抄寫員團隊和弗拉‧毛羅共事，做出這件不僅昂貴（相當於一位普通抄寫員的年薪）而且精美絕倫的藝術品，捕捉了15世紀威尼斯的地理知識觀。

弗拉‧毛羅（Fra Mauro）

1400年左右至約1464年左右

弗拉‧毛羅在威尼斯慕拉諾島上屬於卡瑪爾迪斯教派（Camaldolese）的聖米迦勒修道院內工作，但並不屬於編制內的神職人員。

他的名字於1409年第一次出現在修道院的記錄上，直到1464年（大概是他過世那年）都受雇於這座修道院。記錄顯示他的主要工作是為修道院收租，但從1450年代開始，他同時還擁有製作一系列世界地圖的職銜。第一張地圖是為「威尼斯共和國的利益」而做的，獻給葡萄牙宮廷，他們對弗拉‧毛羅對遠東的知識很感興趣。弗拉‧毛羅後來又為已佚失的同一張地圖製作了一份複本。他的名望為他贏得了「無可匹敵的宇宙學家」這個頭銜。

> 我已經……從事了多年的調查，並且多次請益值得信賴的人士，他們曾經親眼目睹我忠實記錄的這一切。

弗拉‧毛羅

細部導覽

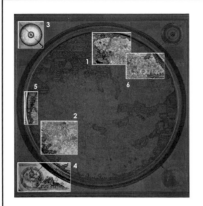

放大區域

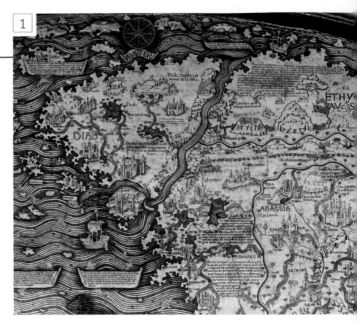

▶ **中國** 這張地圖有別於當時西方流行的作法，沒有畫出充滿異國色彩的傳奇東方統治者和民族，而是畫了密密麻麻的中國城市和貿易港口。這些內容小心翼翼地融合了古典文獻及較晚近的遊記，包括馬可波羅（弗拉・毛羅從他的報導中取得了30座城市的名字），以及更後期的尼可羅・德・孔緹（Niccoló de'Conti,1395-1469年）。圖上標出了長江及黃河，還有蠻子、行在、泉州之類的重要地點。弗拉・毛羅的參考資料多半著重於貿易。

▲ **宇宙** 天上的世界用耀眼的金色和一種義大利文叫「azzur-ro」的藍色顏料畫成。它由十個同心圓組成，地球位於圓心。這種地球中心論由希臘人建立，再由基督教的「神聖神學家」（地圖上有提到他們）發揚光大。由內向外的球體分別是月亮、水星、金星、太陽、火星、木星、土星，然後是一個水晶般的球體，恆星都固定在上面，最後則是「九重天」（或說穹蒼），弗拉・毛羅把它稱為「天堂」，是上帝的國度。

▶ **非洲南部** 早在葡萄牙人於1488年繞過好望角之前30多年，弗拉・毛羅就畫出一片繞得過去的非洲大陸——包括托勒密在內的古人都不知道這回事。地圖註釋上說：「大約在1420年，有艘來自印度的船」繞過了弗拉・毛羅標註為「迪亞柏角」（Cape of Diab）的地方。這暗示著他知道明朝鄭和下西洋的事蹟（參見第134-37頁）。鄭和很可能比歐洲人更早抵達好望角。

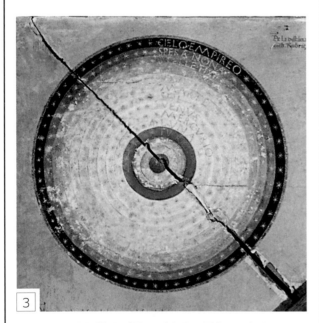

4

▲ **天堂**　縱使基督教製圖師相信天堂存在於俗世的時空之外，他們還是有責任將聖經上說的天堂畫在世界地圖上。弗拉‧毛羅想出了一個突破性的解決之道，就是把天堂放在地圖的圖框外，緊鄰著東方──因為一般假定天堂位於東方。它描繪出上帝向裸體的亞當與夏娃下達命令的畫面、地球四大河的源頭、一位等待亞當夏娃墜入凡塵的天使，以及這對夫妻即將進入的那個多岩而嚴酷的塵世。它表達出天堂和人世既獨立但又相連的關係。

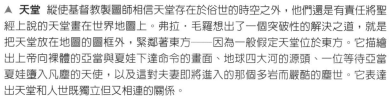

▼ **爪哇和日本**　弗拉‧毛羅在這張地圖的遠端，靠近圖框的地方，畫了重要的香料產地爪哇島。爪哇下方還有一座小了許多的島，叫「Ixola de Cimpagu」，也就是日本──這是歐洲地圖第一次提到日本。出現在圖上的這座島可能是日本四大島中位於最南方的九州。

5

6

▲ **西非**　15世紀的葡萄牙人沿著非洲海岸南下，帶給弗拉‧毛羅詳盡的人文及自然地理資訊。有一條注釋聲稱，他參考了當地神職人員的地圖，這些神職人員「親手為我畫出了這些省分及城市」。非洲海岸在基督徒的腦海中不再居於次要地位。反之，它已成為一個具有重要貿易關係的地點，通往東方。

胡安・德・拉・科薩世界地圖

1500年 ▪ 羊皮紙 ▪ 96公分X 1.83公尺 ▪ 西班牙馬德里，航海博物館

胡安・德・拉・科薩

這張裝飾華美的世界地圖是最早標示出哥倫布1492年那個歷史性登陸點的美洲地圖。它曾經失蹤多了好幾百年，直到1832年才在巴黎的一間商店裡尋獲，當時已經殘破不堪。西班牙皇后在1853年買下這張地圖，因為它最初的目的是為了向15世紀的西班牙國王展示在西方發現的新土地。

　　這張地圖有些說明文字上下顛倒，或旋轉90度，而且圖還從中間分成了兩半，暗示著它是要攤在桌上從各個方向觀覽的。地圖的東半部根據托勒密（參見第24-27頁）以及中世紀歐洲製作的世界地圖，再現歐洲、地中海、非洲和亞洲的地理。西半部的比例尺則大了許多，畫出葡萄牙人和西班牙人在大西洋的較新發現。

繪製新大陸

　　德・拉・科薩是第一位將美洲畫成一個獨立陸塊的領航員與製圖師。他沒有把美洲畫成與亞洲相連的島嶼，像哥倫布認為的那樣。在這張圖的左邊，新大陸蜿蜒伸展，茵綠誘人，但和亞洲沒有任何明顯關聯。德・拉・科薩在北邊畫出了紐芬蘭，英國探險

家約翰・卡巴特（John Cabot）曾在1497年造訪此地。南方則是畫出隱約的南美洲海岸線，包括巴西——西班牙和葡萄牙在1500年春天，也就是製作這張地圖的前幾個月，占領了巴西。這張地圖以水平的
赤道（circulo equinocial）、
赤道北方的北回

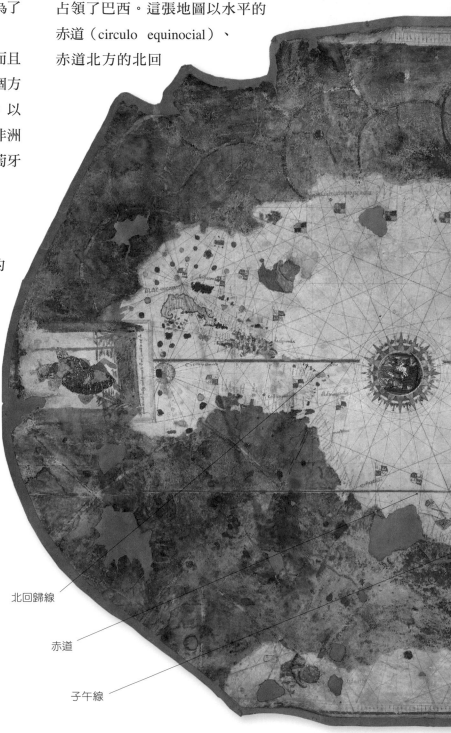

北回歸線

赤道

子午線

胡安・德・拉・科薩（Juan de la Cosa）

約1450至1510年

胡安・德・拉・科薩出生於西班牙，曾擔任領航員和航海家，參與最早的幾趟前往「新世界」的航程。

他七度前往美洲，並三度在哥倫布家喻戶曉的航程中扮演重要角色，連同1492年10月第一次在巴哈馬群島著陸的那趟行程。德・拉・科薩似乎曾在1494年哥倫布第三次出海時質疑古巴屬於亞洲的說法。在接下來的幾趟行程中，他偕同替委內瑞拉命名的西班牙征服者阿隆索・德・歐赫達（Alonso de Ojeda）以及令美洲大陸得名的亞美利哥・維斯普奇（Amerigo Vespucci）出海。德・拉・科薩躋身最早踏上南美洲的歐洲人之列，還探訪過哥倫比亞、巴拿馬、牙買加、和伊斯帕紐拉島（Hispaniola）。1509至1510年，他最後一次出航哥倫比亞，結果在當地原住民與西班牙軍隊的一場小規模戰鬥中身中毒箭而亡。

歐洲人在美洲探險之初**最重要的地圖記錄之一。**

傑‧列文森（**Jay A. Levenson**），紐約現代藝術博物館國際部門主任

歸線（circulo cancro）、以及縱貫南北的綠色子午線（liña meridional）界定方位。這條子午線在1494年的〈托德西利亞斯合約〉（Treaty of Tordesillas）中被賦予了政治意義：

子午線以西的全歸西班牙，以東的全歸葡萄牙。在地圖的右側，德 拉 科薩回歸傳統地理學，畫出了怪獸和奇觀。地圖左方則是一個剛開始要成形的新世界。

細部導覽

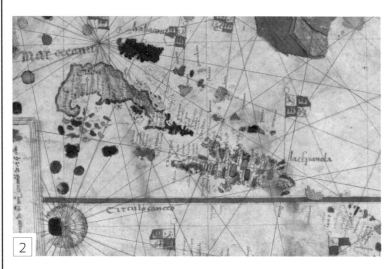

放大區域

▶ **聖克里斯多福**　德·拉·科薩在古巴西方畫了一個聖克里斯多福抱著聖嬰耶穌渡河的小圖。這張圖很明顯在影射哥倫布：他和這位同名聖人（哥倫布的名字也是克里斯多福）一樣渡過水域，將基督的福音傳給新大陸和那裡的人。圖說這麼寫：「胡安·德·拉·科薩1500年製於〔卡迪斯附近的〕聖瑪利亞港」。

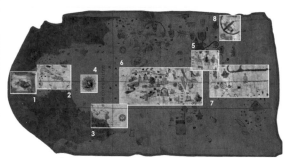

▲ **加勒比海群島**　德·拉·科薩把古巴、伊斯帕紐拉島、巴哈馬畫得相當正確，可能是得力於他長時間在加勒比海域航行的經驗。這是古巴的名字第一次出現在地圖上，附有令人讚嘆的細節，而且顯然不是亞洲的一部分，不同於哥倫布的主張。這座島上列出了27個地名，不過，和伊斯帕紐拉島一樣，被錯置於北回歸線以北。位於古巴東北方兩面旗子之間的是被哥倫布命名為「聖薩瓦多爾」的「瓜納哈尼」島（Guanahani），一般相信這就是他在1492年10月12日第一次踏上美洲的地方。

▶ **巴西**　1500年1月，西班牙人文森·平松（Vincent Pinzon）在巴西海岸登陸，三個月後，葡萄牙人佩德羅·卡布拉爾（Pedro Cabral）也來到這裡。德·拉·科薩稱平松發現了一個「海岬」、卡布拉爾發現了一座「島」。1494年畫定的子午線把巴西和南美洲的絕大部分都給了西班牙，不過這片陸地在這張圖上的形狀有誤，而且把巴西和開普敦放在同一個緯度上。

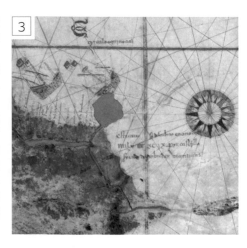

◀ **羅盤面**　這個羅盤面有32個方位點，畫在巴西海岸線外，融合了科學與宗教。它也被稱作「玫瑰風圖」（wind rose），先分出四個「風向」，或說方向，然後再細分出「中間風」，用來記錄導航的方向。羅盤的中央是聖三位一體的肖像，展現宗教在製作這張地圖背後的必要性。

◀ **亞洲與東方三博士**　這張地圖的西半部熱情記錄地理新發現，但東半部卻重申古典時代及聖經確立的信仰。在「亞洲」旁邊，尺寸大得不成比例的三位博士帶著禮物朝敘利亞而去，示巴女王就站在他們下方，提著一柄出鞘的劍。這張地圖上雖然有這些宗教符號，耶路撒冷卻沒有置於中央，有別於大多數中世紀歐洲製作的世界地圖（參見第56-59頁）。

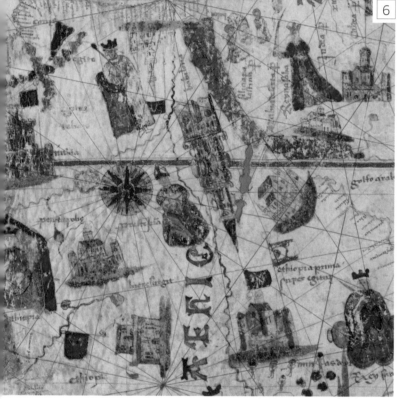

◀ **西非海岸**　這張地圖上畫得最正確的地區是西非的黃金海岸，可能是因為葡萄牙人從1420年代以來便深入探索並屯墾這個地區。這張地圖按照典型的波特蘭型航海圖作風，地名垂直海岸線書寫，內陸則飾以不同的統治者和聚落，最醒目的是建造於1482年的葡萄牙碉堡「聖喬治達米納」（São Jorge de Mina）。

▼ **印度**　印度畫得特別不正確。它沒有被畫成半島狀，暗示我們製圖人缺乏真確的地理知識，雖然有一條文字指出葡萄牙人在達伽馬的率領下曾在1498年抵達這個地區。印度洋諸島的地理同樣混淆不清，而且這個地區標出的地名和它們的葡萄牙發現者提供的地名也沒有什麼關聯。

談 背景故事

德・拉・科薩製作的地圖是個重大的轉捩點，代表人們航海時不再倚重波特蘭型航海圖（參見第53頁）。幾個世紀以來，在地中海航行都是使用波特蘭型航，搭配羅盤以及對海岸線、島嶼、風向與水深的知識。它們不必考慮到地球曲率，因為這類因素在相對短的距離內造成的差異不大。然而，從15世紀末開始，當葡萄牙和西班牙的航海員駛入大西洋、進入看不見陸地的地方時，他們就需要一種新的地圖來評估經緯度和所跨越的距離，而這種地圖也必須考量世界是圓的事實。德・拉・科薩的地圖反映出這個轉型期。它雖然沒有網格（經緯座標格），卻引進了子午線和緯線的概念，並在羅盤面上標出放射狀的指向線與方位線，想要成功地在海上航行，這些都是至關重要的東西。

▲ **哥倫布的發現**開啓了航海的新時代。

▶ **歌革與瑪各**　在右上角，這張地圖涵蓋的北亞最遠處，德・拉・科薩複製了《卡塔蘭地圖》那種神怪地理學（參見第62-65頁）。這裡呈現了怪獸歌革和瑪各，一個半人半犬，另一個的頭則長在胸腔內，似乎在吃人肉。他們在圖上的位置很接近羅盤面，凸顯了科學和神話信仰的衝突形塑了這張地圖的製作。

威尼斯地圖

1500年 ■ 木刻 ■ 1.34公尺 X 2.81公尺 ■ 義大利威尼斯，柯雷爾博物館

雅可布・德・巴爾巴里

比例

從製圖學和印刷術兩方面來看，雅可布・德・巴爾巴里的威尼斯地圖都締造了指標性的成就。它是史上第一張城市鳥瞰圖，用木版印出組成全圖的六張大幅局部圖。這張地圖畫出從西南方高空鳥瞰威尼斯時所見的魚狀輪廓，還有

北方外海的慕拉諾島、東北方遠處的托切羅島、布拉諾島、瑪左波島。主島（標示為「terraferma」，「陸地」之意）和朱德卡島（Giudecca）、聖喬治・馬焦雷島（San Giorgio Maggiore）構成地圖的前景，地圖頂部依稀可見遠

方的阿爾卑斯山。

理想化的風景

　　這張地圖是兩位流浪工匠僅此一次的合作成果：德國出版商安東‧科布（Anton Kolb），以及設計出這張美麗地圖的藝術家雅可布‧德‧巴爾巴里。科布在1500年請求威尼斯當權者讓他獨家出版這張地圖並免稅出口，這在當時很不尋常。他顯然認為這張地圖是獨一無二的，而在那個印刷商一天到晚互相剽竊的年代，他想要確保自己能從這件昂貴的產品中獲利，而且不會被翻印。

　　這張地圖最引人注目的特點在於它以一絲不苟的精神處理實在的細節，連最小的教堂和廣場也不放過。即便是今天，威尼斯的訪客依然可以參考它走遍大街小巷。雅可布如何能以這樣的精準度測繪這座城市，還有他如何將他的發現轉呈為如此出色的透視圖，仍然眾說紛紜。這張地圖呈現了一幅威尼斯的統治者想要看到的理想形象，彷彿是一隻鳥——或上帝——從上方俯瞰這座城市。

> 這位畫家有一雙對真實性異常敏銳的眼睛……運用在這張一半是風景、一半是地圖、令人著迷的傑作中。

強納森‧瓊斯（Jonathan Jones），英國藝評家

雅可布‧德‧巴爾巴里（Jacopo de' Barbari）

1460年左右至1516年左右

雅可布‧德‧巴爾巴里是一位義大利畫家和版畫家，以出色的「錯視畫」（trompe l'oeil）最為人所知，這些畫作一律表現出高度細膩嚴謹的寫實風格。

廷服務，跟在偉大的德國畫家阿爾布雷克特‧杜勒（Albrecht Dürer）身旁工作見習，並在那裡嶄露頭角。他以「雅可布‧瓦許」（Jacop Walch）這個名字遊走於德國各大宮廷——這個姓氏可能取自德文的「wälsch」，意思是「外國人」。事實上，他很可能是在第一次返回義大利之後才改用「巴爾巴里」（Barbari）這個姓氏，因為在當時的義大利人眼中，德國仍然是有些「野蠻」的（barbaric）。雅可布很可能從盛行於阿爾卑斯山以北的寫實畫風汲取靈感，打造出他那些著名的細膩靜物及肖像系列。它們表現出對細節毫不馬虎的觀察力和特質——正是這張巨大的威尼斯地圖最關鍵的性格。

細部導覽

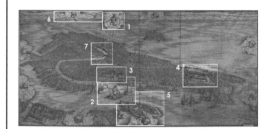

放大區域

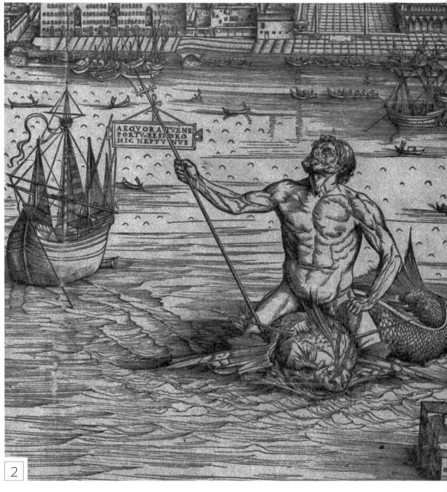

▲ **墨丘里** 商業的守護神墨丘里盤踞雲端，守護著這座城市（商業對威尼斯至關重要）。他腳下有一道說明文字，可譯為：「我墨丘里特別關愛這座城市，甚於其他商業中心」。他還握著一柄雙蛇杖，雅可布也用雙蛇杖的符號在許多其他畫作上署名，因此它既是神的標記，也是德·巴爾巴里的簽名。

▲ **波賽頓** 在聖馬可廣場對面，海神波賽頓望著墨丘里，宣告：「我波賽頓坐鎮此地，平息這座港口的海水。」威尼斯視自己為波賽頓的新娘，獻禮給這位神祇，以平息大海捉摸不定的脾氣，因為威尼斯的聲名和財富全掌握在大海手中。和墨丘里一樣，波賽頓也是一種比喻，用來呈現威尼斯掌握貿易和海洋的欲望。

▶ **聖馬可廣場、總督宮** 這張地圖中央是雅可布精心描繪的聖馬可廣場和總督宮——威尼斯象徵性與政治上的心臟。這裡有個吐露史實的細節：聖馬可廣場鐘塔的屋頂在1489年的大火後，曾經暫時被修建成平頂，就像圖中畫的那樣。後來出版的地圖則更換了印版，改畫出鐘塔後來新造的斜屋頂。

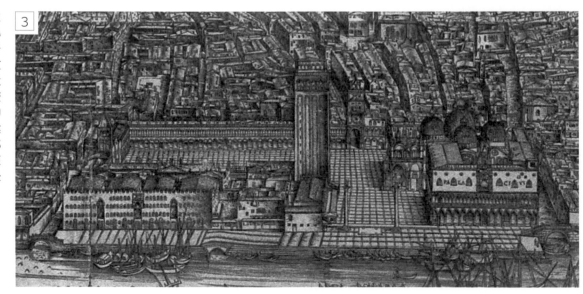

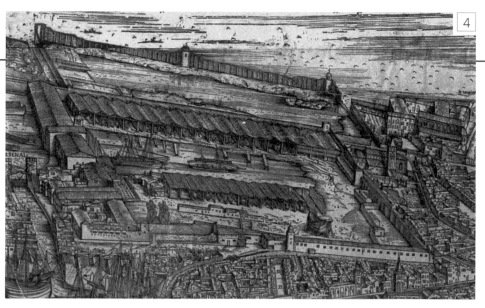

◀ **軍械庫** 軍械庫是威尼斯的另一座雄偉建築，曾經是威尼斯海事力量的中心。這座龐大的複合建築內設有國有造船廠，以極高的效率建造商用及軍用船隻，在鼎盛時期，一天就能造出一條船。這座複合建築內還有生產儲存火器的兵工廠。

◀ **聖喬治島** 聖喬治島幾乎就在聖馬可廣場的正對面，從公元982年以來就設有一座本篤會修道院，它的鐘樓則建造於1467年。現今成為前灘焦點的著名聖喬治·馬焦雷教堂是安德烈亞·帕拉底奧（Andrea Palladio）設計的，要到1566年才開始動工。

論 技術突破

雅可布十分著迷於幾何學及測量學，這個跡象在他的作品中處處可見（包括下圖這張盧卡·帕西奧利的肖像）。這張地圖對細節的執著更把他的這個特質推上巔峰。中世紀晚期確定距離和方位的方法有步測街道及建築物，或用手杖和繩索進行測量。在威尼斯這種迷宮般的城市，這樣的方法用處不大。反之，雅可布似乎使用了簡單的三角原理，計算角度及距離，畫出一份基本圖，再添上建築物，並按透視法則縮短遠方景物，創造出這張地圖誇張的斜角透視。雖然他成功了，但這些方法要到幾個世紀後才被測量員採用。

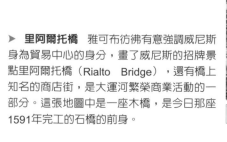

▲ **風神頭和山脈** 在這張地圖的遠端，雅可布融合了根深蒂固的中世紀宇宙學信仰與進階的寫實主義。風神頭代表不同的風和它們的方向，阿爾卑斯山則在遠方綿延，將威尼斯置入格局更廣的義大利地理政治背景中。

▶ **里阿爾托橋** 雅可布彷彿有意強調威尼斯身為貿易中心的身分，畫了威尼斯的招牌景點里阿爾托橋（Rialto Bridge），還有橋上知名的商店街，是大運河繁榮商業活動的一部分。這張地圖中是一座木橋，是今日那座1591年完工的石橋的前身。

▲ 這張盧卡·帕西奧利（Luca Pacioli）的肖像被判定為雅可布·德·巴爾巴里的作品，畫出了這位數學家修士和他的工具與筆記本。

伊莫拉地圖

1502年 ▪ 紙張上筆墨及粉筆 ▪ 44公分 X 62公分 ▪ 英國溫莎，皇家收藏

李奧納多・達文西

比例

1502年，聲名狼藉的義大利軍事冒險家西薩·波吉亞（Cesare Borgia）指派達文西擔任他的建築師，要他測量並改善義大利北部各地的軍事要塞。義大利文藝復興時期最棒的地圖之一應運而生。達文西在三個月內完成他的伊莫拉地圖，伊莫拉就在波隆納附近。這張圖迥異於較早的中世紀城鎮圖，沒有採用斜角透視法，也沒有表現建築物的高度（通常是按照建築物的重要性而不是實際高度），而是採用平面圖法——也就是從城鎮上方垂直俯視，創造出一種近乎抽象的建築平面，每個地點都垂直地球表面。這種作法改善了過去地圖不精確的問題，讓西薩在防禦攻擊時擁有獨特的優勢。

舊與新

　　達文西似乎結合了傳統的製圖技法（像是步測道路與廣場）和較新的方法（例如運用簡易的經緯儀測量兩地之間的角度）。他似乎沒有用到羅盤，而是稍微放任自己，以藝術手法重新設計了這座城裡的某些街道。然而，現代空拍還是確認了達文西作品驚人的準確性。

李奧納多·達文西（Leonardo da Vinci）

1452至1519年

李奧納多·達文西是文藝復興時期最偉大的藝術家之一，同時又以建築師、音樂家、解剖學家、工程師及科學家的身分享譽於世。

達文西的畢生成就不但跨越科學、技術、數學等各式各樣的領域，還畫了幾幅世界上最具代表性的畫作，例如〈蒙娜麗莎的微笑〉和〈最後晚餐〉。他著迷於呈現自然、結合藝術與科學，因此後來走入製圖世界是再自然不過的事。他畫了很多張義大利不同區域的地圖，身分主要是軍事工程師，受雇於權傾一時的波吉亞王朝。達文西也把製圖工作當成一個實驗不同方法測量地域並將之再現於平面上的機會。

細部導覽

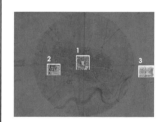

放大區域

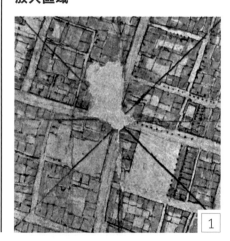

◀ **堡壘** 這張地圖無心頌讚鎮上的防禦要塞，反之，它只是客觀地標出位置，並指出禦敵方面的相對優缺點。所有的建築物都以俯視圖的方式呈現。

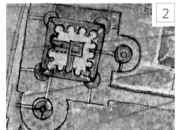

◀ **李奧納多的筆記** 李奧納多的筆記以他個人獨特的「反寫體」（或說「鏡體」）寫成，描述防禦與堡壘。左圖的筆記寫道：「從伊莫拉往普南特風5/8度的方向望去，可以看到波隆納，距離這裡約20哩」。

◀ **輻射線條** 整座城市是畫在一個圓上，分割成八個風向區（而不是羅盤方向），每一區再等分成八個小區，等於共64個區塊。所有的線條在該鎮中心交會，所有的防禦工事都以那裡為起點開始布署。

第一張美洲地圖

1507年 ■ 木刻 ■ 1.28公尺 X 2.33公尺 ■ 美國華盛頓特區，國會圖書館

比例

馬丁‧瓦爾德澤米勒

這張地圖雖然不見得是本書中最出名的一張，但它肯定是最貴的。美國國會圖書館於2003年以1000萬美元的歷史天價向一位德國貴族買下這張號稱「美洲出生證明」的地圖，因為它是最早將美洲畫成一片獨立大陸並題上洲名的地圖。這張地圖是一群人文主義學者在位於今日法國東北部的小鎮聖迪耶（Saint Dié）製作的。其中，馬丁‧瓦爾德澤米勒被認為是設計者，其他人則負責編寫、翻譯、印刷。

發現新世界

這份地圖的標題是《根據托勒密的傳統和亞美利哥‧維斯普奇及其他人的旅行繪製的世界地圖》。當探險家持續朝東西兩向推進，擴張已知西方世界的邊界時，它以出色的手法整合了這個「大發現時代」傳回歐洲的最新資訊。瓦爾德澤米勒深受佛羅倫斯探險家亞美利哥‧維斯普奇（地圖右上方）的影響。維斯普奇宣稱曾在1497到1504年間幾度出航新世界。他駁斥哥倫布認為新發現的陸地屬於亞洲的說法，主張那裡是一片全新的大陸，而這片大陸

最後也用他的名字命名為「亞美利堅」。除了取自當時探險家的報告，瓦爾德澤米勒和他的團隊還引用托勒密（地圖左上方）的古典地理學（參見第24-27頁）。為了容納新

馬丁‧瓦爾德澤米勒（Martin Waldseemüller）

1445年左右至1521年左右

瓦爾德澤米勒出生於神聖羅馬帝國的夫來堡（Freiburg，位於今日的德國境內）附近，是一位屠夫的兒子。他原本接受訓練準備接受聖職，後來卻成為一位傑出的神學學者。

他最初從事印刷，然後才開始為洛林公爵勒內二世（René II）工作，並與聖迪耶的人文圈交遊。他先是在這裡著手製作這張地圖，連同一本地理學手冊及一座地球儀一起出版。繼這張地圖之後，瓦爾德澤米勒又陸續出版了更多地圖，但卻再也沒用過「亞美利堅」這個名字——應該是因為他後來覺得維斯普奇發現獨立大陸的說法並不如他一開始所想的那樣可信。他在聖迪耶度過餘生，製作地圖並在鎮上教堂擔任教士，直到1521年過世。

的地理發現，這張地圖向兩側伸展，呈怪異的球根狀，我們從這裡可以看出托勒密第二種投影法的影響。地圖的東半球大多抄自托勒密，但西邊的世界完全是重新繪製的。

　　印製這麼一份用12張紙拼成的大型掛圖是一項大工程，而且它還是那個時代最精緻的木版印刷作品之一。它周圍依然疑雲重重：瓦爾德澤米勒怎麼能在正式宣告發現太平洋之前七年就知道它的存在？美洲的形狀為何如此扭曲？瓦爾德澤米勒為什麼在後來製作的地圖中放棄使用

美洲的出生證明。

菲利浦‧波頓（**Philip D. Burden**），英國地圖商與作家

「亞美利堅」這個名字？還有，為什麼這張地圖消失了好幾個世紀之久？

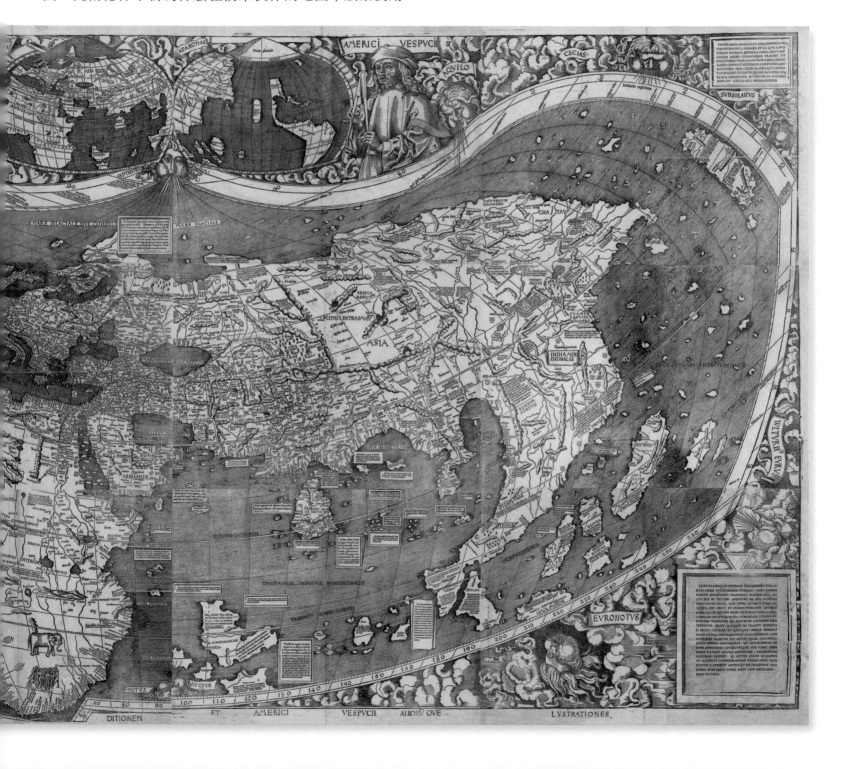

細部導覽

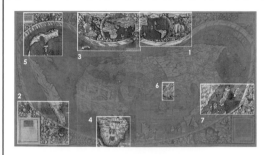

放大區域

▶ **維斯普奇** 佛羅倫斯探險家亞美利哥‧維斯普奇立於一張嵌入的地圖旁邊，圖上畫的是他的地理新發現，大圖上也完整地呈現同一個地區（不過這兩個版本的美洲有很大的出入）。維斯普奇手持一付圓規，展示出他身為探險家的科學憑證。

▲ **美洲初次登臺亮相** 維斯普奇在目前的阿根廷旁邊寫了「亞美利堅」，這是這個字第一次出現在地圖上。他兼用來自西班牙和葡萄牙的資料，所以所寫的海岸線、地名、圖說都反映出兩國在這個地區的競爭。不過，這張地圖題獻給西班牙皇帝的一位親戚，並且提及哥倫布，暗示我們瓦爾德澤米勒支持的終究是西班牙。

▲ **托勒密** 托勒密（「亞力山卓的宇宙學家」）的畫像俯視著舊世界，與維斯普奇在新大陸的主導地位形成對比。這張畫像中的地理學之父拿著一個四分儀，古典時代的「人居世界」以他出身的地中海為中心。看起來就彷彿維斯普奇和托勒密正在為如何繪製地球爭執不下。

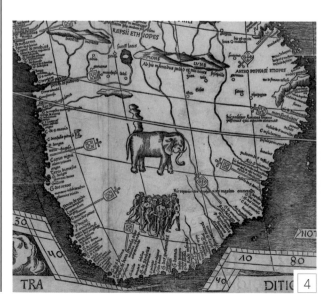

◀ **衝破圖框的非洲** 這張地圖用葡萄牙國旗點出了葡國在非洲的近期發現，包括1488年繞行好望角一事。這項壯舉粉碎了托勒密的地理學，而這張地圖戲劇性地衝出了托勒密第二投影法的圖框，正表達了這件事。

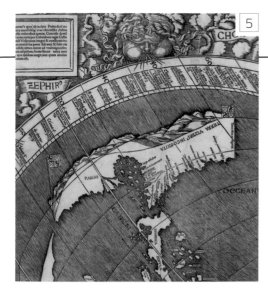

◀ **北美洲和太平洋岸** 為了因應歐洲人最近的地理發現,瓦爾德澤米勒延展托勒密筆下已知世界的南北緯,令地圖邊緣出現嚴重變形。這點在北美洲及其太平洋岸尤其明顯,美洲的太平洋岸大幅縮短,並且突兀地以一座山脈收尾。這種在地形學上根本不可能有的海岸線似乎是肇因於數學計算上的錯誤,而不是實際的地理觀察。

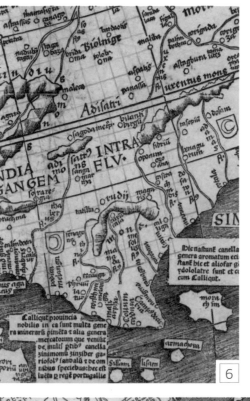

瓦爾德澤米勒這份地圖初版時共印了1000份,但很快就被更新、更正確的地圖取代,因此逐漸消失在世人眼前。這1000份圖一直被認為已經全部佚失,直到1901年,耶穌會教士約瑟夫‧費雪神父才在德國南部文藝復興時代建造的沃斐格堡(Schloss Wolfegg)圖書館發現倖存的最後一份地圖,連同地圖附帶的地理學手冊及地球儀。美國國會圖書館有意收購費雪的驚人發現,而經過德美兩國多次審慎的政治斡旋後,終於在2003年達成交易。

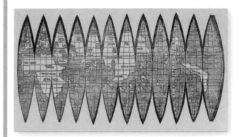

▲ **除了掛圖之外**,瓦爾德澤米勒也製作地球儀用的「斷面」(紡錘狀區塊)。這些斷面在1507年隨世界地圖一起出售。

◀ **印度** 這張地圖改善了西半球的地理知識,但東半球多半還是複製托勒密含糊的認知。雖然記錄顯示,葡萄牙人達伽馬在1498年抵達卡利刻特(Calicut),但從這張圖卻完全看不出印度是個半島。圖上的彎月符號證實伊斯蘭教已經出現在印度洋一帶。

▶ **變形的遠東** 瓦爾德澤米勒重現的東方也有一些變形的問題,包括印尼列島及盛產香料、剛開始要吸引歐洲人矚目的摩鹿加群島。同樣地,他幾乎沒有更新托勒密對此地的地理知識,把「大爪哇」(Java Major)和一群他一知半解的島嶼安排在一座純屬虛構的半島東邊。

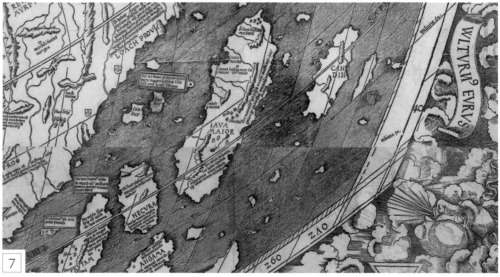

皮里・雷斯地圖

1513年 ■ 羊皮紙 ■ 90公分X 63公分 ■ 土耳其伊斯坦堡，托普卡珀皇宮博物館（Topkapi Sarayi Müzesi）

比例

皮里・雷斯

《**皮里・雷斯地圖**》（Piri Re'is Map）**是哥倫布發現美洲之後**，最早畫出美洲的地圖之一。它的作者不是西班牙人、葡萄牙人或義大利人（當時幾個最活躍於海上的國家），而是一位土耳其海軍將領。基於許多原因，好幾個世代的歷史學家都深深為這張地圖所著迷。原圖涵蓋了16世紀鄂圖曼人所知的整個世界，但留存至今的只剩下西邊三分之一。它呈現出伊比利人在大西洋及加勒比海的發現，還有他們在南北美洲海岸的登陸點。它的重要性在於它是16世紀唯一一張讓新世界的經度位置正確對應非洲海岸的地圖。

航海與發現

這張地圖屬於波特蘭型航海圖（參見第68-71頁），特徵是運用一種可記錄港口間估計距離和羅盤方向的製圖技術。它畫在一張瞪羚皮製的羊皮紙上，附有能夠協助導航的羅盤面和比例尺。圖上用鄂圖曼時期的土耳其文寫著詳細註記和117個地名，提供基督教歐洲與信奉伊斯蘭教的鄂圖曼帝國間之間地理知識交流的豐富訊息。地圖左下角的注釋說明它參考了20份地圖，包括亞歷山大大帝及托勒密的地圖、「四張葡萄牙人最近製作的地圖」，和「一張哥倫布畫的西半部地圖」。這張地圖下方有一條海岸線，某些人臆測那就是南極。不過比較有趣的問題是：佚失的部分究竟是什麼樣子？還有皮里 雷斯怎麼會這麼清楚西班牙和葡萄牙的最新發現？畢竟這些發現可是他們的最高機密。

皮里・雷斯（Piri Re'is）

1465年左右至1553年左右

皮里・雷斯於1521年出版的《航海之書》（*Kitab-ı Bahriye*）是製圖學上的重大貢獻。

皮里・雷斯雖然是土耳其的重要歷史人物，我們對他的早年生涯卻所知不多。在多場鄂圖曼海戰與勝仗中嶄露頭角後（包括1517年征服埃及、1522年征服羅德斯、1548年征服亞丁），皮里和他出名的海盜叔叔凱瑪爾（Kemal）一樣改姓「雷斯」（Re'is），意思是「船長」。後來皮里・雷斯晉升為海軍將領，率領布署在印度洋的鄂圖曼艦隊，並憑藉著他豐富的航海經驗繪製地圖、撰寫航海書籍。他因為沒能在波斯灣擊退葡萄牙人，於1553年在埃及被鄂圖曼當權者處決。

> ## 大發現時代遺留下來最美麗、最有趣、最神祕的一張地圖。

格雷高利・麥金托什（Gregory C. Mcintosh），美國學者與工程師

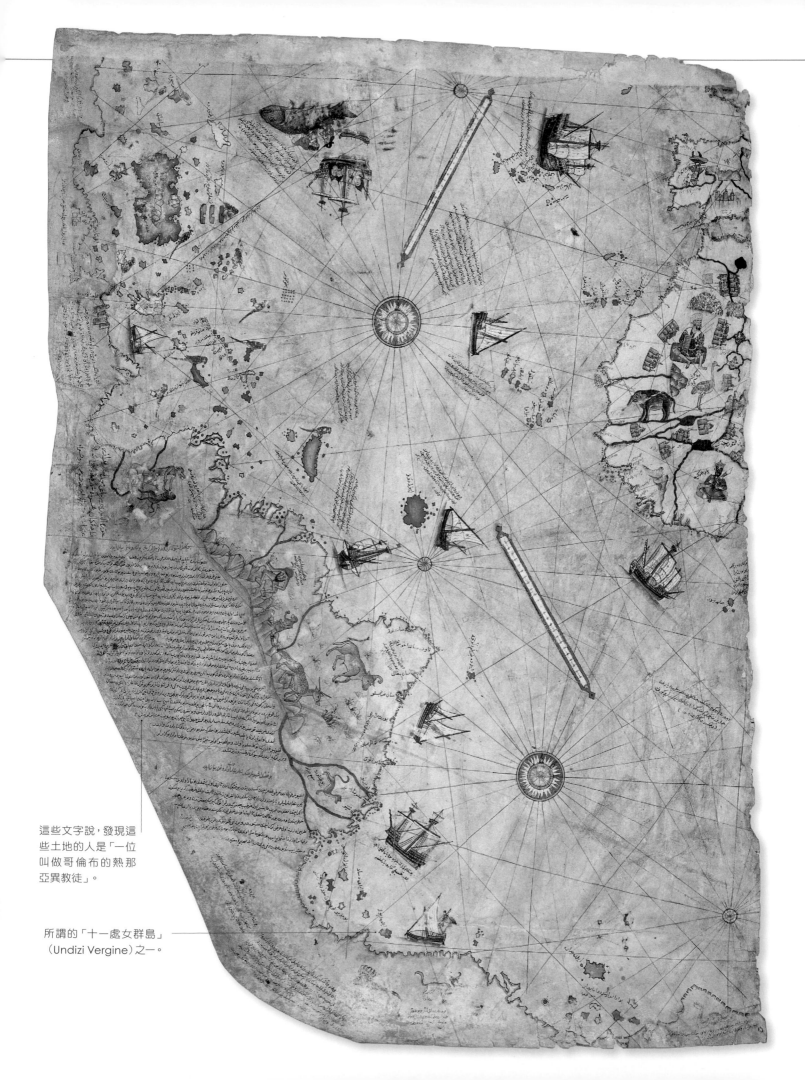

這些文字說,發現這些土地的人是「一位叫做哥倫布的熱那亞異教徒」。

所謂的「十一處女群島」（Undizi Vergine）之一。

細部導覽

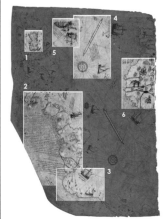

放大區域

▼ **伊斯帕紐拉島** 在哥倫布發現的所有加勒比海島嶼中，伊斯帕紐拉島在皮里‧雷斯的地圖上最為醒目。島上畫了山脈、城鎮和碉堡（以及一隻鸚鵡），並標名為「Izle despanya」（西班牙島），而且（用現代的眼光來看）走向錯誤。發現這座島嶼的時候，哥倫布相信它就是日本（那時稱作「Cipangu」），皮里‧雷斯畫這座島的形狀時，似乎也犯了同樣的錯誤。

1

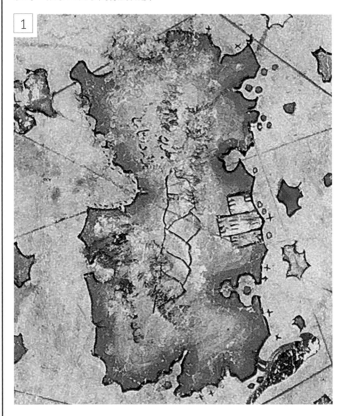

▶ **南美洲與怪物** 美洲新世界對鄂圖曼人來說，就像遠東對中世紀基督教製圖師一樣陌生。這張地的美洲海岸沿線畫有憑空想像的當地駱馬、美洲獅、猴子以及更古怪的生物，其中有個臉長在胸部的人——很像出現在中世紀歐洲製世界地圖上的「無頭人」（參見第56-59頁）。未知的內陸則以土耳其文的說明文字填補。

2

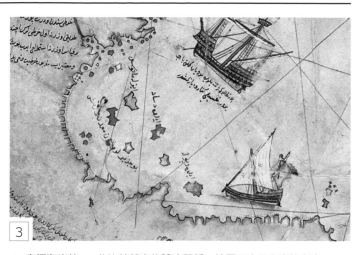

談 背景故事

鄂圖曼人是16世紀地中海地區的帝國強權之一，他們製作波特蘭型航海圖的傳統悠久而出色，揉合了伊斯蘭、基督教、希臘及猶太人的知識。皮里‧雷斯在1521年出版了《航海之書》，書中附有精美細膩的地中海地圖，凸顯出共享的製圖智慧遺產。

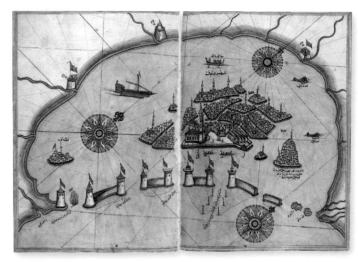

▲ **這張威尼斯的歷史地圖**首次於《航海之書》中刊出，現在存放於土耳其的伊斯坦堡大學圖書館。

3

▲ **南極海岸線**　一些比較離奇的說法堅稱，地圖下方的海岸線與尚未冰封前的南極海岸線十分相似。他們的理論認為，這個地區是中國人、一個消失的文明、甚至是外星人繪製的。說明文字寫道：「這個國度一片荒蕪。一切都是廢墟，且據說有大蛇在這裡出沒……這些海岸……非常炎熱。」

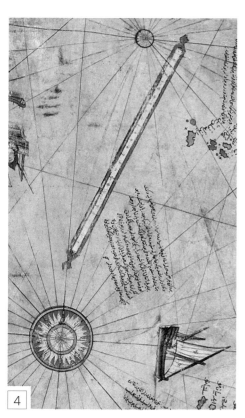

4

▲ **羅盤面和比例尺**　這張地圖和那個時代大多數的波特蘭型航海圖一樣，含有一個羅盤面（以32條線代表風和方向）和一隻置於北大西洋的比例尺。羅盤面的東西向線似乎和北回歸線重合。地圖的比例則相當不一致，美洲的比例遠大於非洲或亞洲。不過，許多當時的地圖都是這樣的。

5

▲ **聖伯來登**　這張地圖上方的角落裡畫了愛爾蘭探險家與修道聖人聖伯來登（St. Brendan）的故事。它的說明文字翻譯如下：「他遇上這條魚，誤以為牠是一片陸地，於是在牠背上升火。魚的背部被燒熱之後，牠就潛到水面下去了。」這張地圖說，這條訊息「取自古老的中世紀歐洲製世界地圖」，不過一名土耳其製圖師如何能夠取得歐洲製的世界地圖，仍然是個謎。

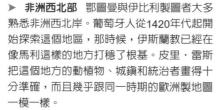

▶ **非洲西北部**　鄂圖曼與伊比利製圖者大多熟悉非洲西北岸。葡萄牙人從1420年代起開始探索這個地區，那時候，伊斯蘭教已經在像馬利這樣的地方打穩了根基。皮里‧雷斯把這個地方的動植物、城鎮和統治者畫得十分準確，而且幾乎跟同一時期的歐洲製地圖一模一樣。

6

烏托邦地圖

1518年 ■ 木刻 ■ 17公分 X 11公分 ■ 英國倫敦，大英圖書館

比例

阿姆布羅修斯‧霍爾班

作家奧斯卡‧王爾德曾說過：「沒有烏托邦的地圖不值一顧」。最早的烏托邦地圖之一是阿姆布羅修斯‧霍爾班在1518年製作的一幅木刻，而它也是最怪異的一幅。它是湯瑪斯‧摩爾《烏托邦》（1516年初版）第二版的插圖，這本書開啟了烏托邦文學傳統的先河，描寫一個所謂的理想社會。摩爾的書名語帶雙關，併入了希臘文的「ou」（不）、「eu」（好）、「topos」（地方），組合在一起既有「美好樂土」的意思，也有「烏有之邦」的意思——霍爾班擁抱了後面這個概念。這個故事裡的許多人物也都自相矛盾：它的敘事者是個名叫拉斐爾‧希適婁岱（Raphael Hythlodaeus）的探險家，他的名字在希臘文裡的意思是「胡說八道的人」。

　　霍爾班按照摩爾的描述，一點不差地再現這座島嶼：它寬320公里，呈新月形，有座大海灣，一條河流從中央流過。不過圖上卻有一些奇怪的錯誤和不一致的地方，而且若從某個角度看，這張地圖還像一副骷髏，暗示我們所有的烏托邦之夢都難逃死亡的威脅。

阿姆布羅修斯‧霍爾班（Ambrosius Holbein）

1494至1519年

阿姆布羅修斯‧霍爾班是畫家漢斯‧小霍爾班（Hans Holbein the Younger）的哥哥，學過印刷這門新工藝。

我們雖然知道霍爾班出生在位於今日德國的奧格斯堡（參見第96-99頁），但由於被他那位更成功、更有才華的弟弟掩蓋了鋒芒，我們對他的事業知道的就相對少了。不過記錄顯示，他曾和漢斯一起在瑞士的巴塞爾工作，也加入了當地的畫家工會。他的畫作留存至今的只有大約12幅，大部分都是肖像。因此阿姆布羅修斯‧霍爾班會製作這幅烏托邦地圖的木刻，就更加令人好奇了。

細部導覽

放大區域

▶ **拉斐爾‧希適婁岱**　這張圖描繪摩爾《烏托邦》一書的敘事者拉斐爾‧希適婁岱和另一位書中人物（可能是彼得‧基里斯）交談甚歡的情景，並註有他的姓名。他指著上方那座島，彷彿在和他的同伴描述島上風情。

1

◀ **「亞馬烏羅提」市**　烏托邦的首都位於北方，叫做「Amaurotus」（亞馬烏羅提）。摩爾說它是一座理想城市時，究竟有多認真呢？它的名字源自希臘文的「烏有」或「未知」。

2

◀ **安尼卓斯河口**　這張地圖上到處都是笑話——也可能是錯誤。「Ostium anydri」這個名字的意思是「安尼卓斯河河口」，但是圖上顯示的卻是河的源頭（一座瀑布），而不是這條河的入海口。

3

Amaurotū vrbs.

Fons Anydri.

Ostium anydri.

Hythlodaeus.

奧格斯堡地圖

1521年 ▪ 木刻 ▪ 80公分 X 1.91公尺 ▪ 英國倫敦，大英圖書館

比例

約格 • 賽爾德

這張德國南部奧格斯堡的全景圖是史上印行的第一張北歐城市地圖。它用了八塊木刻印版印製而成，從一個誇張的斜角俯瞰市區，讚美這座神聖羅馬帝國最重要的城市之

一。奧格斯堡自認為是北歐的羅馬，製圖者約格•賽爾德運用義大利文藝復興時期在數學及測量方面的發展（這張地圖有許多版面都提到了這件事），以毫不含糊的細節畫

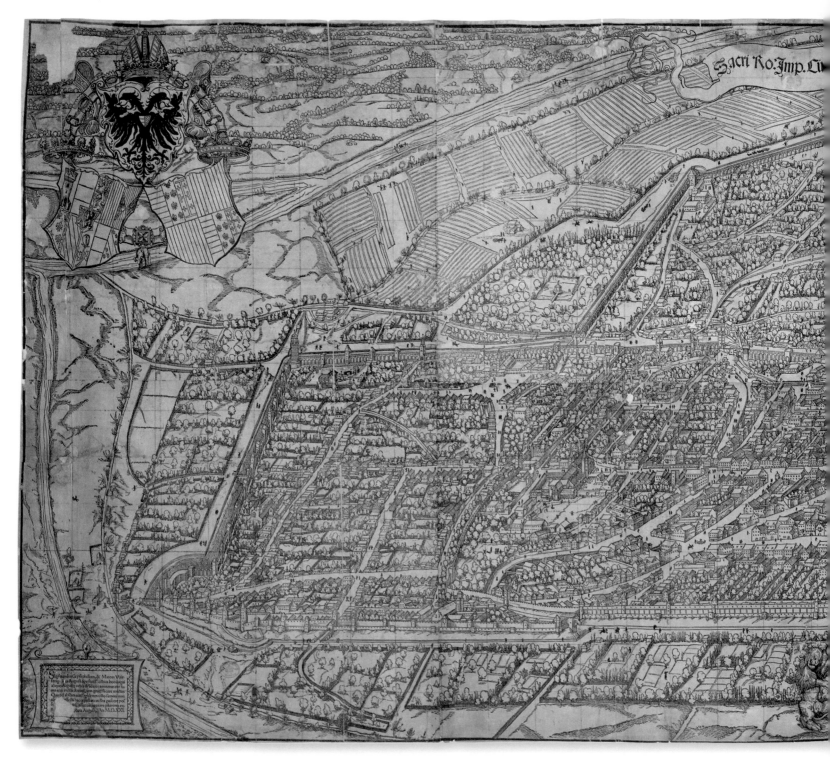

出每條街道和建築物。賽爾德1514年就已經測量過這座城市，但必須等到他和藝術家漢斯·魏迪茲（Hans Weiditz）及一群當地藥劑師印刷業者合作，這張地圖才得以出版問世。贊助這張地圖的還有市內財力雄厚、有權有勢的商人世家弗格家族，特別是傑可布·弗格（Jakob Fugger, 1459-1525年），城裡有一個區域就是這個人建造的，稱作「弗格里」（Fuggerei）。賽爾德及合作伙伴結合精湛的技藝及數學方面的才智，用這幅吸引人的地圖展現了公民的驕傲。

約格·賽爾德（Jörg Seld）

1454年左右至1527年

賽爾德是傑出的藝術家與工匠，但對於他的生平，我知道的卻是出奇地少。他熱愛奧格斯堡，生於斯、卒於斯，是當地藝術及公民生活的重要人物。

他接受金匠的訓練，並在1478年成為師傅。1486年，他在該市的聖烏爾利希聖阿夫拉教堂（St. Ulrich and Afra）工作，最出名的事蹟是為這座教堂打造了銀色聖壇，並且參與奧格斯堡從高哥德式到義大利文藝復興式的建築轉型。他也是軍事工程師，在德國各地設計過各類建物，並且對不同的藝術形式產生興趣，尤其是雅可布·德·巴爾巴里的城市地圖（參見第80-83頁）。今日，他的名氣主要來自他的《奧格斯堡地圖》，這既要歸功於建築設計，也要感謝雕刻大塊木刻印版的工藝技巧。

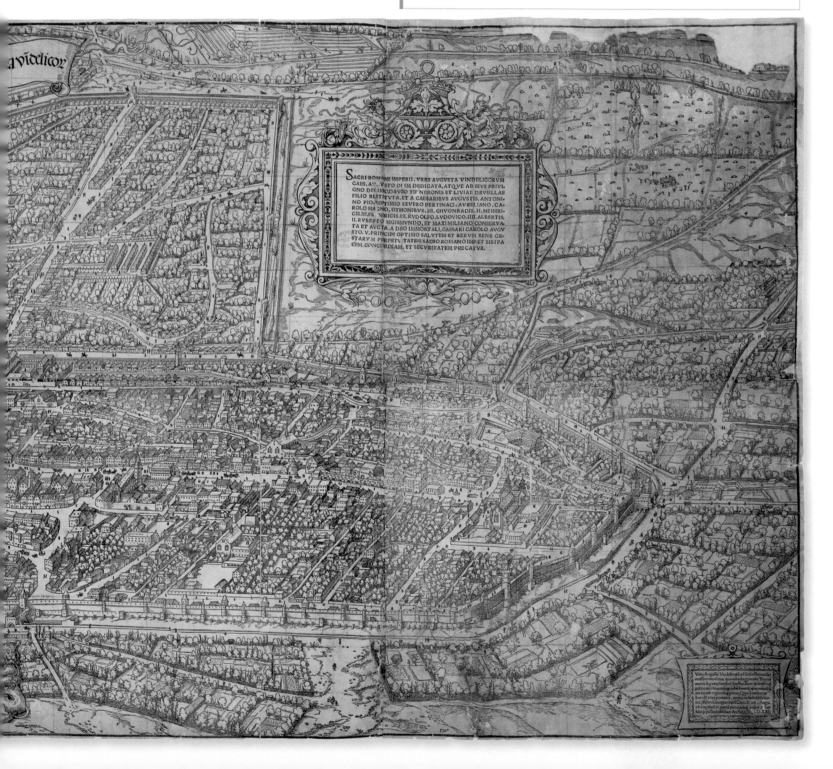

細部導覽

放大區域

▶ **帝國之鷹** 到了16世紀，神聖羅馬帝國名義上仍然存在於歐洲，當時的神聖羅馬皇帝、哈布斯堡王朝的查爾斯五世統治著像奧格斯堡這樣的城市。這張地圖左上方有查爾斯皇帝的紋章，上方有雙頭的羅馬鷹，顯示它的忠誠。

▶ **城市紋章** 這張地圖自豪地展示著它的城市紋章：一顆松果（典故可以上溯到奧格斯堡身為羅馬首都的年代），兩側是一對用後腳站立的獅子，暗示著公民驕傲與效忠帝國之間的緊張關係。

▼ **弗格里** 賽爾德在這座城市的北方畫了弗格里，是一座城中城，由弗格家族於1516年捐助建造。裡頭有供奧格斯堡的窮困工人居住的補貼住宅，到今天都還有人住。

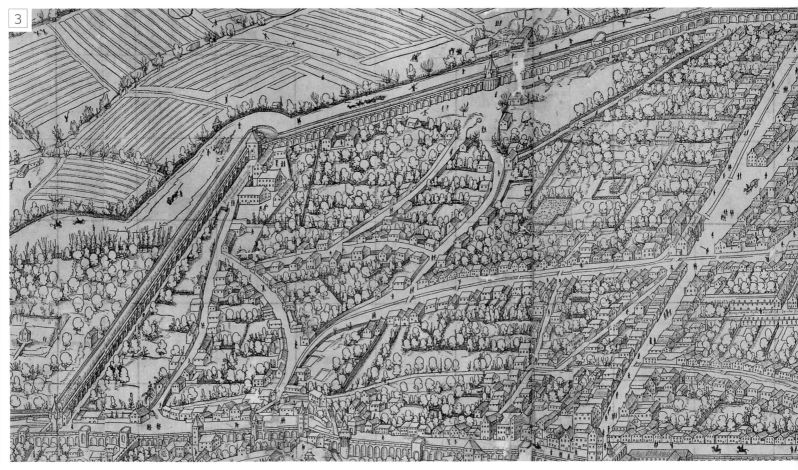

▼ **城牆之外** 奧格斯堡城牆外的土地有別於城牆內的文明，被描繪成人煙稀少、危機四伏的地方。鑲板內的文字說，這張地圖是為那些思念這座城市或想進一步了解這座城市的人設計的，並歌頌「對故土專一的愛」。

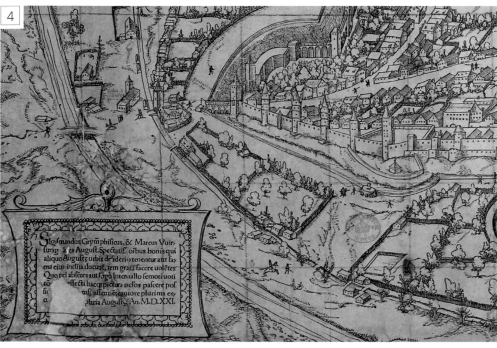

談 **背景故事**

就像更早之前雅可布‧德‧巴爾巴里製作的威尼斯地圖（參見第80-83頁），賽爾德也用了許多新的測繪技術來打造一張縝密精細的圖像。到了1520年代，富裕的北歐城市（例如奧格斯堡）都在為神聖羅馬帝國的多處領地進行地形測繪，並歌頌市民產業的公民價值。賽爾德應該是憑藉著他擔任軍事工程師的經驗步測城市的大小，並以簡單的幾何方法測量距離和角度，然後由藝術家漢斯‧魏迪茲刻在大塊木版上，再交付印刷。

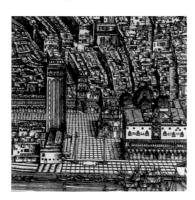

▲ **雅可布‧德‧巴爾巴里的**威尼斯地圖和賽爾格的奧格斯堡地圖在精細程度上不分軒輊。

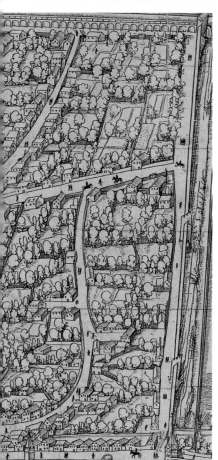

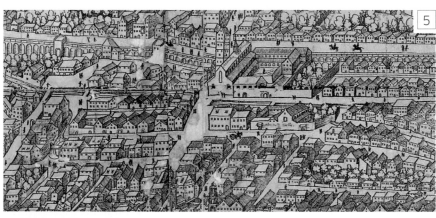

◀ **城市之心** 賽爾德用詳實的細節重現市中心的每一座建築物，從教堂與市政廳到住宅與大道都有，包括他自己設計的那些。他甚至畫出人騎著馬穿過街道的樣子。

◀ **神祕場景** 這張地圖讚頌這座城市及市民，但並不是每個細節的意思都很清楚。右上角有個戲劇性的場景：有一個人躺在地上，一群人在旁圍觀。還有兩個人看起來像是在打架，另一個人則高舉雙手站在一旁。這是個歡樂的慶典，還是一場葬禮？有沒有可能是搶劫，甚或是謀殺？

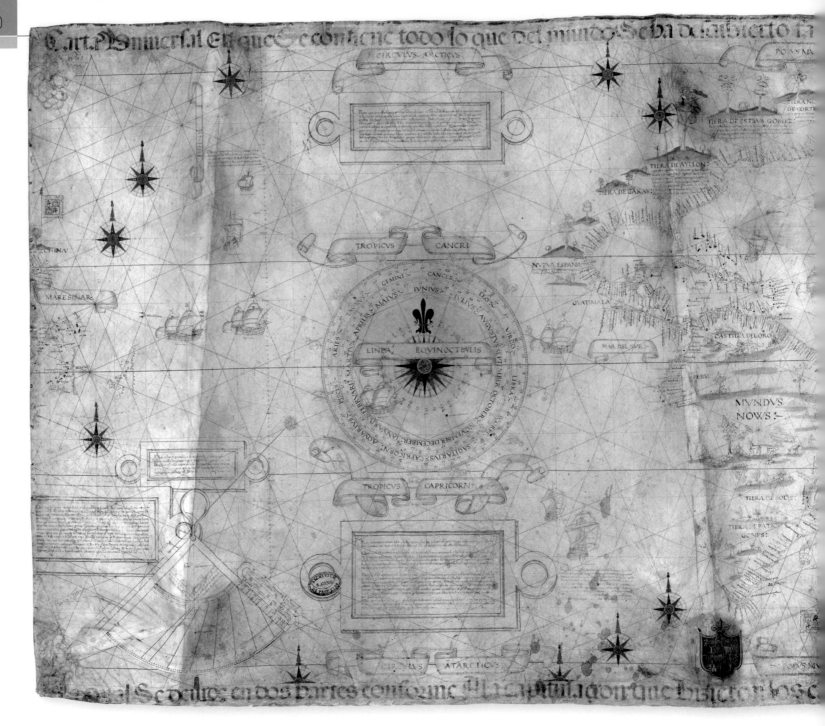

世界地圖

1529年 ■ 獸皮紙 ■ 85公分 X 2.05公尺 ■ 義大利羅馬，梵諦岡圖館

比例

迪歐哥・列比路

儘管這張世界地圖有科學正確性和地形細節作掩護，卻掩蓋不了它鮮明的政治立場。西班牙的哈布斯堡王朝統治者宣稱，盛產香料的摩鹿加群島歸他們所有，而出生於葡萄牙的航海家與製圖師迪歐哥・列比路製作這張地圖，就是

為了支持個說法。葡萄牙探險家斐迪南・麥哲倫代表西班牙完成了第一趟已知的環繞地球之行（1519-22年）後，西班牙就做出這份聲明。麥哲倫打賭，他可以向西南方航行，繞過合恩角抵達摩鹿加群島，這條路線比依照慣例東

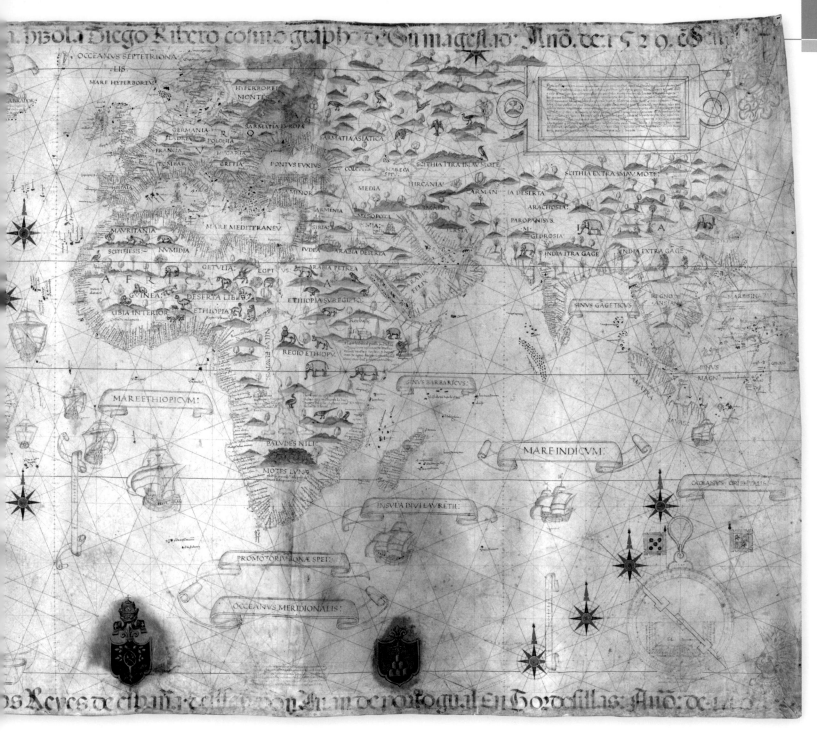

行還要更快、更短。雖然他在途中亡故，但倖存的船員返鄉後宣稱，如果沿著一條南北向的經線把地球分成兩半，西班牙和葡萄牙帝國各據一半，摩鹿加群島就會落在西班牙這半邊。外交局勢也對西班牙有利，因為西班牙買通了葡萄牙製圖師（例如列比路），要他們在地理事實上動手腳，把摩鹿加放在他們這半球。列比路在這張《世界地圖》中便是這麼做，「確認」了群島是位在太平洋中的一條子午線以東。

列比路精心手繪這張地圖，圖上滿是裝飾性的細節和新時代科學製圖所需的工具。它也透露伊比利製圖師如何揚棄托勒密：他的舊世界仍然在圖的東邊，但地圖的重心已經轉向大西洋，以及西邊相對未知的太平洋。

迪歐哥·列比路（Diogo Ribeiro）

1480年左右至1533年左右

迪歐哥·列比路最初是個海員，參與過幾趟探險之後才安定下來，為西班牙王室擔任製圖師與科學工具的設計師。

列比路很年輕的時候就出海了，並在1502年跟隨知名葡萄牙航海家達伽馬前往印度。他以領航員的身分參與了其他幾場探險行動，但到了1518年，他就已經開始領西班牙人的薪水，為麥哲倫之行製作地圖。列比路在1523年被任命為塞維爾「貿易部」（Casa de Contratación）的皇家宇宙學者，那裡是西班牙管理海外帝國的中心地。在1524年摩鹿加主權歸屬的辯論中，他是西班牙的人員，並開始製作一系列不朽的世界地圖。成功之後，他持續為西班牙國王效命，去世前還發明了很多不同的科學工具。

細部導覽

放大區域

▼ **摩鹿加群島** 列比路在地圖最西邊畫出摩鹿加群島，就在羅盤面上方，由西至東斜斜分布。這張地圖把它們放在太平洋分割線以東僅僅7度的地方，這麼一來它們就落在屬於西班牙的半球中。

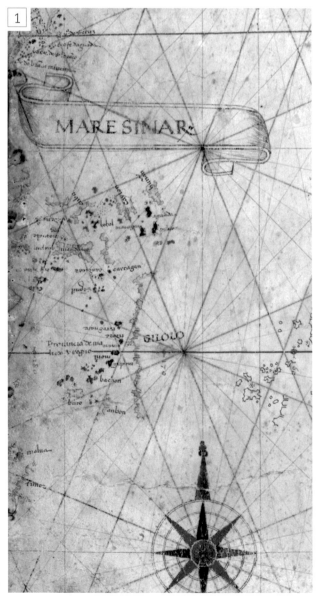

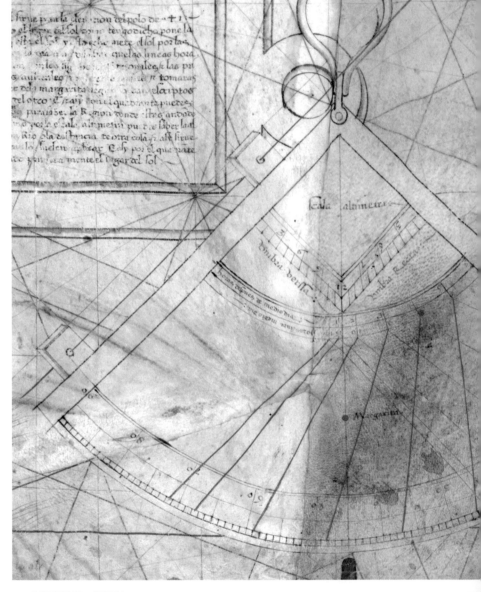

▶ **旗幟和紋章** 這張地圖下方橫列了一套畫得很漂亮的皇家旗幟和紋章，西班牙在左邊（西方）、葡萄牙在右邊（東方）。它們標出了這兩個敵對帝國各自掌控的半球。

◀ **科學工具** 這張地圖上畫有複雜的導航工具圖，例如這個四分儀，讓它看起來好像很客觀、很權威的樣子。不過，這表面上的正確度其實是有高度選擇性的。

▼ **印度洋的船隻** 往來於印度洋及更遠處的商船，呈現了壟斷香料貿易對商業與政治的雙重重要性。

歷史上出現過許多用來排解領域紛爭的政治地圖，列比路的地圖是第一張。1529年的〈沙拉哥薩協約〉（Treaty of Saragossa）判定摩鹿加群島屬於西班牙而不是葡萄牙，且雙方都同意在一份跟這張圖很像的地圖上簽字，圖上顯示群島位於一個雙方都認同的位置。地圖成為法律文件，用根據地理事實做出來的協議，同時約束了敵對的雙方。

▲ **多明哥‧特謝拉的世界地圖**顯示出1573年葡萄牙和西班牙瓜分地球的分割線。

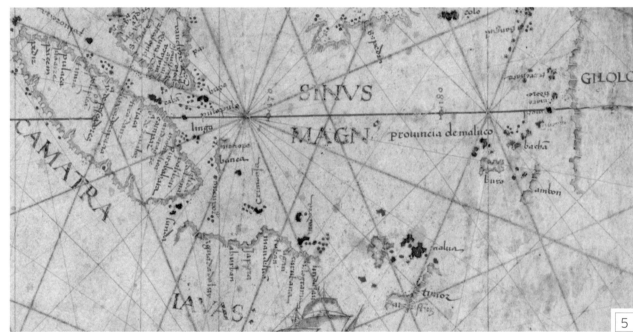

▲ **印尼列島** 對香料的興趣讓歐洲地圖上的印尼地區改頭換面。托勒密及中世紀製圖人那種荒誕的地理學消失了，取而代之的，是亟欲搜尋新市場的商業眼光。上圖是爪哇島和蘇門答臘島，被赤道一分為二。

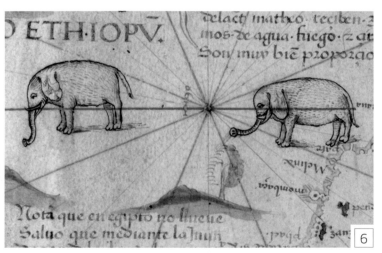

◀ **中非的大象** 距離海洋和海岸線愈遠，列比路對自己的地理知識就愈沒把握。在非洲和美洲內陸，他再次搬出較古老的神話地理信仰，在非洲中部畫出大象，因為他顯然不清楚那裡有些什麼。

A Theuet cosmographe numero de tmos. L.j.
du Roy.

Acaçitli   yohualatonac

ocelopa   quappa

quexoxoch   tenuch

xocoyol   xomimitl

tenochtitlan

xiuhcaqui   acatotl

colhuacan. pueblo.   tenayucan. pueblo/

阿茲提克人的特諾奇提特蘭地圖

1542年 ■ 紙張上墨 ■ 32公分 X 22公分 ■ 英國牛津，波德利圖書館

製圖者不詳

比例

如這張《特諾奇提特蘭地圖》所顯示的，人類社會用不同的方法將周遭環境畫成地圖。特諾奇提特蘭是前哥倫布時代美洲最大的城市，也是阿茲提克帝國的首都，位於今天的墨西哥市。這座城市在1521年被西班牙征服者埃爾南·科爾特斯（Hernán Cortés）攻下，這張圖畫於事件發生之後，收錄在《門多薩手抄本》（Codex Mendoza）一書中，這本書詳細描述了阿茲提克人的歷史及日常生活。

特諾奇提特蘭建在一座湖上，這張圖把湖簡化為一個藍色方框，城中諸多運河當中的四條相互交叉，構成一個藍色的X，把城市切割成四個三角形區域。特諾奇提特蘭的居民應該能夠認出城內的四大區：阿茲夸可（Atzaqualco）、提歐朋（Teopan）、莫攸特蘭（Moyotlan）、區波朋（Cuepopan），以及畫在這四個區塊中的十位建城者，還有城市的象徵物：一隻停在仙人掌上的老鷹（這個圖案今日依然是墨西哥的國徽）。下方的鑲版內畫有該市奠基以來的重大時刻。周圍的每一個象形文字都代表一年，以1325年特諾奇提特蘭建城那年為始，用左上角一間頂上有兩個點的房子代表。這張地圖是一份獨一無二的文件，代表阿茲提克人神聖首都的歷史和地理，讓我們得以窺見一個失落的文明在西班牙帝國正要以暴力血腥的手段終結它之前的樣子。

中美洲擁有豐富的製圖傳統，但大多葬送在西班牙統治者手中。殘存下來的傳統有一項特色，就是用象形文字描述事件與地點，例如這張地圖右上角的五間房子，人稱「時間的空間化」。這些地圖認為時間跟空間是相連的，通常結合了地理與歷史。

▲ 《弗羅倫斯手抄本》（約1570年）中，阿茲提克戰士查閱地圖的畫面。這本書記載了阿茲提克人的文化、世界觀、禮儀及歷史。

細部導覽

放大區域

▶ **老鷹** 在阿茲提克神話中，天神威奇洛波契特里（Huitzilopochtli）告訴他的子民，如果看到一隻老鷹抓著一條蛇停在一株仙人掌上，就在那裡定居。下方是威奇洛波契特里的象徵：盾牌和箭，影射阿茲提克人是靠武力贏得權力。特諾奇提特蘭奠都的這一幕被放在地圖中央。　**1**

◀ **特諾奇** 地圖中央左方最靠近老鷹的這個人物是阿茲提克人的領導者特諾奇（Tenoch），他也是該市的建立者之一。特諾奇提特蘭一名就是從他而來——「tetl」意指「石頭」，「nochtli」則是「梨果仙人掌」。他坐在一張編織墊上，從他的頭飾一眼就能辨識出他的身分。特諾奇究竟是真人還是神話人物，至今仍有爭議。　**2**

▼ **庫華坎** 這張地圖下方的區塊描繪出武裝的阿茲提克戰士作戰的畫面，他們擊敗敵對城市庫華坎（Culhuacan）和田那尤卡（Tenayuca），將對手打倒在地。我們從而得知，這張地圖是在頌揚阿茲提克帝國的軍事基礎。

3

新法蘭西

1556年 ▪ 木刻 ▪ 28公分 X 38公分 ▪
加拿大紐芬蘭，紀念大學

比例

吉亞科莫・加斯達迪爾

吉亞科莫・加斯達迪爾的地圖是最早仔細畫出加拿大東北部及紐約港的印刷地圖，也是第一張用「新法蘭西」來稱呼新斯科細亞（New Scotia）及紐芬蘭附近法屬領地的地圖，涵蓋範圍一路延伸到曼哈頓。它最初刊載於吉奧凡尼・巴蒂斯塔・拉穆西歐（Giovanni Battista Ramusio）的遊記《航海與旅行》，根據的是弗羅倫斯探險家吉奧凡尼・德・韋拉札諾（Giovanni da Verrazzano）的地理發現。韋拉札諾在1524年受法國國王法蘭西斯一世的宮廷委託，沿著紐芬蘭海岸航行，一直走到紐約和納拉干瑟特（Narragansett）的海灣。韋拉札諾把這個地方命名為「法蘭西斯卡」（Francesca），用以向他的贊助人表達敬意。不過，必須等到加斯達迪爾在這張地圖上把這個地方稱為「新法蘭西」，並刊登在拉穆西歐那本旅行百科綱要中廣為流傳，「新法蘭西」這個名字才取得了公信力。

豐富而客觀

　　這張地圖既想描述這個地區的風土人情，也想為這個地理新發現製作一張客觀的地圖。船隻和漁人在魚源豐富的海面上穿梭，陸地上則有當地的美洲原住民聚落，在豐茂的動植物之間打獵、捕魚、休憩。地圖西邊空白的「Parte Incognita」（未知領域）暗示我們，這個地方還沒有受到歐洲人的矚目。

吉亞科莫・加斯達迪爾（**Giacomo Gastaldi**）

1500至1566年

吉亞科莫・加斯達迪爾是16世紀最偉大的義大利製圖師之一，也是傑出的天文學家與工程師，為威尼斯共和國效命。

加斯達迪爾最重要的早期作品之一是1548年一本義大利語版的托勒密《地理學》，這是銅版印刷的口袋版，收錄了幾張新的美洲地圖。他的職業生涯漫長而輝煌，且是第一位提出亞洲與美洲間有一道海峽的製圖師。他也為威尼斯的總督宮製作溼壁畫地圖，設計《亞洲新圖》（New Description of Asia，1574年），並與吉奧凡尼・巴蒂斯塔・拉穆西歐（1485-1557）密切合作，製作他那套龐大的旅行見聞集，題為《航海與旅行》（Navigations and Voyages，1550-1559年）。

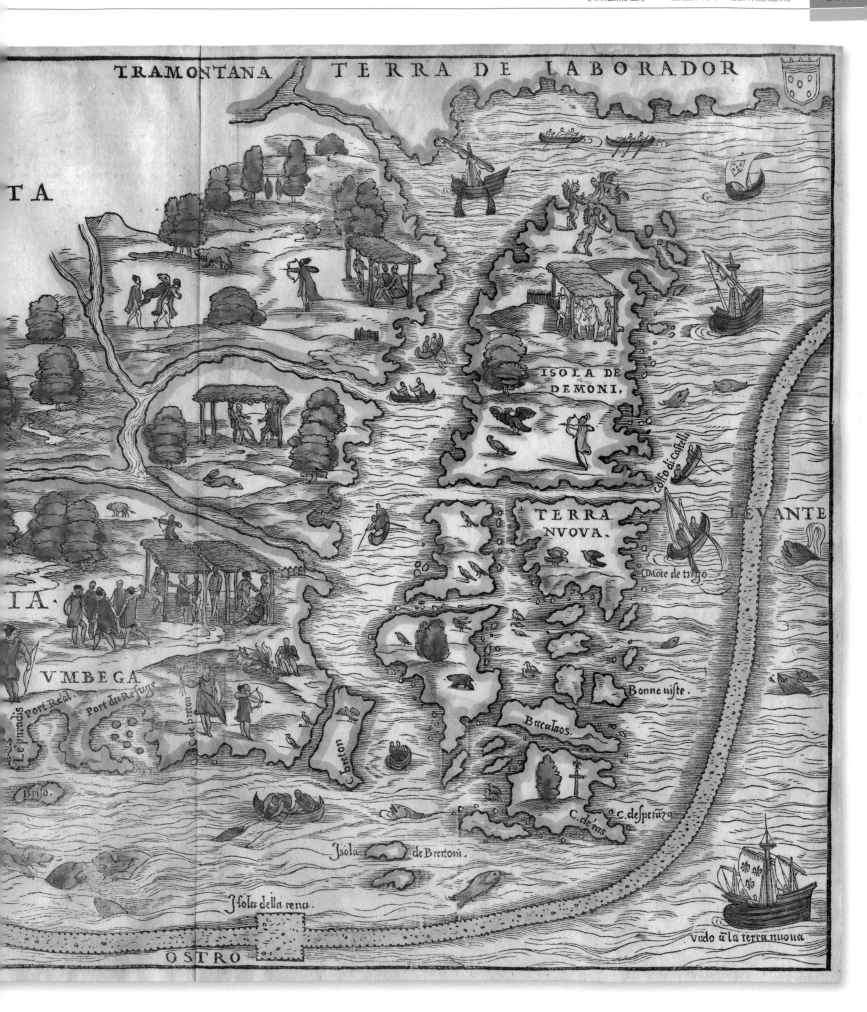

細部導覽

放大區域

▶ **惡魔島**　加斯達迪爾的地理知識到
了紐芬蘭外海，就變得愈來愈破碎不
全，而且帶有半神話色彩，表現出歐
洲人在同一地區面臨的恐懼與機會。
北邊的「惡魔島」住有長了翅膀的生
物，內陸的貝歐薩克原住民（Beo-
thuk）則如常度日。

▲ **「安古拉母」**　「安古拉母」（Angoulesme）半
島涵蓋今日的紐約市所在地。韋拉札諾在1524年率
先將它命名為「新安古拉母」（New Angoulême），
以對加冕前封號為安古拉母伯爵的國王法蘭西斯一
世致敬。這個地方後來又被荷蘭人命名為「新阿姆
斯特丹」，直到1664年才成為「紐約」。

◄ **布里敦角**　義大利探險家約翰・卡巴特1497年發現的這座島，在1520年代成了一處漁業殖民地。這些誘人的漁場情景具有廣告的作用，凸顯了這張地圖的商業目標，想鼓勵歐洲人投資這個地區。

▼ **當地生活風情**　這裡描繪美洲原住民的日常作息，包括打獵、跳舞、煮食。貝歐薩克人營地的圖畫尤其搶眼，他們住的是「馬馬悌克」（mama-teek，木椿和白樺樹皮建成的公共房屋）。

加斯達迪爾深受「第厄普學派」（Dieppe School）影響，這是一種流行於1530至70年間的法國製圖風格。這個學派得名自法國東北海岸上的一座繁榮商港，當地的製圖師結合了這個地區著名的袖珍畫傳統與波特蘭型航海圖（參見第68-71頁），做出極具裝飾價值的地圖，都是上色精美的手繪藝術品。它們通常裝訂成大開本的地圖集，供有錢的贊助人攤開參閱。像加斯達迪爾這樣的義大利人非常欣賞這種地圖，因為它們吸收了所有最新的地理發現，尤其是葡萄牙人的，但同時又鼓吹法國的帝國野心，特別是在新世界。

▲ **這張16世紀法國製的世界地圖**以較早的葡萄牙航海圖為基礎。

▼ **沙島**　加斯達迪爾還有志於發展一套新的地圖視覺語彙，但是效果有時並不好：他在這裡把紐芬蘭的大堤畫得像是一座長長的沙島。

► **「未知領域」**　在這張地圖的未知領域邊緣，也就是歐洲人的地理知識窮盡的地方，加斯達迪爾添上了一幅神祕的小插圖，看似兩位毛皮獵人和一頭熊。

世界放大新詮

1569年 ■ 銅版畫 ■ 1.24公尺 X 2.02公尺 ■ 荷蘭鹿特丹，海事博物館

比例

傑拉德・麥卡托

這張世界地圖出自傑拉德・麥卡托之手，他可能是史上最偉大且無疑是史上最有名的製圖師。它根據麥卡托的數學投影法呈現世界，這種投影法是史上同類型的投影法中最成功的一種。這是製圖史上第一次有人企圖將球形的地球畫在平面的紙上，讓航海人在畫出一條跨越地球的直線時，也能把地球的曲率計算進去。做到這一點的關鍵是拉長高緯度地區的水平距離，不過這樣的成功也是有代價的。從圖上看來，北極和南極似乎都無限延伸，而加拿大和南美洲之類的地區和它們的實際表面積比起來也顯得過大。地圖的副標題指出這張地圖是為「導航」而設計的，但它的比例太小，因此導航效果不佳——不過到了17世紀晚期，大多數航海員都已經將它改製成較大比例的地圖，它也因此成了長途航行的標準投影圖。

科學與藝術

　　這幅雕版畫不只是製圖學上的重大科學突破，它還是一件藝術作品。麥卡托是一位知名的版畫家，他設計了地圖上那些別出心裁的花體斜字和裝飾圖案。它們經常被用來妝點那些他顯然不熟悉或完全不了解的地區，像是北美洲。麥卡托在科學方面雖然有長足的進步，但他的地理知識多半還是受到古典及中世紀傳統所影響：海洋裡除了商船之外依然滿是怪獸，北極住有侏儒，亞洲也還是沿襲托勒密（參見第24-27頁），畫得並不正確。

傑拉德・麥卡托（Gerard Mercator）

1512年至1594年

傑拉德・麥卡托出生於法蘭德斯（位於今日比利時）一個寒微的家庭。他是個優秀的學者，曾在魯汶大學求學，之後才成為科學儀器製作家、版畫家與製圖師。

麥卡托雖然創作了一系列法蘭德斯、聖地與世界的創新地圖，卻因信仰路德教派，在1554年被哈布斯堡的天主教當權者以異端的罪名逮捕，千鈞一髮才逃過被處決的命運。他搬到杜易斯堡（Duisburg，位於今日德國），在那裡度過餘生，潛心製作一部大規模的宇宙誌，包括一部世界編年史、世界第一本地圖集，以及一張世界地圖。這張地圖使用的投影法讓他名垂千古。他是史上第一位用「地圖集」（atlas）這個詞來稱呼一套地圖的製圖師。

當我看到摩西版本的世界起源說與事實不符時……我開始懷疑所有的哲學家，並著手探索自然的奧祕。

傑拉德・麥卡托

細部導覽

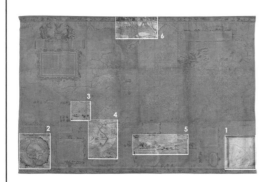

放大區域

▶ **北極和「萬海歸宗」** 麥卡托雖然講求數學的正確性，卻還是屈服於一些非常怪誕的過時想法。例如他認為地球其實是中空的，北極由四座島組成，中央有一塊大磁石，海水都流進那裡去。根據麥卡托的說法，有一種叫做「史奎林」（Screalings）的侏儒住在這四座島上，如主圖上的這張嵌入圖所示。

`2`

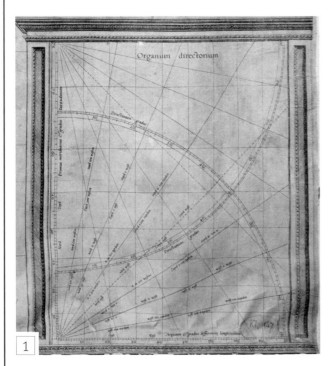

`1`

▲ **投影法** 為了協助船隻沿直線前進，麥卡托在地圖上畫滿了稱為「恆向線」（rhumb line）的曲線，這些曲線跟所有的子午線都以固定的角度相交。這些線條摹擬地球的曲率，能防止船隻偏離航道。麥卡托用這張數學圖表闡釋他的解決方案，提出一種至今仍受到使用的遠程導航法。

`3`

◀ **深海怪獸** 麥卡托從未出海，因此他必須閱讀旅人的故事，自行分辨真實與虛構，成果良莠不齊。因此，太平洋和印度洋上出現了可怕的怪獸，有的是歐洲最大船隻的兩倍大。在這裡，南美洲外海有一隻鯨魚般的生物，正朝著歐洲船隊逼近。

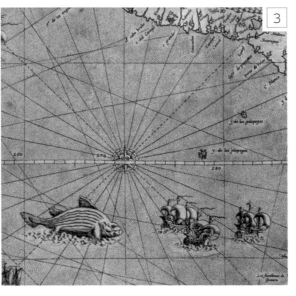

◀ 麥哲倫之後 麥卡托進行這項工作時，麥哲倫第一次環球之旅的震撼仍然餘波盪漾，在製圖師身上留下深遠的影響。這裡他畫出了南美洲以及可環繞航行的合恩角，不過由於資訊相對不足，加上他的投影法造成變形，整片大陸看起來像是經過擠壓，而且太靠近南極。

論 技術突破

自古希臘時代以來，地理學就一直存在著一道難題：如何把像地球這樣的球狀物畫在一張平面的方形紙上，又不能有太嚴重的扭曲。麥卡托的世界投影新法為這道難題提供了一個巧妙的解答。他的答案是把地球視為一個圓筒，把地理特徵畫於其上，然後攤平。最後再把兩極地區緯線之間的距離拉長，留下一種無限延伸的印象。這樣得到的結果就是南北向變形、東西向正確。

▲ 麥卡托的地球儀。

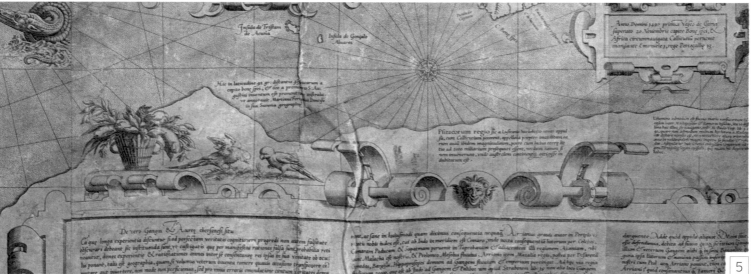

▲ 比無限遠更遠的地方：南極 麥卡托把球形的地球以長方形來呈現，意味著南極和北極會嚴重變形，往東西方無限延展。圖上華麗的花框、圖說和裝飾性點綴，全是為了讓觀者不要去注意那明顯的變形。

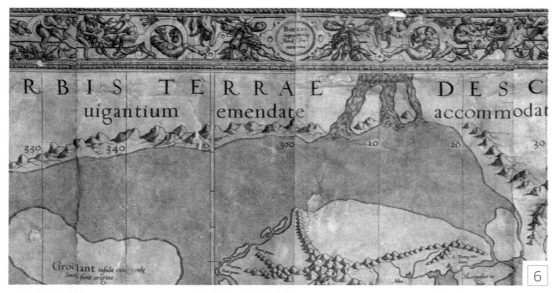

◀ 狹長的極地 主地圖上的北極和圓形嵌入圖上的北極相去甚遠（見放大區域1）。基於投影法的緣故，這片極地無法顯示在主地圖上，能看到的只有四座大島前方的兩座小島（嵌入圖上也有），沿著地圖頂部延展。

新方向與
新信念

- 《北安布里亞郡地圖》

- 梵諦岡地圖陳列廊

- 《摩鹿加群島》

- 《坤輿萬國全圖》

- 《塞爾登地圖》

- 《鄭和航海圖》

- 《「人居世界」圖》

- 《全新世界地圖》

- 《不列顛道路圖集》

- 《新英格蘭地圖》

- 《校訂法蘭西地圖》

- 《聖地地圖》

- 通往加利福尼亞的陸路

- 《新法蘭西地圖》

北安布里亞郡地圖

1576年 ▪ 銅版蝕刻 ▪ 39.7公分 X 51公分 ▪ 英國，倫敦，大英圖書館

克里斯多福・沙克斯頓

比例

1570年代初期，土地測量員克里斯多福・沙克斯頓接到一件來自王室官員湯瑪斯・塞克福德（Thomas Seckford）的委託。塞克福德代表他的上司、女王伊麗莎白一世的總理大臣伯格利勳爵（Lord Burghley）發出這件委託。沙克斯頓受委任製作英格蘭及威爾斯的第一套郡治圖。在接下來幾年裡，沙克斯頓用還處於起步階段的三角測量法（參見第165頁）繪製各郡地圖，計算距離及位置。

他的第一張郡治圖——諾福克郡地圖在1574年出版。繼之又陸續出版了其他地圖，包括這張北安布里亞郡地圖（Map of Northumbria）。稍後，他在1579年出版了有史以來第一套《英格蘭及威爾斯郡治地圖集》（Atlas of the Coun-ties of England and Wales），收納34張郡治圖，以及一張完整的英格蘭及威爾斯地圖。這些地圖用刻版印刷、手繪上色，高度精細，還用統一的圖符代表地形特徵，例如這張圖上的山丘及河流。每張地圖還蓋有當局的皇家紋章戳記

> # 有200多年的時間，幾乎每一張英格蘭及威爾斯印製的地圖都援引了沙克斯頓的地圖。
>
> 理查・赫爾格森（Richard Helgerson），《國族的形式》（Forms of Nationhood）

克里斯多福・沙克斯頓（Chris-topher Saxton）

約1540年-約1610年

沙克斯頓出生於英格蘭約克郡，受業於杜茲柏立教區牧師約翰・魯德（John Rudd），學習土地測量及製圖術，然後為伊麗莎白女王朝臣湯瑪斯・塞克福德的家族服務。

塞克福德資助沙克斯頓製作郡治圖，很可能還得到了伯格利勳爵的贊助。如果我們想到這件工作必需測量全英格蘭及威爾斯的34個郡，便會發現沙克斯頓的進度神速：他在1574年完成第一張地圖，僅僅五年後就完成整件工作。他究竟用了哪些測量方法至今仍有爭議，不過我們知道這些地圖出自幾位當時最優秀的版畫家之手，其中不少是荷蘭人或法蘭德斯人。沙克斯頓預估他的地圖會大受歡迎，順利地從伊麗莎白一世那裡取得許可，授予他每張地圖的十年獨家版權。他的地圖集為接下來幾個世代的英國製圖師樹立了標竿，截至1580年，他穩坐國內土地測量的龍頭地位。後世視他為「英國製圖之父」。

（右上角）以及塞克福德的盾徽（右側略低處）。

　　沙克斯頓的地圖是一樁空前的任務，而且相當成功。伯格利認為它們攸關國家安全，他檢查每份地圖的第一份校樣、並加上註記：北安布里亞郡緊鄰伊麗莎白時代的英格蘭棘手的鄰國蘇格蘭（在圖上為空白）邊境，使它在總理大臣心目中占有格外重要的地位。他在地圖中的蘇格蘭上寫滿了的地方資訊及政治情報註記。

　　同時，沙克斯頓開拓性的工作開啟了製作區域地圖的傳統，這個傳統在200多年後、英格蘭設立國家製圖機構：英國地形測量局時臻於全盛。

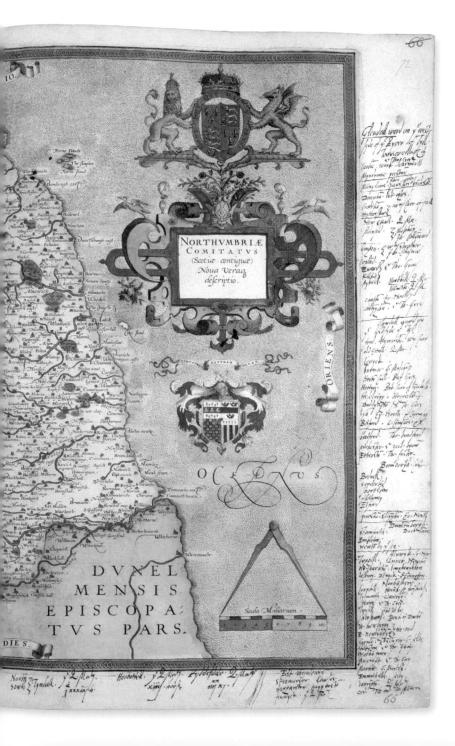

細部導覽

放大區域

▼ **國家大事** 伯格利勳繞著這張地圖的邊框，親手寫下大量有關蘇格蘭邊境（「蘇格蘭邊」（the Marches））政治及管理問題的評估。他在左上角列出忠於女王伊麗莎白一世的「邊境中段重要權貴名單」，還有他們能夠調配來守禦伊麗莎白疆土的馬匹數目。

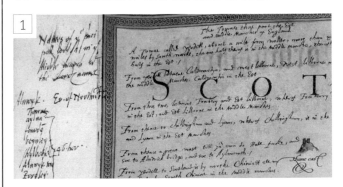

◀ **圓規及比例尺** 沙克斯頓畫了一副圓規和一隻比例尺，比例尺顯示10英哩（16公里）在圖面上只比2½英吋（6.5公分）長一點，也就是說這張圖的比例在30萬分之1左右。比例尺上沒有沙克斯頓慣用的簽名，表示這是一張製作初期、仍未完成，要先呈送伯格利勳爵批准的地圖草稿。

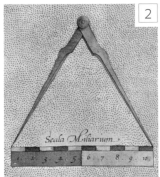

▲ **進退攻防** 這張地圖上密布城鎮、村落及山丘，精細入微的地形讓伯格利能夠看出該怎麼最有效地捍衛英格蘭北部。他可能還用它來緊盯北方幾位蠢蠢欲動的伯爵，例如支持天主教和蘇格蘭瑪麗女王的諾森伯蘭公爵八世亨利‧伯希（Henry Percy），瑪麗女王是伊麗莎白執政的頭號政敵。伯希在安尼克（Alnwick，圖中）的家族宅邸尤其顯眼。

梵諦岡地圖陳列廊

約1580年 ▪ 溼壁畫 ▪ 每幅地圖約3公尺X 4公尺 ▪ 義大利，羅馬，梵諦岡博物

伊尼亞齊奧‧丹蒂

由於教皇及王公們尋思如何炫耀他們的財富及學識，用成組地圖裝飾宮殿、修道院、宅邸的做法在16世紀的義大利第一次成為風尚。當中最宏偉的一組地圖要數羅馬梵諦岡博物館的地圖陳列廊（Gallery of Maps）。這組地圖由教皇格里高里13世（Gregory XIII）委託包括道明派教士、數學家伊尼亞齊奧‧丹蒂在內的一組團隊設計，裝飾美景宮（Belvedere Courtyard）內一條長120公尺的走廊。這組圖包括40張巨幅的鮮豔溼壁畫地圖，各畫出一塊義大利的地區及島嶼。每張地圖的尺寸是3公尺X4公尺，陳列順序讓人恍如從義大利北端走到南端。靠第勒尼安的地區展示在走廊一側（東側）；靠亞得里亞海的地區則展示在另一側（西側）。拱頂則飾以聖經故事場景。

伊尼亞齊奧·丹蒂（Egnazio Danti）

1536年-1586年

丹蒂出生於義大利中部佩魯加市（Perugia）的一個畫師家庭，出生時被命名為裴雷格利挪·丹蒂（Pellegrino Danti）。他年輕時曾研習神學，接著在1555年加入道明會（羅馬天主教的一支宗教修會），並改名伊尼亞齊奧。

丹蒂沉醉於研究數學及地理學，而且興趣日漸濃厚，在1563年接受梅迪奇家族的科西莫公爵一世（Duke Cosmio I de'Medici）的邀請搬到佛羅倫斯。他在那裡教授數學，並受委託製作他的第一件大規模製圖──佛羅倫斯市政廳舊宮（Palazzo Vecchio）內「衣櫥室」（Guardaroba）的53張地圖、地球儀及繪畫。繼他在佛羅倫斯的成功之後，丹蒂被任命為波隆納大學的數學教授。教皇格里高里13世又邀請他到羅馬修改公曆（Christian calendar），這種曆法後來就叫作「格里高里曆」。丹蒂在羅馬時，還受到任命負責監督一系列區域地圖的設計，這些地圖用來裝飾梵諦岡甫完工的地圖陳列廊。除了製圖與數學方面的成就，丹蒂還是一位備受尊崇的主教，而且因為他在義大利南部為貧民所做的慈善工作而廣受愛戴。

地圖陳列廊結合了現代地理學以及經教皇詮釋的教會史，地位無可比擬。

法蘭西絲卡·費歐拉尼（**Francesca Fiorani**），
《地圖奇迹》（The Marvel of Maps）

細部導覽

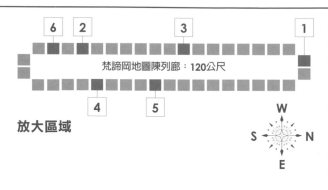

6 2 3 1
梵諦岡地圖陳列廊：120公尺
4 5

放大區域

W
S ✦ N
E

▶ **「弗拉米尼亞」地圖** 弗拉米尼亞路（Via Flaminia）是一條從古羅馬跨越亞平寧山脈直抵里米尼（Rimini）的道路。凱撒在公元前49年越過魯比孔河（Rubicon River）、引爆了羅馬共和國的內戰，那條路正是凱撒所行經的道路。這張地圖用凱撒的軍隊表現出羅馬史上具決定性的關鍵時刻，地圖中央描繪的是他們正在渡河的樣子，方尖碑上也記錄了這段歷史。

▲ **勒班陀（Lepanto）之役** 陳列廊末端有一張歷史地圖，刻畫1571年10月基督教軍隊「神聖聯盟」（Holy League）在勒班陀附近的伊奧尼亞海面上，戰勝土耳其艦隊一景。大多數人認為這場勝利是得到了神助，教皇也接受這種說法，將這一天訂為一個新的宗教節日「勝利聖母日」（Our Lady of Victory）。

▶ **歷史上的米蘭** 丹蒂的地圖時常在同個一地區呈現不同時代發生的重要歷史場景。米蘭地圖對這座城市本身著墨不多，卻聚焦在至少三場在這個地區發生的重要歷史戰役：公元前218年漢尼拔與西庇阿（Scipio）的對戰、查理曼大帝在公元774年擊敗倫巴底一役、以及1525年法國在帕維亞（Pavia）失利一事。地理細節與過往事件融匯於這張圖上，表現出歷史事件是怎麼形塑地方認同的。

4

▲ **佩魯加**　丹蒂在1570年代末測繪他的故鄉佩魯加。地圖上的這個地區畫得分外仔細，還有卷軸型圖名裝飾框、羅盤面、和嵌入的城鎮地圖。這張地圖也畫了漢尼拔在公元前217年於特拉西美諾湖（Lake Trasimeno）戰勝羅馬人的名役。

5

▲ **坎佩尼亞**　坎佩尼亞（Campania）地區的溼壁畫中鑲嵌一張那不勒斯地圖，呈現加里利亞諾之役（Battle of Garigliano，公元915年）：教皇若望十世的基督教軍隊擊敗一支在此區建立殖民地的法蒂瑪王朝薩拉森（Fatimid Saracen）軍隊。

▼ **義大利全圖**　這組地圖以兩張義大利半島圖為始，分列於陳列廊南端入口兩側。其中一張描繪古義大利，另一張描繪現代義大利，並陳古典及當代義大利世界。這個做法解釋了其他組圖何以並陳天主教義與異教信仰。

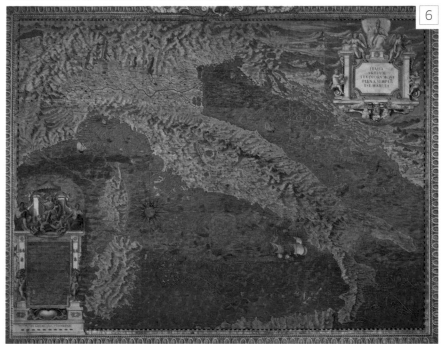

6

談 背景故事

丹蒂的地圖製作於一場宗教大動盪期間。天主教依循特利騰大公會議（Council of Trent, 1545-63）的決議，對新教做出的回應之一就是這些地圖。教皇召開這場會議以改革天主教神學，並譴責新教的「異端邪說」。某些新教製圖師在當時已經印製了深受歡迎的聖地地圖，用作閱讀白話聖經的視覺輔助。因此，教皇格里高利13世有心打造一套「神聖製圖學」，丹蒂的地圖便是這套製圖學的一部分，提供全球天主教會一幅以義大利羅馬及教皇（而非耶路撒冷）為中心的圖像，而且這個中心敢於運用科學，將影響力擴張到全世界。

▶ **特利騰大公會議的影響力**滲透16世紀的政治與文化。這張圖描繪議事進行中的場景。

摩鹿加群島

1594年 ■ 銅版蝕刻 ■ 36.7公分 X 53公分 ■
澳洲，雪梨，米歇爾圖書館（Mitchell Library）

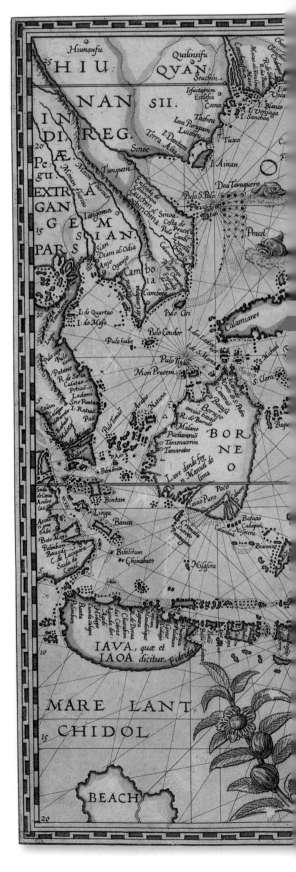

比例

佩卓斯‧普蘭修斯

這張地圖在導航技術及製圖與貿易的關係之間，進行了一場寧靜的革命。 故事要從1592年說起，當時統治荷蘭共和國的議會委任天文學家暨製圖師佩卓斯‧普蘭修斯製作地圖，支持荷蘭介入當時還操縱在葡萄牙手中的東南亞香料貿易。普蘭修斯使出一些卑鄙的手段，從葡萄牙船員那裡取得地圖，雇用他們用麥卡托投影法（參見第110-13頁）製作一系列地圖。雖然這種投影法已經出現了20多年，它涉及複雜的數學計算，令船員頭痛不已，而不願意放棄他們舊有的波特蘭型航海圖。普蘭修斯是將這種地圖應用於海上導航的第一人。這張重要香料產地摩鹿加群島（Molucca Islands）的地圖因為校正了它們在列比路地圖（參見第100-103頁）上的錯誤位置而格外重要。它告訴新一代的荷蘭商人，香料及其他財富在那裡列隊歡迎他們——假設他們投資這種新的導航方法的話。

荷蘭人在1595年首次啟程前往印尼。在出發前，普蘭修斯扮演了科學顧問的角色，為船隊準備類似這樣的地圖，讓他們航行時能在眾多群島間辨識方向。這張圖在地理認知方面展現長足的進步，北方受西班牙控制的菲律賓、和地理及商業重心所在的摩鹿加都標示在圖上，沿著赤道分布。新幾內亞也畫了進去，不過並沒有畫出尚未探勘的南岸。圖上還有一片標示為「畢區」（Beach）的神祕陸地。這張地圖用獨到的手法並置航海圖及商業冒險於一處，預示了荷蘭東印度公司（通常簡稱「VOC」，源自它的荷文名「Vereenigde Oost-Indische Compagnie」）日後的崛起。

佩卓斯‧普蘭修斯（**Petrus Plancius**）

1552年-1622年

荷蘭天文學家、製圖師佩卓斯‧普蘭修斯出生時被命名為彼得‧普拉特若耶特（Pieter Platevoet），曾為荷蘭東印度公司製作過100多張地圖。

普蘭修斯還是神學學生的時候，為了躲避在西班牙掌控下的荷蘭南部進行的宗教迫害而流亡阿姆斯特丹。他在那裡成為荷蘭歸正會（Dutch Reforemd Church）的牧師，並鑽研製圖技術。他作出超越當代成就的天文觀測、為幾個新發現的星座命名、提出決定經度的革命性方法、製作天球儀和地球儀。製圖經驗讓他成為國家主導的荷蘭海外貿易擴張行動的科學顧問理想人選，而這場擴張行動最終讓荷蘭掌控了東南亞。

第一張呈現歐洲以外的海洋及海岸線的荷蘭印製地圖。

岡特・施勒德（Günter Schilder），荷蘭製圖史學家

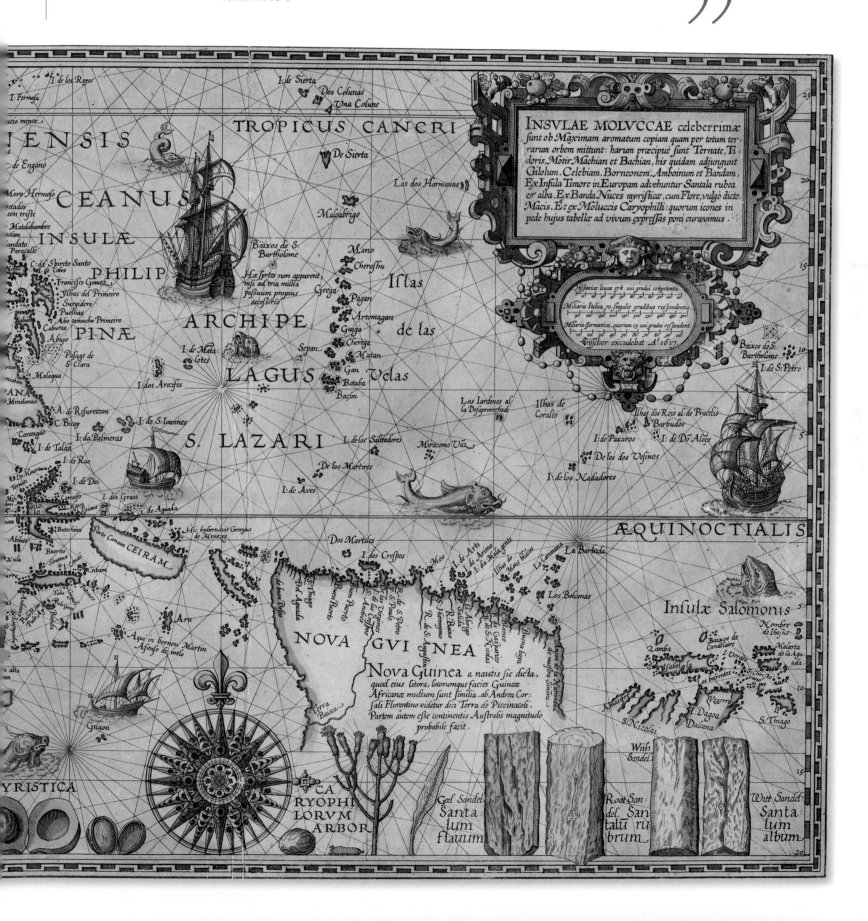

細部導覽

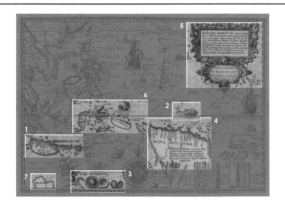

放大區域

▼ **爪哇** 荷蘭在1590年代試圖打進印尼群島的香料貿易，取得爪哇等主要貿易島的正確地圖便顯得格外重要。普蘭修斯將淺灘及多岩地區納入圖中，為缺乏經驗的航海員提供第一次在這個區域航行所需的導航指南。

▼ **海怪** 這張地圖雖然在科學技術上有十足把握，卻仍畫出海怪漫遊太平洋的情景。這一隻海怪看起來像條奇大無比的魚，裝飾的成分可能多於相信真正有水怪這種生物。

▲ **肉豆蔻** 普蘭修斯在地圖下方橫列了荷蘭商人及航海員尋找的珍貴商品。地圖使用者可以用這幾張「nux myrstica」（肉豆蔻）的插圖，以及檀香、丁香等類似插圖輕易辨識出植株及果實的樣貌。擁有地圖就可保證能取得這些珍寶。

▶ **新幾內亞** 新幾內亞島占了整張地圖上一個醒目的位置，但是普蘭修斯弄錯了它的西海岸和外島，誤把伊里安爪哇半島（或說西巴布亞半島）和主島分開，放在位於左方的另一座島旁，這正是一個例子，說明了道聽塗說的地理資訊會導致製圖的錯誤。

5

◀ **卷軸型圖名裝飾框** 這張精美的鐫刻卷軸型圖名裝飾框描述了這個地區、以及旅人能夠在這些島上取得的商品。下方的比例尺能確保地圖發揮正確導航功能，這揭示了科學測量與新式貿易開始攜手合作。這個卷軸型圖名裝飾框精美的樣式，源自墓飾的設計。

▼ **摩鹿加群島** 赤道貫穿摩鹿加群島。群島左方是蘇拉威西島（Sulawesi，地圖上標示作「Celebes」）、中央是哈馬赫拉島（Halmahera，地圖上標示作「Gilolo」）、右方是希蘭島（Seram，地圖上標示作「Ceiram」）、下方是安汶（Ambon）。普蘭修斯把它們畫得太近，似乎是希望將它們統整在更集中的商業諧秩序之下。

6

7

▲ **神祕的「畢區」** 這張地圖的最南邊是神祕的「畢區」（Beach），其實就是馬可波羅口中誤傳的「暹羅」，這個地名的中文在抄寫時被誤植為「Boeach」。這塊陸地要不是重複中世紀舊地理學中的訛傳，就是澳洲的驚鴻一瞥——在地圖上出現的時間點，比正式發現澳洲早了幾十年。

論 技術突破

17世紀之前製作的航海圖大多把地球視為一個平面；也就是說，跨越範圍變大時，地圖就無法正確呈現方向和距離。普蘭修斯採用麥卡托投影法，確保航行路線更為精確。離開赤道愈遠，緯線的間距也愈大，荷蘭海員就能夠在這張地圖上規畫更正確的直航線。這使得航行變得更容易、更安全，讓商人在離鄉數千里外經商也更加穩當，因此獲利更高。

▲ **這張17世紀**荷蘭東印度公司的地圖呈現繞過麥哲倫海峽的航線。

坤輿萬國全圖

1602年 ▪ 木刻版畫，印於桑皮紙上 ▪ 1.82公尺X 3.65公尺 ▪
美國，明尼蘇達州，明尼亞波利斯市，詹姆斯・福特・貝爾圖書館（James Ford Bell Library）

比例

利瑪竇、李之藻、張文燾

利瑪竇製作的這張地圖因它的稀有、美麗、和異國風味，被稱作製圖學上「不可能的黑色鬱金香」。它是17世紀早期歐洲及中國製圖知識的卓越融合，讓中國第一次瞥見美洲的存在。利瑪竇是一位義大利耶穌會會士，領導該會在中國的傳教工作；他也是一位天才科學家，深信要讓當地人皈依基督信仰，了解中國文化及學術能發揮關鍵的作用。

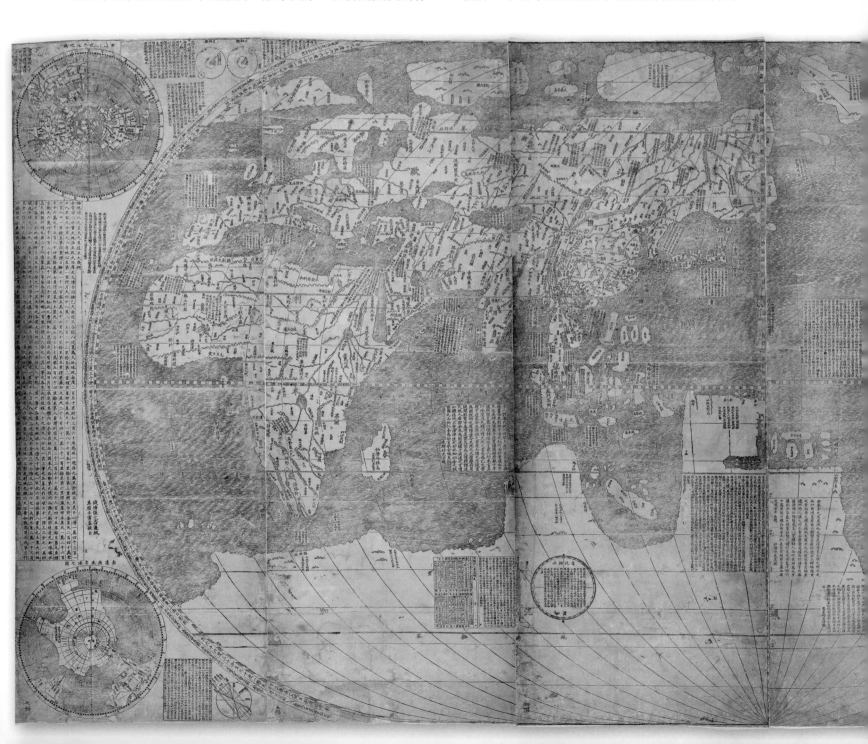

中國與歐洲的共同成就

利瑪竇在1584年於中國南部的肇慶設立了一間耶穌會所。他用歐洲文字在牆上畫了一幅世界地圖，對地圖讚賞不已的中國官員請他讓這幅地圖「說中文」，利瑪竇又畫了另一張用中文標示的地圖。這兩張地圖後來都佚失了，但是它們為這張地圖提供了雛型。這張地圖是1601年利瑪竇受明神宗召見，赴北京時著手製作的，它是一件名副其實的合作成果，由明朝印刷家張文燾出版，刻在六塊大型木版上，用褐色油墨印在桑皮紙上，當時用這種辦法來製作在半公共場所展示的大屏幕。利瑪竇同時受到明朝的著名數學家、地理學者李之藻協助。李之藻在地圖完成後改信天主教，成為受利瑪竇影響而皈依的信徒中，最有名的一位。

利瑪竇的橢圓形投影法習自法蘭德斯製圖家亞伯拉罕‧奧特柳斯（Abraham Ortelius）在1570年製作的知名世界地圖（收錄於奧氏的地圖集《世界概貌》）。他還採納其他歐洲製圖家，包括麥卡托（參見第110-13頁）和普蘭修斯（參見第122-25頁）的製圖成果。這些資料與李之藻提供的中文資料融合，讓利瑪竇對中國地理的見解勝於任何一個歐洲人。這張地圖做出一項驚人的創舉：把中國置於靠近地圖中央處，並畫上中國人不熟悉的經緯格網（座標格）。中國人欣賞它的新穎獨到，也讚賞地圖中所用到、對明朝研訂政策十分重要的天文學及宇宙學。利瑪竇利用它說服中國人，這樣的世界是至高無上的基督上帝創造出來的。

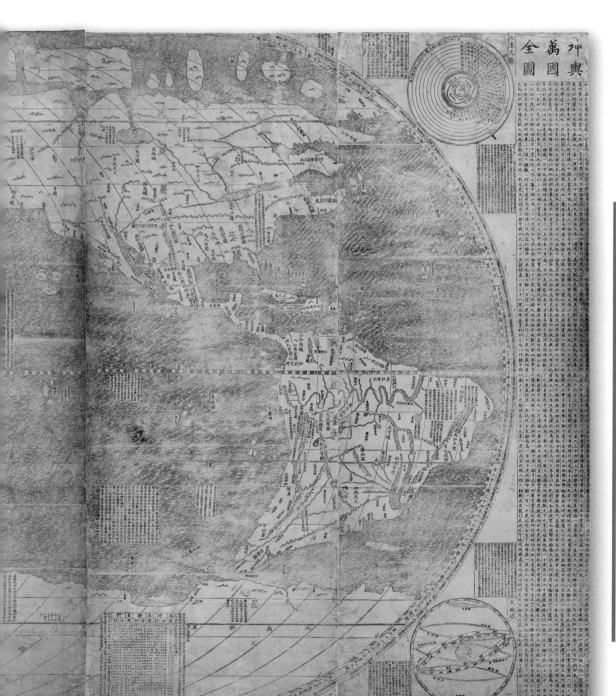

利瑪竇（Matteo Ricci）

1552年-1601年

被稱為「中國使徒」的利瑪竇在羅馬接受成為耶穌會會士的相關訓練。他在1571年進入耶穌會，並在1578年前往葡萄牙在印度的殖民地果亞（Goa）展開傳教工作，直到1582年轉赴中國為止。

利瑪竇先在當時天主教的中國傳教中心澳門工作。他學會了中文，並開始拓展他的宗教使命。利瑪竇接著前往中國南部的廣東省肇慶市，在那裡著手製作地圖，並編纂第一部譯介中文為歐洲語言（葡萄牙文）的辭典。利瑪竇被任命為耶穌會中國教區的負責人，之後在1601年受召前往北京，擔任明神宗謀士。他建造了北京最古老的天主教堂，並從事世界地圖和天文研究。

細部導覽

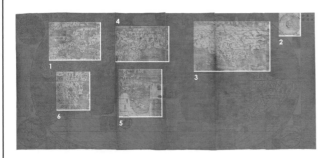

放大區域

▶ **歐洲**　雖然這張地圖用「重五倫」、「物產甚盛」、「君臣康富」　等文字，向中國讀者盛讚歐洲，但圖上卻把歐洲畫得相當拙劣。不僅萊茵河從多瑙河流出，還有一條無法辨識的河流連貫黑海及波羅的海。利瑪竇的註記也半斤八兩，根據他的說法，歐洲東北方有矮人，而聖派屈克把蛇逐出愛爾蘭的神話故事，發生的地點竟被他搬移到英格蘭。

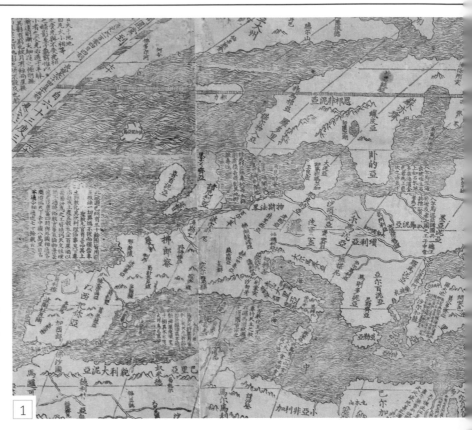

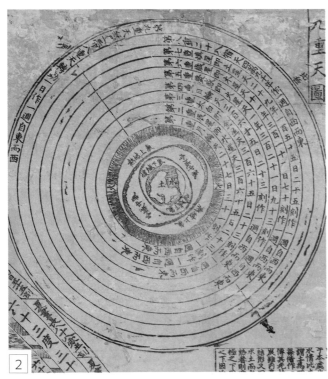

▲ **九重天圖**　利瑪竇的宇宙圖遵循耶穌會的教義，無視於哥白尼的日心說。利瑪竇堅決護衛地球中心說，按照托勒密的說法，他把地球置於宇宙的中心，正巧吻合中國人的世界觀，皆大歡喜。這張圖甚至把中國置於小地球的中央，用九個同心圓代表行星，向外延伸到恆定不動的最高天界。地球被兩個來自「冷域」及「暖域」的橢圓形氣環所圍繞，再包覆於火中。

▲ **北美洲**　這是北美洲第一次出現在中國讀者的眼前，不過它的正確性有待商榷。它誤畫了一座從北極延展到聖羅倫斯河的湖，不過拉不拉多海的名稱標示無誤。佛羅里達被說成是「花之嶼」；另有一個稱作「甘那托兒」（可能指加拿大）的地區，「其人醇善」，「異方人至其國者，雅能厚待」，但是他們住在山區的鄰邦卻「平年相殺戰奪」。

▼ **中國和日本** 明代中國自視為「中土」（世界的中央），世界政治及文化的中心。這張地圖不但仔細畫出中國，另外還畫了朝鮮和日本。利瑪竇挪動奧特柳斯的本初子午線，讓它穿過太平洋，因為他相信中國人反對「我們的地理學把中國推擠到東方的一角」。

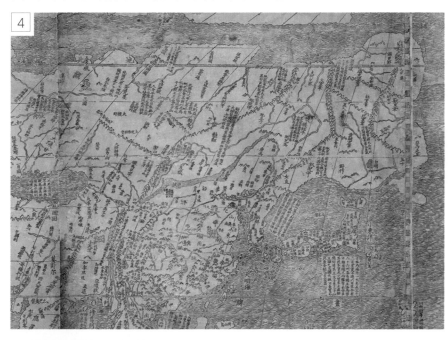

▼ **滿剌加迪（馬六甲）和南方大陸** 利瑪竇對中文資料的理解似乎時常出現混淆，他說滿剌加迪：「常有飛龍繞樹」。在馬來半島，第一次出現有關罕見鳥類「厄蟇」（食火雞）的描述，南方大陸則依循普蘭修斯（參見第122-25頁）的說法，命名為「鸚哥地」，暗示著歐洲人已經發現了澳洲海岸。

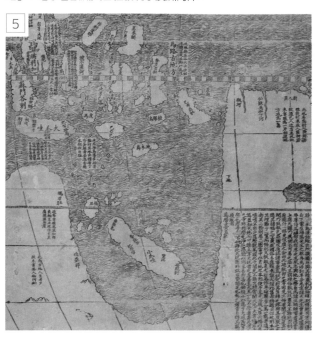

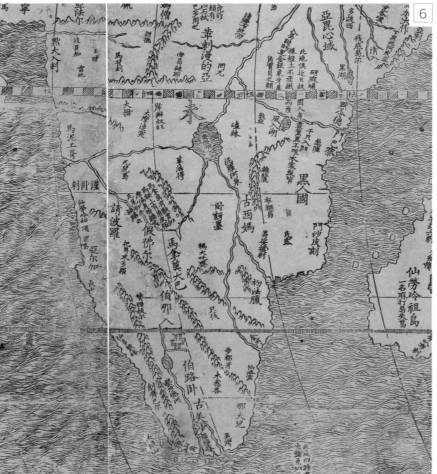

◀ **南部非洲** 這張地圖出現在葡萄牙人繞過好望角的航行之後（利瑪竇自己也在1578年走過同樣的路線），以合情合理的細節畫出南部非洲。地圖上的東南非被冠以它的葡萄牙文名「馬拿莫大巴」（Monomotapa）。利瑪竇忍不住推測那裡「有獸，首似馬，額上有角」，他的結論是「疑麟云」。

塞爾登地圖

約1608-1609年 ■ 紙張上墨 ■ 1.58公尺X 96公分 ■ 英國，牛津，波德利圖書館

比例

製圖者不詳

老地圖不斷重見天日，其中不少都像這張美麗而神祕的地圖，塵封在圖書館中，經年累月才被尋獲，隱藏在地圖中的祕密到現在才向世人揭開。直到21世紀初，塞爾登地圖才在牛津大學波德利圖書館的地下室重新被找到——當時這幅地圖已閒置在那兒，受冷落近一個世紀，現在被視為過去700年來最重要的中國地圖。

這張地圖呈現整個東南亞和海事時代的海路，沒有任何一件同時期的亞洲地圖能與它的比例和風格相比。我們完全不知道作者是誰，但認為它是在明朝末年、1608-09年左右繪製的。這張地圖在1654年第一次被送進波德利圖書館，是英國學者約翰·塞爾登遺贈給該圖書館的收藏之一，今天這幅地圖就是為了紀念他而命名的。

明朝的海上貿易

這張地圖以烏墨工筆描畫在一張由多張紙黏接起來的巨幅畫紙上，很可能是設計來懸掛在牆上。地圖的指向按照中國慣例，指北向上，以明朝中國為中心，顯示出東南亞的地理分布，向西延及西邊的印度洋；東至包含摩鹿加群島（參見第122-25頁）在內的香料群島；北達日本；南抵爪哇。除了這幾個醒目的要素之外，這張地圖還留給後世一連串的謎題。它有一個歐洲式的羅盤面和比例尺，好幾個世紀以來的中國地圖都沒有這兩樣東西。地圖製作者一反將明朝中國放在圖面中央的作法——中國二字意指「世界中央的國家」——做了一個破天荒的決定，把南中國

海放在中央。這張圖的最大重點是一套用羅盤方位測繪的海上貿易路線，以中國東部海岸線上的商港廣州（位於這張地圖中央，在臺灣附近）為中心向外輻射。這些船運路線最遠達印度的卡利刻特（Calicut；出現在地圖西緣），也對如何航行到重要的商業據點有著墨，例如阿拉伯半島的阿曼（Oman）和波斯灣的荷莫茲（Hormuz）。這張地圖以海洋為中心，而不是陸地，因為如此，它代表一整個全新製圖時代的來臨，以及明朝中國使用地圖的開端。

約翰·塞爾登（John Selden）

1584年-1654年

塞爾登是一位專精法律史的英國學者，同時也是歷史學家、古物研究者和政治活動家。

我們不清楚塞爾登如何、以及何時取得這張地圖，不過他以博學而聞名，尤以出色的法律學者和大量手稿收藏家的身分為人所知，特別側重收藏與東方有淵源的手稿。塞爾登是最早對波斯、阿拉伯、中國學術感興趣的英國學者之一，他的研究啟發了許多人。他過世時將8000多件手稿贈送給母校牛津大學的波德利圖書館。這套遺贈校方的收藏不但包括這張地圖，還有《門多薩手抄本》（參見第104-105頁）。

> # 一張17世紀東亞經濟動態的豐富地圖圖景。

羅伯特·班切勒（Robert Batchelor），〈塞爾登地圖重新問世〉（The Seldon Map Rediscovered）

細部導覽

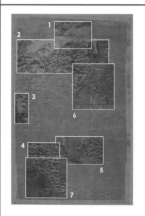

放大區域

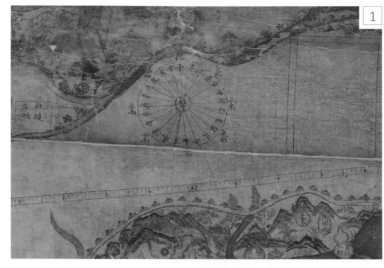

◀ **指南針和比例尺**　這張地圖的眾多特點之一是羅盤面及比例尺，早於它的中國地圖不曾出現過這兩樣東西。它的羅盤面有72個頂點，而且中央寫有「羅經」（羅盤）二字，彷彿要強調這羅盤的新奇。圖上的比例尺同樣史無前例，以中國長度單位「分」（呎）為單位，比例約在1:4750000左右。這兩個特點都揭示中國製圖師擁有廣博的歐洲製圖知識。

▶ **北京和長城**　這張地圖遵循中國傳統，以醒目的方法標註北京城、黃河（左下角）還有省界（圖上看起來像是河道）。跨越圖面中央、有雉堞的防禦工事是中國的萬里長城，從山海關綿亙至羅布泊。這張圖上畫的長城大部分是明朝修建的，最早修建部分的年代可追溯到公元前7世紀。

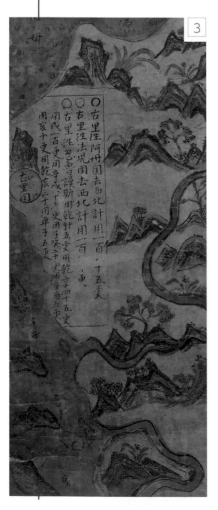

◀ **卡利刻特和印度洋**　在印度洋各貿易中心當中，印度西海岸的港口卡利刻特重要性名列前茅，它靜臥在這張圖的最左方。圖上沒有畫出孟加拉灣，但用註記說明如何從卡利刻特航行到葉門、阿曼及荷莫茲，表示這張地圖的製圖者援引了15世紀初明朝探險家鄭和（參見第134-37頁）跨印度洋航行的相關記載。

◀ **蘇門答臘**　位於今日印尼西部的蘇門答臘島被畫成另一個輻輳要衝。它位於橫跨南中國海的貿易路線網極西點，通往印度洋的門戶──是荷蘭、英國和葡萄牙瘋狂爭奪香料貿易控制權的樞紐地帶。

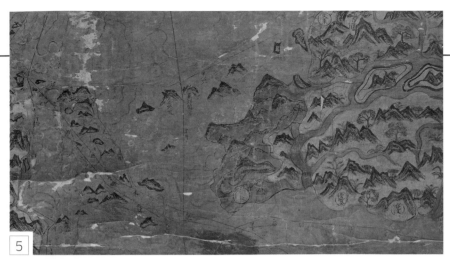

5

▲ **摩鹿加群島**　盛產香料的摩鹿加群島（參見第122-25頁）座落於向北、南、西方向發展的多條海上貿易路線的交會點上。圖上這些蔥綠的熱帶火山群島位於今日的印尼東方，對整個地區的經濟非常重要。

6

▲ **貿易口岸**　中國東部的海岸線在這張地圖上被描繪為商業重心，在這裡又以廣州為中心，圖上可看到蛛網般的貿易路線，從中國東岸朝地球的四個方位放射，拉起大明帝國與世界上其他地方的貿易連結。

▶ **藝術風格**　就算是相對次要的地區，例如地圖極西端的這些群島，也都悉心畫上了各種細節。雖然這是一張關於海上貿易和全球商業的地圖，它的佚名作者繪畫時仍然留心當地的動植物相。

7

談 背景故事

至少從10世紀起，中國航海家就已經開始使用「羅經」（羅盤）辨識南向。有些羅盤是「旱羅盤」，附於一根樞軸上；另外有水羅盤，是把磁針置於一盆水中。從羅盤上讀出的數據用來畫相當於歐洲「航路指南」（rutters）的「針經」——如何從一地航行到下一地的文字記錄，並列舉港口、島嶼和海流，這些全部都根據羅盤的數據。大部分的中國地圖都像塞爾登的一樣，把北方設定在地圖上方，因為天朝子民仰望天子，而天子則向下（南方）俯視百姓。

▶ **這個早期的中國「旱羅盤」**　使用磁針的原理和今天的羅盤大致是一樣的。

鄭和航海圖

1628年　▪　木刻版畫印於紙上　▪　每幅10公分X 14.5公分　▪
美國，華盛頓特區，國會圖書館

比例

鄭和

自1405到1433這幾年間，中國明代朝廷派遣使節鄭和進行歷史上最浩大的一連串海事探險，從中國東邊的南京前往波斯灣的荷莫茲（Hormuz）、以及非洲東岸的蒙巴沙（Mombasa），全長1萬2000公里。鄭和的七次下西洋可視作一種規模龐大的物流行動，動員數百艘船艦和數千名士兵，由帝國、商業、外交等多方企圖所推動。雖然航行時使用的圖表沒有存留下來，一本談軍事技術及裝備的百科綱要——明朝官員茅元儀（約1594-約1641年）所著的《武備志》——卻再製了後來出現的一個版本。

海上大業

　　這些地圖畫的大多是鄭和在1431-33年間最後一次下西洋的經歷，但也收錄他前幾次出海的經驗累積。最初的設計是一條寬20公分X 5.6公尺的長幅地圖，在《武備志》中被分割成40頁。書頁從右向左翻，始於南京而終於非洲。從東向西的開展過程中共點出530個地名，不過根據特定地區的重要性和採集到的資料，地圖上的方位定向和比例不斷變動。地圖涵蓋的地域也反映了中國心目中的優先順序：明朝的疆域占有18頁篇幅；東南亞15頁；阿拉伯和東非只占六頁。地圖上用虛線描出50多條海路，大多附有根據羅盤方位所寫的詳細航行說明，提供有關港口、海岸線、島嶼以及水深和水流方向的豐富資訊。這些地圖雖然因為尺寸限制而有變形的問題，仍不失為一份出色的記錄，為一段偉大但常遭忽略的海事探險留下記載。

鄭和

約1371年-1433年

鄭和出生於雲南省一個穆斯林回族家庭，在1380年代被攻進雲南的明朝軍隊施以宮刑，入宮服侍皇室。

鄭和擔任朱棣——即後來的明成祖——的太監。他統領朱棣幾次對內及對外的軍事戰役，並在1405年由朝廷任命為七次下西洋的首航使節。這幾次下西洋的目的是將明朝掌控的商貿範圍擴大到印度洋，並與阿拉伯和非洲締結關係。1405年7月，一支擁有300多艘船艦及2萬8000名從員的艦隊自中國啟程，航行於東南亞、印度、阿拉伯半島及東非之間。鄭和的冒險讓後來葡萄牙人和西班牙人的航行相形見絀。

觀夫海洋，洪濤接天，巨浪如山，視諸夷域。

鄭和

細部導覽

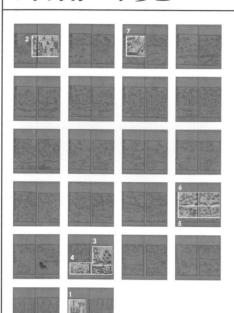

放大區域

> **觀星定位** 這本書的最後一頁細膩描繪了一艘三桅船，在鄭和下西洋所使用的船隻中它屬於較小的一種。船身周圍有文字記載五種鄭和的舟師用來跨海定位的星座，真正用來輔助航行的星座還有更多。地圖上寫道，他們的航行之所以成功，正是有賴正確的天文觀測。

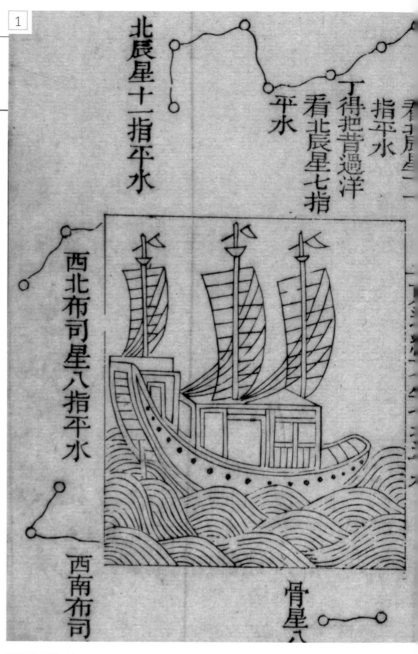

 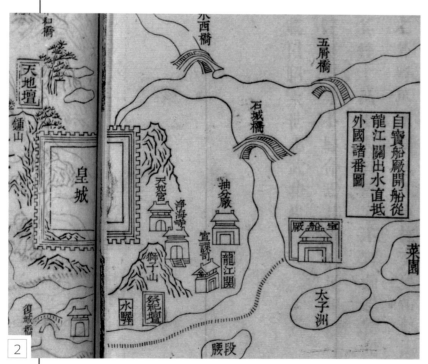

▲ **南京** 明朝開國君主明太祖於1368年奠都位於長江畔的南京。圖上用左側的方框及幾座可辨識的宮室建築代表這座城。河對岸的「寶船廠」旁有虛線指出鄭和艦隊在1405年出航的路線。

▶ **印度、非洲和錫蘭** 這幅指北向左的圖畫出印度南部，包括上方的科欽（Cochin）、右方的錫蘭、左下方的馬爾地夫。鄭和於1409年在錫蘭的加爾（Galle）立了一塊用中文、坦米爾語、波斯文三種文字鐫刻的石碑，列出他帶給伊斯蘭、印度、坦米爾諸佛的佈施香禮。

▲ **中國人在東非**　東非海岸的海路及港口在這張圖上從右往左延展（或說從南往北），馬爾地夫置於上方，以右下角的莫三比克及左邊的蒙巴沙為重點。鄭和在1418年第五次下西洋時首度造訪該地。

◀ **蘇門答臘**　這張圖將蘇門答臘西部畫在海路要衝的位置，它是中國南部和印度洋之間一個具樞紐地位的商業據點，也是鄭和1413年儲備貿易貨物以及為艦隊裝備補給的地方。

◀ **緬甸**　鄭和的地圖悉心描繪各地海岸線，像是這張圖中的緬甸海岸線，明朝將官應該都很熟悉這個地域。丹那沙林（Tenasserim）地區位於右上方，左方有寶塔，尼科巴群島（Nicobar Islands）則在外海，往印度的羅盤線從海面上往左方延伸而去。

◀ **東海**　這張地圖的比例和方位定向常常改變。圍繞上海的東海，及黃浦江的比例被放很大，還畫出了港口、旗桿和海岸線的特徵。海岸線外有精確文字描述航線，西方位在圖頂。

談 背景故事

中國的導航技術仰仗歷史悠久且卓越天文傳統，所以像鄭和這樣的海軍將領就能運用可靠的觀星技術，在印度洋上航行。鄭和的艦隊陣容實在龐大，讓他能帶著可協助實務與天文導航的一群專家同行。有記載宣稱在這些「寶船」中，載著鄭和與他的副手那艘最大的船，長度超過100公尺，不過現在認為比較可靠的估計值應在60公尺左右。這些船有九根桅桿和四層船艙，應是歷史上出現過最大的木造船隻。艦隊中包括戰船、巡邏艇，運載軍隊、馬匹，堪稱海事史上後勤調度最具規模的其中一次探險。

▲ **這張插圖**描繪一艘宏偉的15世紀中國船，很接近鄭和所用的船隻。

「人居世界」圖

1647年 ▪ 紙張上墨 ▪ 14公分X 26公分 ▪ 英國，倫敦，大英圖書館

比例

薩迪克・伊斯法哈尼

這張印度學者薩迪克・伊斯法哈尼手繪的世界地圖不過是一套33張被稱作「人居世界」的系列地圖中的一張，收錄在1647年一部規模更大的百科全書《波斯地圖集》（Shahid-I Sadiq）中。伊斯法哈尼融匯希臘、印度、伊斯蘭地理學，聚焦於「人居世界」，也就是東半球的北半部。除了指南向上這一點不同之外，這張地圖和托勒密的「已知世界」（參見第24頁）有驚人相似度。

地圖上的世界全在一個碗中。歐洲位於右下角，非洲在右上角。印度洋流互地圖頂部，印度洋上有兩座大島，應該就是斯里蘭卡和馬達加斯加。地圖上點出印度和中國的名字，但畫得非常粗略。這張地圖最醒目的特徵大概是它的經緯格網，用一套大小相同的方格代表緯線和經線。決定這些格線的主要依據是希臘—伊斯蘭傳統地理學中由東向西分布的七個氣候區（參見第43頁）。

薩迪克・伊斯法哈尼（Sadiq Isfahani）

約1607年-1650年

薩迪克・伊斯法哈尼出生於穆斯林統治的蒙兀兒時代印度，可能是在占浦（Jaunpur），也就是今日的北方邦（Uttar Pradesh），烏爾都（Urdu）及蘇菲（Sufi）學派的重鎮。

除了他的著作，我們對薩迪克・伊斯法哈尼所知甚少。他的父親位居蒙兀兒皇帝賈汗季（Jahangir，1605-27年在位）朝中高位，似乎將這個職位傳給了薩迪克・伊斯法哈尼。而他則為賈汗季的兒子兼繼承人沙賈汗（Shah Jahan，1628-58年在位）效命。蒙兀兒的藝術、建築和科學在沙賈汗治下臻於全盛。伊斯法哈尼在孟加拉度過大部分的事業生涯。他的著作多半是鴻篇鉅製的百科全書，以波斯文寫成，包括四冊亞洲通史（Subh-i-Sadiq,1646）和《波斯地圖集》（1647）——這裡提到的地圖及地圖集均出自這本書。

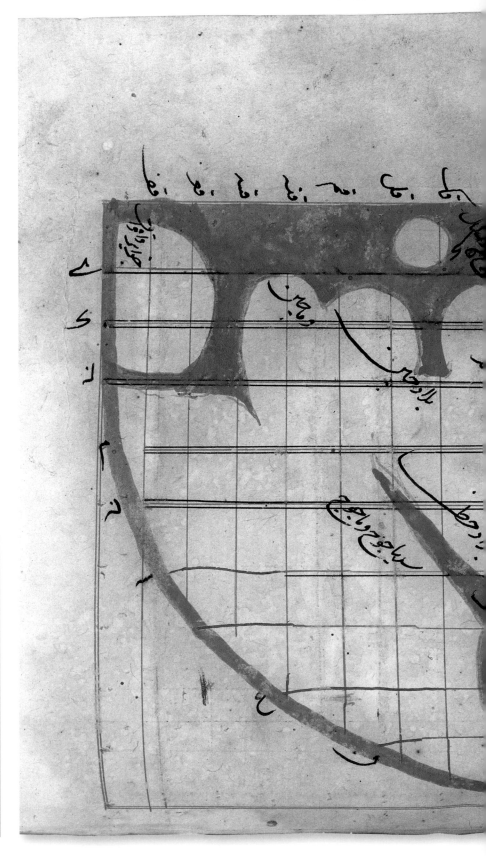

企圖呈現印度次大陸在蒙兀兒帝國全盛時期的政治及經濟地理。

塔班・雷朝杜里（**Tapan Raychaudhuri**），印度歷史學者

"

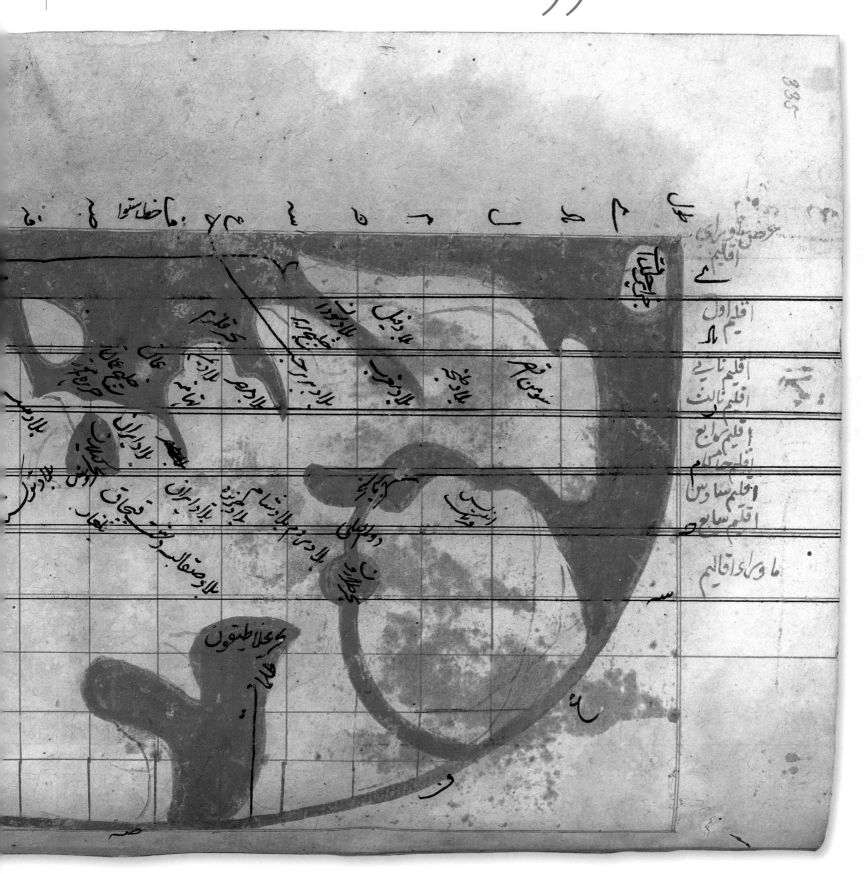

細部導覽

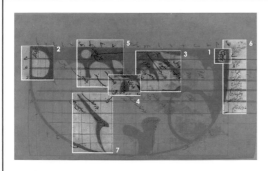

放大區域

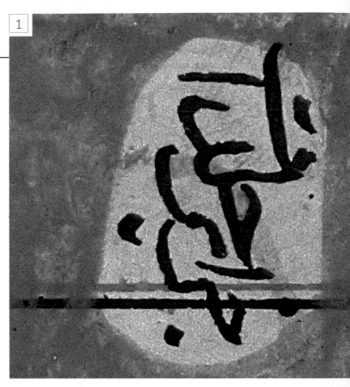

▶ **加納利群島** 為了與西方早先承襲自托勒密而發展出的地理學傳統保持一致，這張地圖的經線從位於地圖最遠端的加納利群島開始畫起。然而，它對大西洋的範圍沒有多少認識，對南北美洲亦然——即使當時已是發現美洲的200年後了。

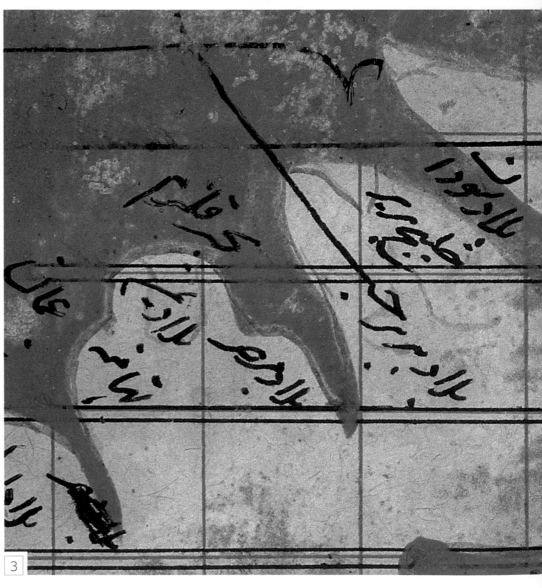

▲ **神祕的瓦克瓦克群島** 瓦克瓦克群島位於遠東，是伊斯蘭地理學中一個真偽難辨的地方，那裡的樹上結出的果實是女人。過去認為它是東非的一座島嶼或群島（包括馬達加斯加在內），或者比較可能是這張圖想要顯示的：位於東南亞某處，可能是蘇門答臘。

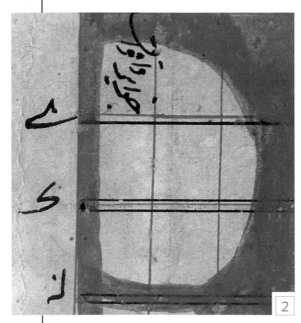

▶ **非洲，大象之鄉** 非洲南部畫得很簡略，並標示為「大象之鄉」。這張圖複製了許多早期基督教和穆斯林製圖師的描述及插圖，不過它那怪異、號角般的末端指向東方，和實際情況相去甚遠。阿拉伯半島同樣有變形問題，葉門就標示在其左方。

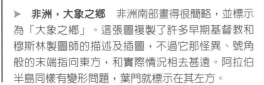

▲ **裏海** 這張地圖製作於印度，想當然耳會把中亞畫得比其他地區詳細。圖的中央是三角形的裏海，波斯、希臘、印度、阿拉伯及突厥傳統相會之處。伊朗位於右邊，左下方則是欽察沙漠（Kipchak desert，位於烏茲別克）、俄國及土耳其斯坦（Turkestan，位在今日中國境內）。

▼ **信德** 這張地圖清楚標示出印度、以及位於今天巴基斯坦的信德省（Sind）。圖上的這個地區幾乎看不出來是座半島。斯里蘭卡和另一座可能是馬達加斯加的島嶼，出現在靠近印度西岸處。

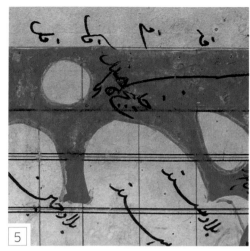

談 背景故事

蒙兀兒文化接受多種信仰，這張地圖採用托勒密的製圖方法，根據每個地區夏至白日時數計算七個氣候區（參見第43頁）。地圖也採用托勒密的經緯分割線，但是不同於托勒密把經線畫成曲線的作法，伊斯法哈尼把它們畫成直線，製造出一種錯覺，讓人以為地球是平的。類似這樣的地圖製作方式是根據氣候分區把地球分為人居或無人居住地區，用以調解傳統地理的矛盾之處。

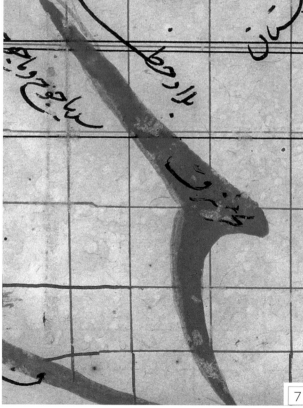

◀ **七個氣候區** 這張地圖的邊緣標註了劃分世界的七個氣候區（參見右方「談背景故事」欄及第43頁）。它呈現的氣候區和希臘及伊斯蘭傳統相同，從位於炎熱遙遠的南方第一個氣候區開始、接下來是印度和中亞的「溫和」氣候區、直到位於嚴寒北方的第七個氣候區。

▲ **更多野獸** 伊斯法哈尼也不能免俗地提及傳說中中亞的獸族。他在圖的這個地方描述歌革和瑪各的神祕牆壘（參見第41, 43頁），靠近一片狹長、鉤狀的海洋。它很可能是西伯利亞的貝加爾湖，世界最大的淡水湖之一。

▲ 這份被稱作《奇觀之書》（Kitab al-Bulhan）的15世紀阿拉伯手稿，畫出了第五個氣候區。

全新世界地圖

1648年 ■ 銅版蝕刻 ■ 2.43公尺X 3公尺 ■ 美國，德州，奧斯丁，哈利・蘭森研究中心（Harry Ransom Center）

比例

喬安・布勞

荷蘭的製圖黃金年代適逢繁富華麗風格與巴洛克裝飾藝術擦出火花的時期，喬安・布勞的世界地圖正是一件這個年代的偉大作品。這張題名為《全新世界地圖》（Nova totius terrarium orbis tabula）的地圖以大量裝飾為特徵，裝飾多到幾乎搶盡了地理細節的鋒頭。它還是一張遭到莫名忽視的地圖：是第一張不採納歷史長達幾世紀的地心說——月亮、太陽和其他行星繞地球運行之說——的地圖。相反的，它贊同當時已經被認可的太陽系日心說，日心說理論由波蘭天文學家哥白尼（1473-1543）提出、丹麥天文學家第谷・布拉赫（Tycho Brahe，1546-1601）加以修正。

荷蘭東印度公司的製圖師喬安・布勞製作這張地圖，用來慶祝對抗西班牙統治的80年戰爭（1568-1648）結束，也標誌荷蘭崛起為當時新貿易強權的時代來臨。布勞運用特殊管道獲得東印度公司地理發現的成果，拒斥古典地理學，以當代可證明無誤的資訊重繪地球。這張地圖畫出一個漸漸浮現在世人眼前的世界：美洲的西北部及澳大拉西亞的輪廓線還不完整；並用一對半球投影圖將歐洲、非洲和亞洲構成的舊世界，與美洲新世界分開。這張地圖除了大膽宣告日心說之外，還因為記錄荷蘭在澳洲最早的地理發現（包括發現了塔斯馬尼亞）而更顯重要。

喬安・布勞（Joan Blaeu）

約1599年-1673年

喬安・布勞出生於荷蘭的阿克馬鎮（Alkmaar）。當時的荷蘭正歷經一個製圖鼎盛的世代，用製圖記錄荷蘭如何崛起、成為穩坐當時貿易及探險領導地位的國家。布勞便是這個世代的傳人。

喬安的父親威廉・詹思儒・布勞（Williem Janszoon Blaeu）在17世紀早期投入印刷及製圖業獲得成功。喬安雖然在早年接受過律師的訓練，但他很快就放棄法律，投入家族事業。他在1630年代製作了一系列工程浩大的地圖集。父親過世後，他在1638年接下父親在荷蘭東印度公司編制內的製圖師一職。他利用自己的職位主導荷蘭的地圖製作，並擴展他父親在阿姆斯特丹的事業，發展出歐洲規模數一數二的印刷廠。繼他在1648年製作的世界地圖之後，布勞又著手進行一套巨作——一共11冊的《大地圖集》（Atlas Maior），收錄3000多頁的內文及600幅左右的地圖插畫。這套地圖集成書於1662年，到目前為止仍然是出版史上最大的一套書。

細部導覽

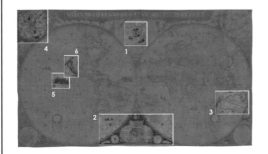

放大區域

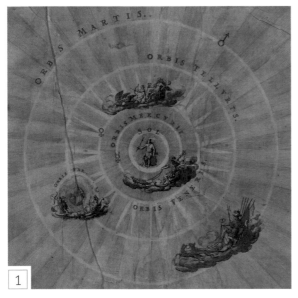

▼ **南方大陸浮現**　這是第一張畫出澳洲大陸西半部海岸線、以及塔斯馬尼亞島的地圖。澳洲的說明文字寫道：「新荷蘭，發現於1644年」。澳洲的形狀並不完整，等待未來的地理探險繼續發現東半部的海岸線。

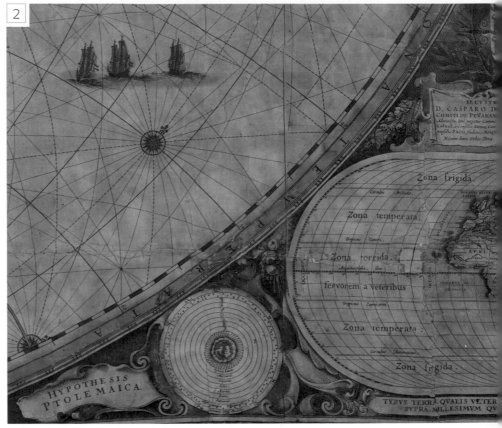

▲ **日心太陽系**　這是歐洲史上第一張依循哥白尼信念繪製成的地圖，把地球畫成日心太陽系的一部分，中央是太陽（擬人化為一位光芒四射的人物「Sol」），而不是地球。太陽外的同心圓代表其他行星。

▲ **宇宙學大競賽**　布勞投影圖中央下方的小地圖呈現1490年當時已知的世界，左邊的小圖表現的是托勒密的地心說宇宙，與右方第谷·布拉赫的日心說宇宙形成對照。17世紀人類對地理和宇宙學的理知正處於變動中，這張置於兩個半球間的出色小插圖捕捉下這個轉捩點。

◀ **宇宙學：宏觀的圖景**　文藝復興時代的製圖師喜歡別人稱他們「宇宙學家」，覺得這個稱號能襯托他們繪製天界與地球的神奇能力。布勞也不例外，不過他將自己對宇宙的詮釋放在地圖的左上及右上角，呈現夜空的星座及黃道十二宮。「天上諸星能影響地上種種」的古老信仰，顯然仍是主流想法。

▶ **全球貿易，由東到西** 一列歐洲商船在太平洋的赤道以北處，往來於貿易路線上——展現全球貿易在1640年代的滲透範圍之遠。

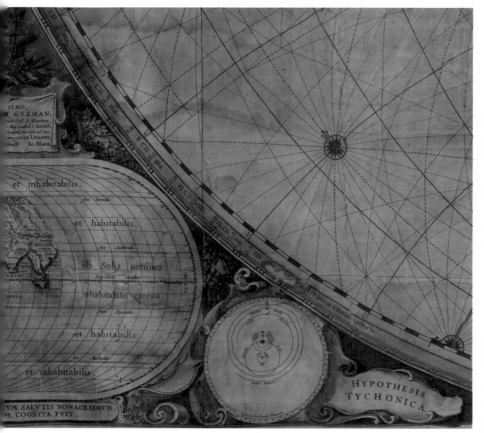

談 背景故事

布勞的1648年地圖之所以出名，眾多原因之一是它提供我們荷蘭商人，同時也是東印度公司雇員阿貝爾・詹思斋・塔斯曼（Abel Janszoon Tasman, 1603-59）輝煌地理發現的最早資料。塔斯曼在1642年11月望見澳洲東岸南方的塔斯馬尼亞島，以荷屬東印度群島總督的名字命名為「凡迪門之地」（Van Diemen's Land）。塔斯曼繼續航行，停泊在紐西蘭，在那裡捲入一場與當地毛利人的衝突，然後回到巴達維亞（Batavia，今日的印尼首府雅加達），途中望見斐濟島。在之後的一段旅途中，他畫出絕大部分的澳洲北海岸線，並把他的資料交給相關人員，由負責整理荷蘭東印度公司新的地理發現的布勞來彙整資料。

▶ **1642年12月**，阿貝爾・塔斯曼的冒險在紐西蘭南島西北岸二度遭毛利人攻擊。

▲ **美洲西岸和「加利福尼亞島」** 荷蘭東印度公司最關切的是它在印度洋及遠東的貿易，所以他們對這兩地的資訊掌握必須分外精確。由於對美洲（特別是美洲西岸）的涉入沒有那麼深的緣故，所以美洲部分的地理出現像這裡所見的不確定、有時甚至是錯誤。布勞犯了一個好幾代製圖師都犯的錯誤：把加利福尼亞畫成一座巨島，這個錯誤在之後的50年都沒有人質疑。（參見第160-61頁）

不列顛道路圖集

1675年 ■ 銅板蝕刻 ■ 45公分X 51公分 ■ 英國，倫敦，國家藝廊／維多利亞與亞伯特博物館

約翰·奧格爾比

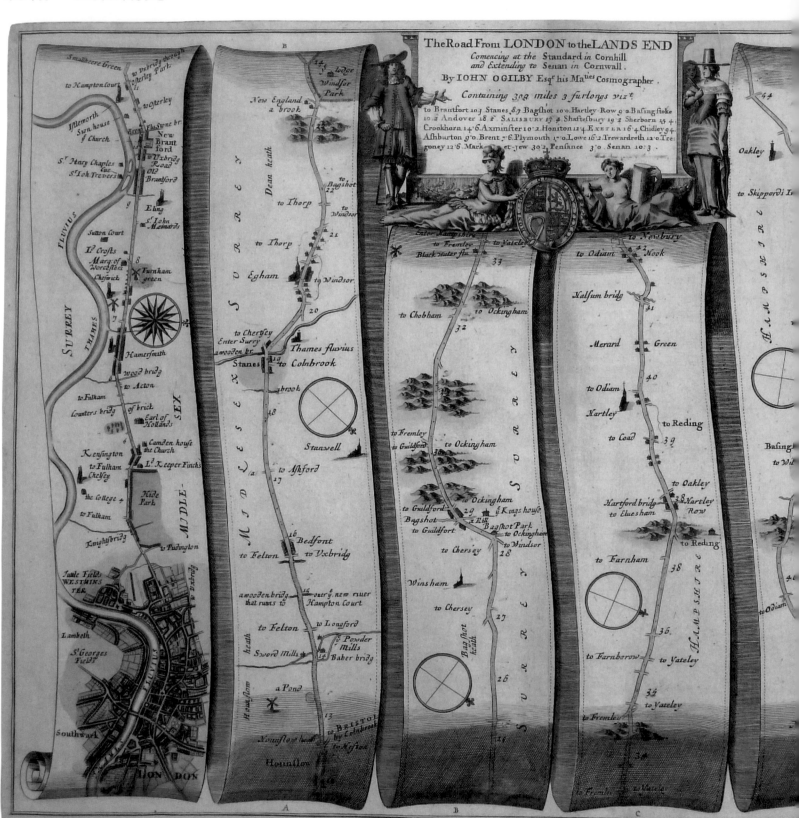

西歐製作的第一張國家道路圖。

傑里米‧哈伍德（Jeremy Harwood），英國作家

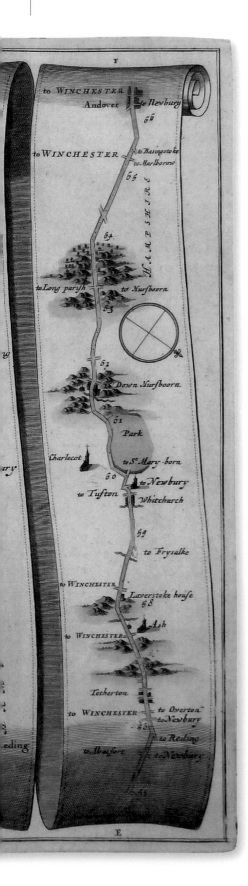

人類製作道路圖的歷史悠遠，可一路上溯到波斯和羅馬的時代（參見第28-31頁）。雖說如此，後中世紀歐洲出版的第一部全國道路圖集，卻是約翰‧奧格爾比1675年的《不列顛道路圖集》（Britannia）。它是一部300多頁、彩色、精美的大書，重約7公斤，內容呈現英格蘭及威爾斯的道路。它有長200頁的內文及100張圖版，收錄73條主要道路，總長超過1萬2000公里，不過奧格爾比宣稱他的測量員實際測繪了將近這個數字四倍的道路。每張地圖統一採用1英吋相當於1英哩的比例（2.5公分相當於1.6公里），結果證明這個比例相當好用，所以19世紀英國地形測量局就沿用作為標準比例。每張圖版包含一張涵蓋長度約110公里的道路圖，配合頁長分做幾個幅段。圖版頁面模仿手寫書卷的樣子，並製造出錯視畫法的立體效果，彷彿這張地圖是個隨著旅人腳步沿途開展的故事。

　　雖然極盡裝飾之能事，奧格爾比的《不列顛道路圖集》在調查及設計兩方面仍追求嚴謹的標準。調查員用手推輪車測量每張地圖上提到的距離，運用基本三角測量法（參見第165頁）確保相對準確度。道路和城鎮都以平面圖的方式呈現，較小的地形地物則以斜角透視法畫出。《不列顛道路圖集》率先採用標準化符號代表自然地物及人造地物（如耕地及教堂）的作法。地勢較高的區域還會刻畫出傾斜方向及坡度。這些地圖的重點在道路——儘管17世紀所謂的道路其實跟小徑差不多，而地圖上方向的改變則會以羅盤面來標示。《不列顛道路圖集》在市場上的銷路很成功；不過，由於尺寸和價格因素，購買者多半是足不出戶的地理學家，而不是旅行者。一直到19世紀，它都是一部不可或缺的道路地圖。

約翰‧奧格爾比（John Ogilby）

1600年-1676年

除了製圖方面的成就，約翰‧奧格爾比還是一位知名的翻譯家，並創建了愛爾蘭的第一座劇院。他的多元事業從擔任一位舞蹈老師的學徒展開。

奧格爾比出生於蘇格蘭，在成為製圖師之前過了一段遊歷四方的生活。他在愛爾蘭當過舞蹈教練、老師、劇場經理，然後遇上1641年的叛變。他在1640年代後期搬到英格蘭，以翻譯古典著作維生。奧格爾比在倫敦大火（1666年）中失去了他的房子，然後參與測量這座化成焦土的城市，開啟製作地圖的新事業。他在1669年提案製作一套六冊的世界地理事錄，最終催生了《不列顛道路圖集》。身為忠誠保皇黨人的他在1674年被指派為查理世二世的「宇宙學家和地圖印製人」。他在《不列顛道路圖集》出版後沒幾個月過世。

細部導覽

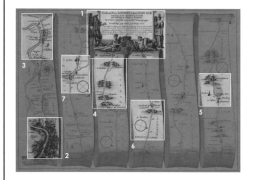

放大區域

> **宣傳新道路** 王政復闢時期的人物站在地圖標題兩側，這個標題指出下方道路跨越的距離、展示得自英王查理世二世的贊助，以及奧格爾比的官銜。另外還有兩尊人像，其中一尊令人聯想到「不列顛女神」（Britannia），扶穩皇室徽章於國土之上。

1

▼ **特南綠地（Turnham Green）到漢普頓宮** 這條路大體上沿著穿越倫敦西邊郊區的道路與河流，往皇家宮殿漢普頓宮（Hampton Court）延伸而去，這些地點全都畫在地圖卷的頂部。道路距離用英哩為單位標註，很像現代的旅行指南。教堂、交叉路口、甚至穀倉都用小圖作為代表符號。

3

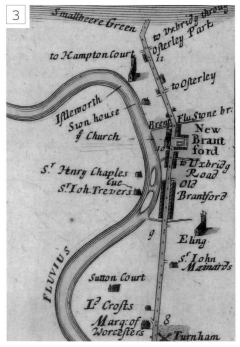

4

▲ **倫敦** 這張地圖上通往康瓦耳郡（Cornwall）地之角（Land's End）的道路始於倫敦。泰晤士河、倫敦橋、南方郊區蘭貝斯（Lambth）及沙瑟克（Southwark）都以平面圖的方式畫在圖上。倫敦南區出現在圖左。這張地圖為配合行程延展的方向，將西方置於圖頂。

2

▲ **奧京罕** 到了薩里郡的鄉下地方如奧京罕（Ockingham），奧格爾比嘗試用蝕刻線條呈現地勢起伏。道路兩側的山丘和緩起伏。整幅圖面上多處畫出較高的山坡、表現出傾斜的方向。

▼ **汎罕** 通往英國內戰期間（1642-51）著名議會派根據地汎罕（Farnham）的道路，除了一個帶有金色鳶尾花指北的紅色簡單羅盤面，沒有什麼特別之處。這本地圖集的每個幅段各有一個羅盤面，不過出於某些原因，第一個羅盤面的裝飾度比其他的都來得高。它們都指出道路分別的大致方位。

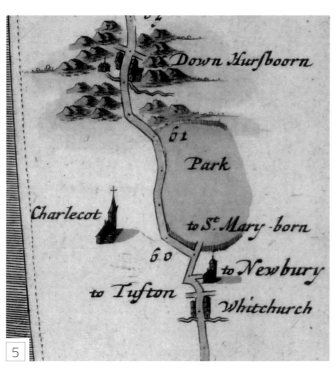

5

▲ **赫爾斯特朋** 奧格爾比在這裡畫出漢普夏郡的赫爾斯特朋（Hurstbourne），包括附近圍閉的花園，用一圈木柵圍籬表示。這裡看得到常用的溪流、建築、教堂代表圖示，還有西邊起伏的斜坡。然而，西邊標註為「Charlecot」的教堂實際上是塔夫頓教堂（Tufton Church）。

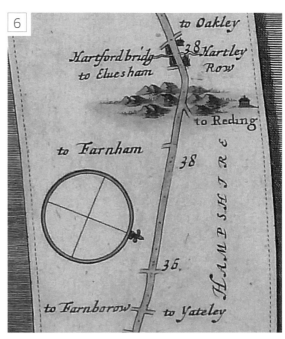

6

▶ **艾罕到溫莎** 儘管奧格爾比對剛復辟的英國王室懷抱滿腔熱誠，將王室徽章置於地圖頂端，他卻無意把皇家建築或王室相關地點畫得比其他地景突出。在這張圖上，從不起眼的艾罕（Egham）通往王室溫莎城堡的道路畫得和其他道路沒有什麼不同。

7

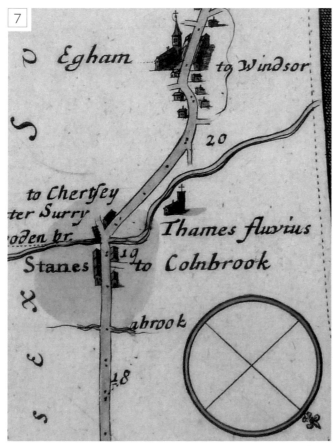

談 背景故事

奧格爾比的《不列顛道路圖集》是製圖工業轉向測繪國家和殖民地地圖過程中的一環，這個轉向有確保國家疆界安全、嚴加控制占領地的目標。就在《不列顛道路圖集》出版前十年，在愛爾蘭的英格蘭殖民統治者下令進行「道恩測量」，繪製全境地圖，好讓大量土地從愛爾蘭天主教徒手上轉移到英國新教徒手上。經緯儀和木桿之類的新式工具提高了這類測量的正確性，同時賦予民族國家施展力量的新手段。

▲ 愛爾蘭「道恩測量」進行於1656至1658年間，是世界上第一次出現的精細土地測量。

新英格蘭地圖

1677年 ▪ 木刻 ▪ 30公分X 39公分 ▪ 美國，波士頓，
麻薩諸塞州歷史學會（Massachusetts Historical Society）

比例

約翰‧佛斯特

波士頓印刷商約翰‧佛斯特製作的這張《新英格蘭地圖》（Map of New England）有個特別的地位：它是在美洲印製的第一張地圖，畫出英國在美洲大陸東岸的新英格蘭殖民地，範圍介於南土克特（Nantucket，左下角）到佩馬奎德角（Pemaquid Point，右下角），以及紐海文（New Haven，左上角）內陸到新罕布夏的白丘（White Hills，中間偏右）。從今天的眼光來看，地圖的座向似乎不太對勁，因為地圖圖頂是西方，而不是北方：這是從西歐跨越大西洋看到美洲時的朝向。若要以現代人的視角來看懂這幅地圖，必須把圖逆時針旋轉90度。

這幅地圖由約翰‧佛斯特製作，是威廉‧哈巴德（William Hubbard）牧師著作《與新英格蘭印第安人糾紛事記》（Narrative of the Troubles with the Indians in New-England，1677）中的插圖。哈巴德描述美洲原住民瓦帕農族（Wampa-noag）與英國清教徒拓墾者在「菲利浦王之役」（King Philip's War；1675-78；這場戰役得名自被英國人稱作「菲利浦王」的瓦帕農族酋長麥塔坎）期間，於麻薩諸塞灣區殖民地發生的浴血衝突。英國人險勝這場戰役；佛斯特的地圖默默記錄了這場勝利，並畫出殖民地的北界及南界，在地圖上用兩條相互平行的直線表示。這張地圖不單單記錄地理，用心觀察這張地圖會看出一個講述在四面楚歌中奮力生存、拓墾出的一片殖民地的早期拓墾者的故事。

> ## 對任何有意探索美國源起的人，這張地圖令人著迷，並帶有無與倫比的美感。

理查德‧B.荷曼（**Richard B. Holman**），《約翰‧佛斯特的木刻新英格蘭地圖》
（John Foster's Woodcut Map of New England）

約翰‧佛斯特（**John Foster**）

1648年-1681年

人稱「天才數學家和印刷商」的佛斯特是美洲最早的印版雕刻師，也是他的出生地波士頓的第一位書籍印刷商。他的作品超越同代，包括最早在美洲印刷出版的幾部書籍。

佛斯特在1667年自哈佛大學畢業，以教師及醫生為業，1675年才在波士頓創辦印刷事業。他連續出版了多本書籍及圖像，包括第一本談論麻疹的醫療手冊、天文曆、清教徒宗教宣傳小冊、幾位運動領袖的雕版肖像（包括著名的清教徒牧師理查德‧馬瑟〔Richard Mather〕）、波士頓的地形圖以及設計麻薩諸塞灣公司戳印。他死於肺結核，過世時年僅32歲。

細部導覽

放大區域

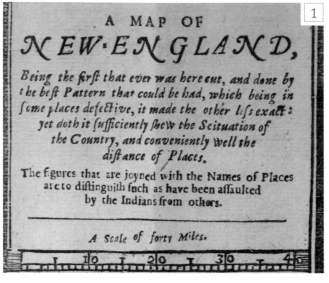

◀ **圖名裝飾框及比例尺** 佛斯特技巧性地把科學及政治融入他的圖題中。這塊圖名裝飾框上有一把比例尺，暗示疆域測量的準確性。這張地圖還自我宣傳，自稱是市面上「第一張」和「最好的」新英格蘭地圖，向拓墾者呈現「這個地方的情況」；並為受瓦帕農族「滋擾」的地點編號，確認最近發生的衝突。

◀ **白丘** 這張地圖有兩個早期版本。本書選用的是第一個版本，稍後出現的另一個版本沒有那麼正確，將這個地區標示成「酒丘」（Wine Hills），而且還有其他很多錯誤。這個版本似乎是佛斯特在波士頓印製的，然後被運回英國。在英國印製的第二個版本混淆了許多地名，造成錯誤。

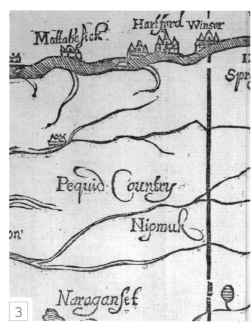

▲ **沛奎德地區** 佛斯特在殖民地南緣區畫出當地的沛奎德（Pequid）族、尼皮莫克族（Nipnuck）、拿剛塞族（Narragansett）屬地（位於今天的康乃迪克州）。一旁有逐步蠶食美洲原住民屬地的清教徒聚居區，地名取了如新倫敦、溫莎、諾斯安普頓等英式名字，很多都編上號碼表示曾遭印第安人攻擊。從現代地圖來看，這些英式地名後來成為通行的名稱，大多原住民的地名在幾代之後便湮滅了。

▶ **鱈魚角灣及羅盤** 愈來愈多來自英國的拓墾者乘著船，依照地圖下方指向北方的羅盤面湧入鱈魚角形狀奇特的彎曲海灣，暗示當地原有的地名及生活方式都無可避免地要被侵蝕殆盡。圖上表示海洋的明顯水平點刻，方向是順著印版的木紋而走。

▼ **南部邊界** 這張地圖所畫的殖民地南端透露一段地名命名語言的土地爭奪戰。「馬汀的葡萄園」（Martin's Vineyard，即今天的「瑪莎葡萄園」）很可能得名自一位1602年在此登陸的英國船長約翰・馬汀（John Martin）。「南土克特」源自美洲原住民阿岡昆族語（Algonquian），意思是「遙遠的島嶼」。某些當地名稱雖然得以保留，但當地原住民卻沒有那樣幸運。

▶ **境外之地** 分界線以北、緬因州卡司科灣（Casco Bay）附近的殖民地遠處，有來自森林的武裝當地人，位置就在那些有編號、表示曾受美洲原住民攻擊的英國人聚居地上方。地圖上這塊邊陲地捕捉到拓墾者對陌生、不友善的地理環境心懷恐懼。

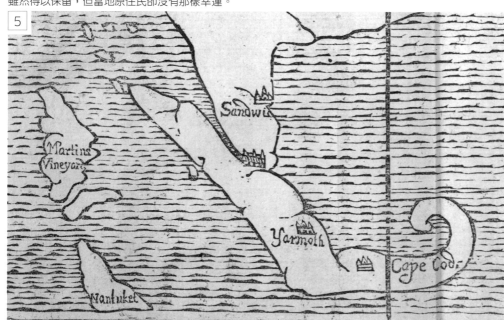

論 技術突破

《新英格蘭地圖》使用的木刻印刷技術是在15世紀中期發明的。約翰・佛斯特用刀或鑿子把木板上無須印出的區塊（地圖上的留白區）挖除。這麼一來只會留下有地圖線條設計的凸版，然後再上墨、印在紙上。

▲ **一塊**今日仍在使用的印刷木版。

校訂法蘭西地圖

1693年 ■ 鑴版 ■ 21.6公分X 27.2公分 ■ 法國，巴黎，國家圖書館

比例

尚‧皮卡爾、菲利浦‧德‧拉‧伊赫

圖如其名，尚‧皮卡爾和菲利浦‧德‧拉‧伊赫製作的《校訂法蘭西地圖》（*Corrected Map of France*）用新的天文及測量方法為法蘭西的大小和形狀進行了一次完整的評估。1679年的皮卡爾已經因為創新的三角測量應用及實地調查技術進行區域測量，而有一些名氣，他說服法王路易

十四，批准他用這些新科學方法製作一張新法蘭西地圖。皮卡爾得到巴黎天文臺（Observatoire de Paris）和甫成立的皇家科學學會（Aca-démie Royal des Sciences）支持，結合實用性的實地調查與拉‧伊赫比較偏理論、數學性的技巧。事實證明，他們的搭檔合作富於新意，改變了歐洲和

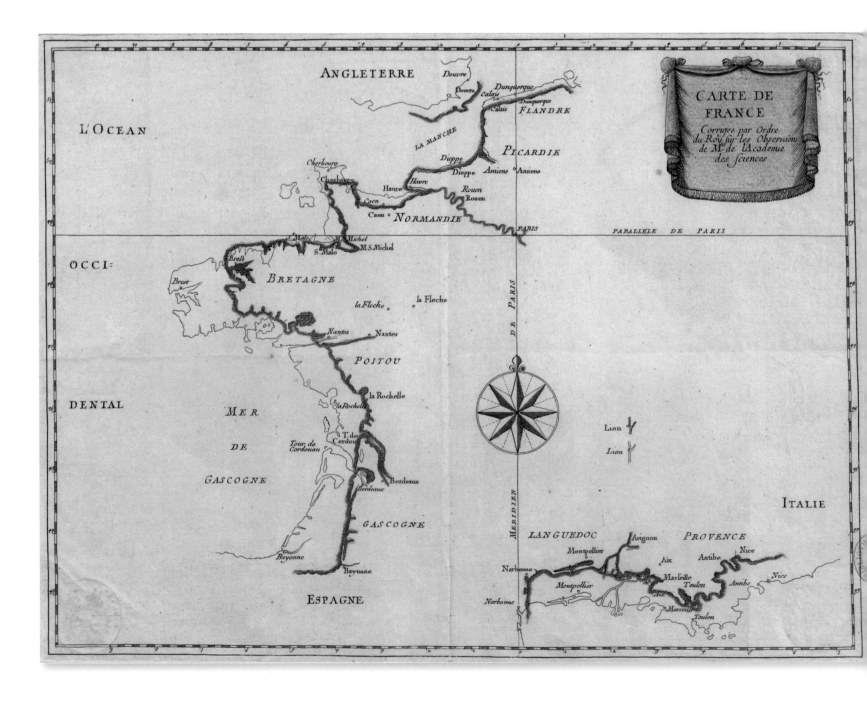

法國製圖的發展方向。

　　1679年，皮卡爾和拉·伊赫展開一項海岸線測繪，他們把這次測繪當作後來有系統地製作第一張法國地圖的前導。繪製完加斯科尼（Gascony）海岸後，他們向南移動，然後分頭測量東北部和西北部的海岸線。經過接下來三年煞費苦心的工作，地圖手稿終於在1682年皮卡爾過世之前完成。將它的輪廓線與當時最正確的法國地圖（1632年由尼可拉桑遜〔Nicolas　Sanson〕製）重疊，會發現法國的面積是2萬5386平方里格，而桑遜推算出的數字是3萬1657平方里格。科學推翻了法蘭西的舊地圖、大大減少了國土面積。據說法王路易十四抱怨他的地理學家讓他損失的土地竟比任何入侵軍隊都還要多。

尚·皮卡爾、菲利浦·德·拉·伊赫（Jean Picard & Philippe de La Hire）

1620年-1682年、1640年-1718年

皮卡爾及拉·伊赫是法蘭西皇家科學學會的早期成員，他們被公認為各自專精領域——天文學及幾何學——裡的佼佼者。

皮卡爾是一位傳教士、畫家和天文學家。他從1660年代起，在法王路易十四的支持下開始製作地圖。他運用最新的數學和實地調查技術，重新計算法國的面積。拉·伊赫是一位理論數學家，寫過幾份有關天體運動和抽象幾何的天文表。他在1683年取得皇家學院（Collège　Royale）的數學教席。

細部導覽

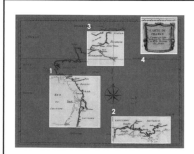

放大區域

▶ **大西洋側海岸線** 皮卡爾及拉·伊赫在1679年運用三角測量及天文觀察測量加斯科尼（Gascony）的海岸線。出乎他們意料之外的是，他們發現過去的測量將沿岸大部分地區，包括法國重要海軍基地佩斯特市（Brest）的珀通灣（Breton　port），往西邊多推出了30里格，也就是說——把它們畫在海上。

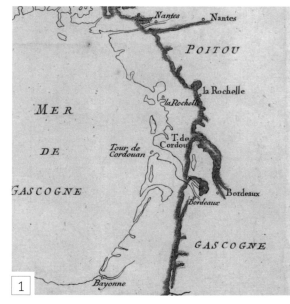

▲ **巴黎子午線** 這是第一次有地圖正確畫出穿越巴黎的子午線。這條線於此不久前才由皮卡爾重新計算過，而規劃建造巴黎天文臺時則刻意把它設計在子午線經過的路線上。

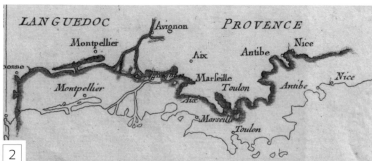

▲ **南部海岸——隆格多克（Languedoc）和普羅旺斯** 他們在1682年沿著具重要防禦地位的地中海沿岸進行最後幾次測量，從西邊的蒙佩利爾（Montpellier）一直到東邊的尼斯。皮卡爾先前的許多發現經由這幾次測量得到確認：這個國家的大小被意外地估計得過大了。因此，整個海岸線必須重繪，往北退縮，又把這個國家面積縮得更小了一些。

◀ **圖名裝飾框** 這張地圖以錯視畫法繪成的圖名裝飾框有立體效果，內含地圖標題，解釋「校訂」工作是受國王的命令、由備受尊崇的皇家科學學會執行——也許是為了緩解法國面積這般嚴重縮減可能引起的政治傷害。

聖地地圖

1695年 ■ 鏤版 ■ 26公分X 48公分 ■ 美國，華盛頓特區，國會圖書館

亞伯拉罕・巴爾－傑可布

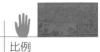

比例

這位製圖師應該是位改信猶太教的人，他不僅將這張地圖譯為希伯來文，還藉著刪除與基督教、新約聖經相關的資料，讓它搖身變為一張猶太人的地圖。

艾利爾・提胥比（**Ariel Tishby**），《地圖中的聖地》（Holy Land in Maps）

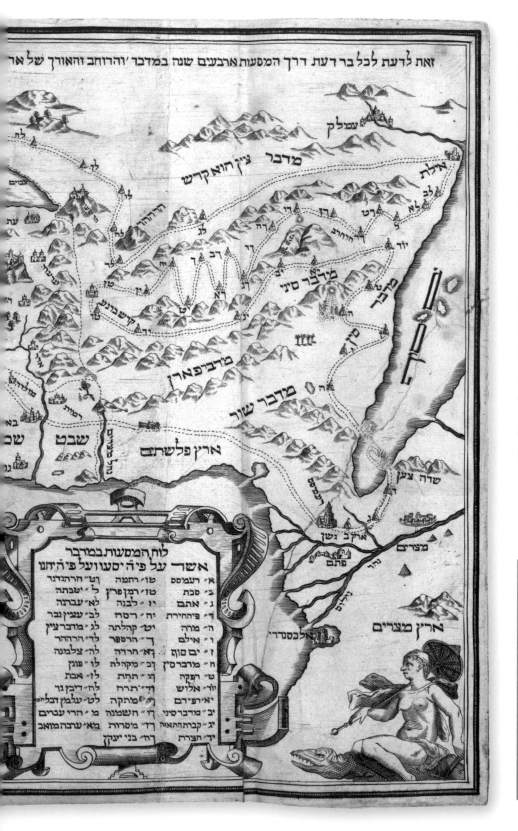

這張地圖是世界上最早幾張以希伯來文製作的聖地地圖（Map of the Holy Land）之一， 是從基督教改信猶太教的亞伯拉罕・巴爾－傑可布在阿姆斯特丹刻製的。它以出色的細節呈現以色列人出亡埃及、來到應許之地迦南、和以色列疆土分配給12個支派的故事。這張地圖有個專門的用途：當作逾越節（Passover）宗教慶典祈禱書《哈加達》（Haggadah）的插圖——逾越節是慶祝猶太人從埃及出走的節日。這張地圖出現在摩西・魏索（Moses Wesel）出版的名著《阿姆斯特丹哈加達》（Amstrerdam Haggadah）中。許多基督教地圖在畫這個地區時處理方式與這幅地圖不同，這裡把東南方置於圖頂，地中海東部橫亙地圖下方。地圖範圍從右邊的尼羅河一直延展到大馬士革，是一份對以色列建國的永恆禮讚。

伯拉罕・巴爾－傑可布（Abraham Bar-Jacob）

約17世紀晚期-18世紀初

我們對這張地圖的製作者所知不多，因為亞伯拉罕・巴爾－傑可布從基督教皈依猶太教之後才改用這個名字。

巴爾－傑可布在德國的萊茵蘭地區（Rhineland）長大，在那兒接受擔任牧師的訓練，直到改信猶太教為止。然後，他搬到荷蘭阿姆斯特丹，加入當地蓬勃的猶太社群，為當地包容度高、通行多種語言的印刷業工作，刻印各種神祕宗教圖像，並參與以猶太教為主題的著作的成書工作。

細部導覽

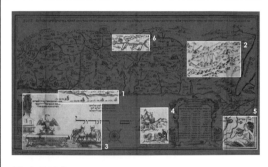

放大區域

▼ **出埃及記**　這張地圖跨越西奈沙漠、畫出以色列之子從埃及前往應許之地的流亡之旅。圖上用兩條平行虛線指出他們的漂泊路線，每個紮營地點都標上數字，可以在下方的卷軸型圖名裝飾框中找到對應說明。

▼ **建國大業**　就在南方海岸線外，有船隻拖運泰爾的希蘭王送給所羅門王（約公元前970-931年）的黎巴嫩香柏木。有了這些木料，所羅門王才能在西奈山上建造象徵以色列建國的聖殿。

▶ **神聖符號**　這一幕展現應許之地的美好。蜂巢房及右方的牛隻象徵流奶與蜜的以色列將有豐饒的未來。老鷹指的是上帝與摩西的約定，以及上帝在聖經中所說的「我背著你們，正像母鷹把小鷹背在翅膀上」，穿越埃及的曠野（出埃及記，19:4）。

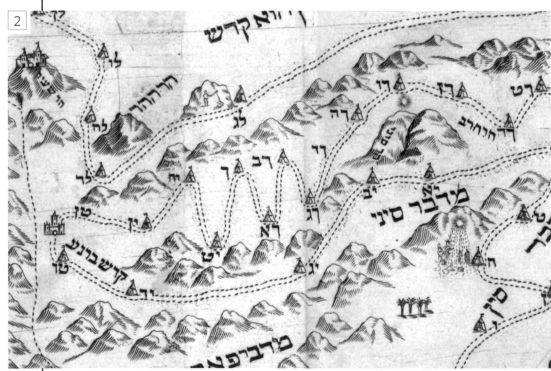

談 背景故事

從中世紀起，基督教地圖上就有聖地出現。然而，這些地圖遵循的不僅僅是舊約故事，還有新約故事和基督的生平、死亡與復活。由於天主教徒、新教徒、猶太人各自主張他們對聖地所作的神學上及畫面上的詮釋，這類地圖的數量在16世紀有驚人的成長。傳統上，天主教地圖傾向把重點放在基督的生平；新教徒的重點則放在使徒身上；稍晚的希伯來傳統把重點放在舊約成立以色列王國的故事，特別是出埃及記的故事。

▲ **這張16世紀的聖地地圖**出現在天主教徒亞伯拉罕・奧特柳斯製作的第一本世界地圖集《世界概貌》中。

◄ **約拿和大魚**　約拿（Jonah）是一位猶太先知，上帝命令他去尼尼微（Nineveh）宣傳與這座城對立的言論，他卻企圖逃避這件工作。圖上畫著約拿被一條大魚所吞噬，卻因神蹟出現而得救。這個故事強調上帝的計畫是不可改變的，而且無論何時，當以色列人面臨存亡關頭時，他都會出手拯救。

◄ **尼羅河的鱷魚**　這張地圖用一名手持陽傘、騎在鱷魚上的裸女代表埃及罪惡的誘惑。它也可能暗指在尼羅河沐浴的法老王女兒發現嬰兒摩西一事。

▼ **抵達應許之地**　猶太人40年的飄泊歲月在跨越約旦河時達到高潮。這一段故事、以及進入應許之地一節，用立在約旦河西岸12顆石頭記錄下來。這12顆石頭代表的以色列12個支派。

通往加利福尼亞的陸路

1710年 ■ 鑴版 ■ 36.8公分X 24.1公分 ■ 美國，華盛頓特區，國會圖書館

比例

伊烏賽比歐・佛朗西斯科・科諾

地圖製作常常以訛為真，直到一些勇敢無畏的人出面質疑它們為止，就像耶穌會傳教士、製圖師伊烏賽比歐・佛朗西斯科・科諾這個例子。自16世紀西班牙跨越南北美洲的地理發現初期以來，加利福尼亞一直被畫成一座奇大的島嶼。這些地圖通常以一條想像出來的水帶「阿尼安海峽」（Strait of Anian）分開今天的亞利桑那州和加利福尼亞，即使是備受尊崇的製圖師如奧特柳斯和布勞（參見第142-45頁）也這麼做。加上從海路探索加利福尼亞灣的困難度頗高、走陸路又必須經過惡劣荒蕪的沙漠，這個錯誤一直沒有得到糾正。

大膽的傳教士

唯一一位有堅定意志探索這個地區的人是傳教士科諾，他在1680年代屢次克服萬難穿越墨西哥北部設立耶穌會傳道所，並開始繪製這個地區的地圖。他開始確信：「加利福尼亞不是一座島」（California no es isla.）的事實，他在一份報告中這麼寫。科諾在一系列繪製於1680年代中期的地圖中指出，下加利福尼亞在科羅拉多河河口與美洲大陸相連。不過，由於他不是一位受過專業訓練的製圖師，直到1740年代之前，也就是科諾過世30年後，他的聲明都沒有被西班牙當局接受。

伊烏賽比歐・佛朗西斯科・科諾（Eusebio Francisco Kino）

1645年-1711年

科諾出生於義大利，在巴伐利亞接受擔任耶穌會士的訓練。他在1677年領受聖職，並在1683年被派往美洲，那時的他已經對天文學和製圖產生興趣。

科諾有時也被稱作伊烏賽比歐・「奇諾」（Chino）或「奇尼」（Chini），他在今日加州、亞利桑那州、墨西哥一帶從事宣教工作，尤其是被稱作「皮馬利亞高地」（Pimeria Alta）的地區。他和原住民往來密切、在這個地區創建了24個傳道所、讓當地人皈依、繪製地圖、鼓勵使用新的耕作方法。科諾針砭西班牙的殖民統治、大力抨擊當地銀礦役使奴隸。他在墨西哥西北部宣教時染上熱病過世。

細部導覽

放大區域

▲ **科羅拉多河** 科諾穿越科羅拉多河河口，證明科羅拉多河（Coloratus）將加利福尼亞與美洲大陸相連起來。

◀ **「加利福尼亞海」（Mare de la California）** 科諾將下加利福尼亞畫成一座半島，並有一道寬約240公里的海灣將其與墨西哥本土相連。這是史上第一次有人這麼畫加利福尼亞。

▲ **皮馬利亞和索諾拉（Sonora）** 這張地圖同時提供了科諾跋涉穿越貧瘠崎嶇的皮馬利亞高地傳教的詳細記錄。皮馬利亞高地是北美洲最熱的沙漠之一。這張圖上也畫了設在帕布羅（Populo）的傳道所。

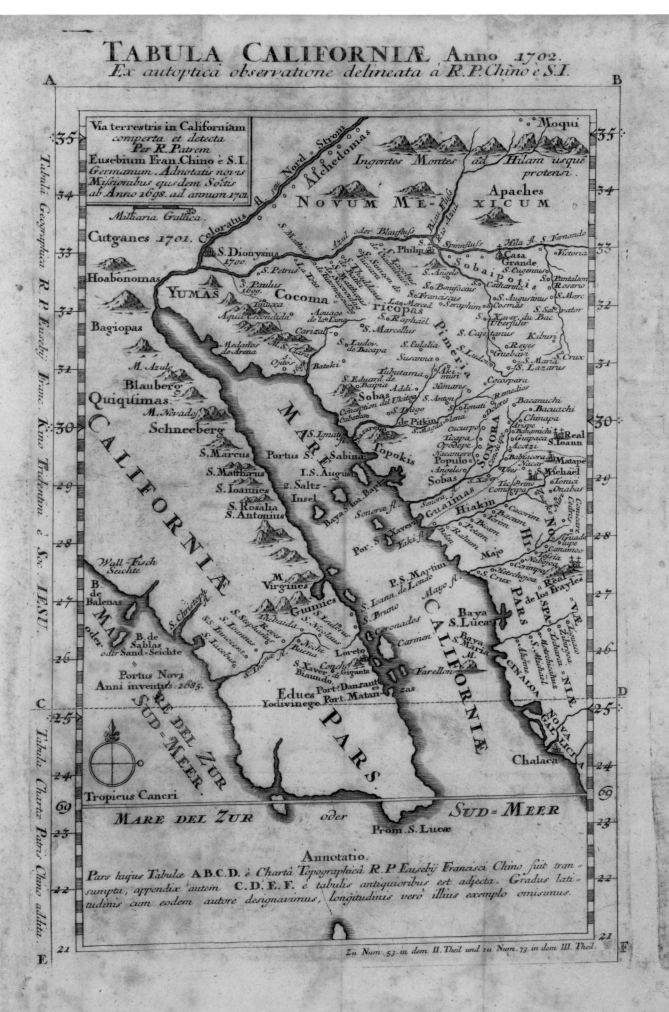

TABULA CALIFORNIÆ, Anno 1702.
Ex autoptica observatione delineata à R. P. Chino è S.I.

新法蘭西地圖

1744年 ▪ 鑄版 ▪ 58公分X 91公分 ▪ 法國，巴黎，國家圖書館

杜希的西薩－弗朗索瓦・卡西尼

比例

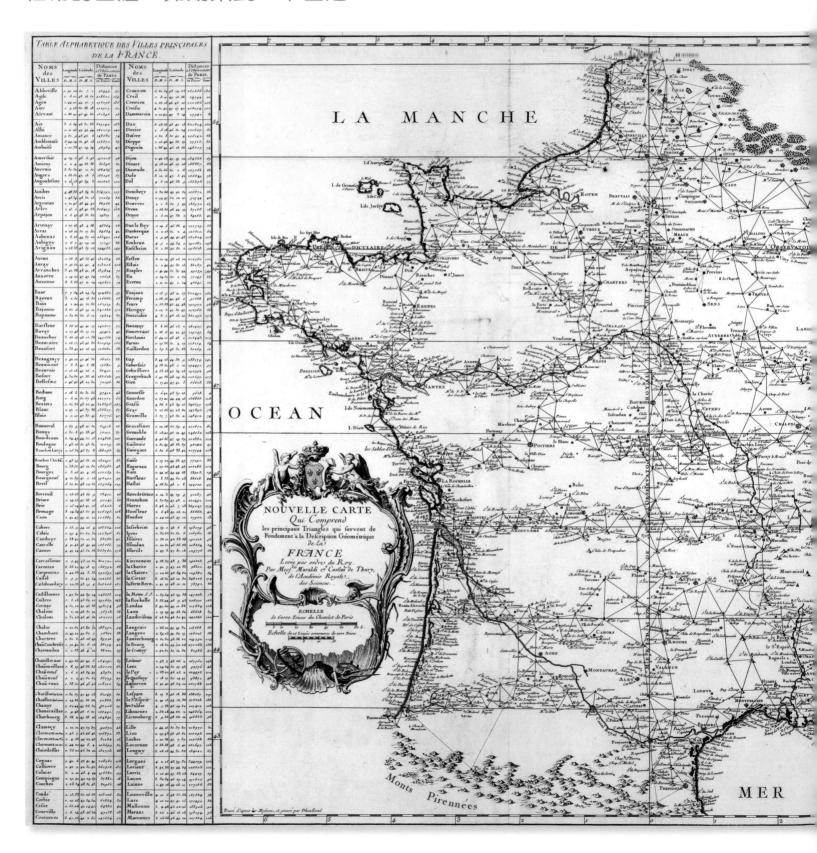

法國是第一個企圖有組織地使用最新科學技術進行全國測繪的國家——運用的是三角測量以及多種工具，繪製空前精細而準確的地圖。從17世紀晚期以來，知名的科學世家卡西尼家族（the Cassinis）就已經受法王路易十四指派測繪整個王國的任務，目的是軍事防禦和更有效地課稅。第一次測量始於1733年，由幾支測量員組成的隊伍帶著笨重的裝備，分頭到全國各地測繪，並將他們的發現寄回在巴黎天文臺工作的卡西尼家族成員。先有雅克·卡西尼（Jacques Cassini）、然後是他的兒子杜希的西薩－弗朗索瓦·卡西尼，他們運用最先進的方法求得正確的三角測量距離，監督一樁龐大的地圖印製計畫，詳細測繪這個國家的每個角落。

調查工作在1744年完成準備付印。《新法蘭西地圖》（也稱作「卡西尼的地圖」〔Carte de Cassini〕）以1:1800000的比例、大手筆地刻在18塊印版上。依據測量員的新方法，這張地圖上有許多緊密相連的三角形，它們構成的網絡呈現出這個國家的形狀。每個三角形都是耗時數年實地測繪、縝密測量計算的結果。這張地圖共由800個之多的三角形和19條基線組成。

雖然這張地圖達到空前的正確性與精細度，還是有一些可察覺的缺點。由於杜希的卡西尼無法測量高度與海拔位置，自然地形幾乎完全沒有表現在圖上。他在出版這張地圖時承認：「我們還沒有造訪每一座農場，也沒有順著河流測量每一條河的河道。」大範圍的山區如庇里牛斯山、阿爾卑斯山和中央高地等區域也直接留白。

無論如何，這是用幾何學完成國家標準地圖的第一步。杜希的卡西尼採用的測繪辦法和整齊的字體、圖符、自然特徵等風格為後來的所有調查奠立了基礎。

杜希的西薩－弗朗索瓦·卡西尼（César-François Cassini de Thury）

1714年-1784年

原籍義大利的卡西尼家族在17世紀中期遷居法國。足足有一個多世紀的時間，他們在這個國家的天文學和製圖學兩個領域都位居主導地位。

杜希的西薩-弗朗索瓦·卡西尼接下從父親雅克·卡西尼（Jacques Cassini）開始的國土測繪計畫，並繼承了他的許多頭銜及工作，包括皇家科學學會的會員資格、巴黎天文臺的主管身分還有在1744年出版的第一階段大型國土測繪計畫。

細部導覽

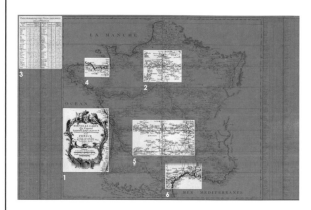

放大區域

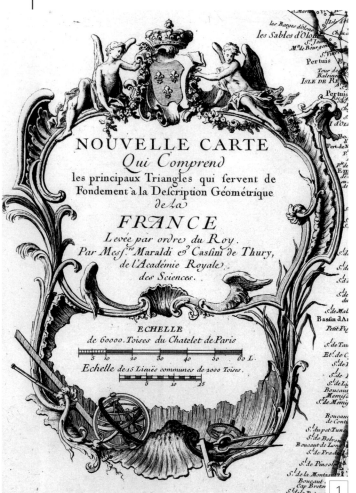

▲ **藝術、科學、和方法**　這塊刻畫精美的地圖標題宣告這張地圖驚人的現代性和它採用的新方法——三角測量和幾何學，這些都得到了皇家科學學會和國王路易十四的背書。它用顯眼的方法展示標準比例尺以及其他地圖製作工具，還凸顯「法蘭西」的字樣，使人無法懷疑這張地圖的愛國意識。

▲ **巴黎**　巴黎位於匯聚在一處的一群三角形中央。巴黎子午線直直穿過這座城市和它那座有名的天文臺。它被另一條垂直相交的線橫向切過，所有三角測量得出的三角形都以它為起始。在卡西尼這張地圖上，「條條『向線』——而不是『大路』——通巴黎」。

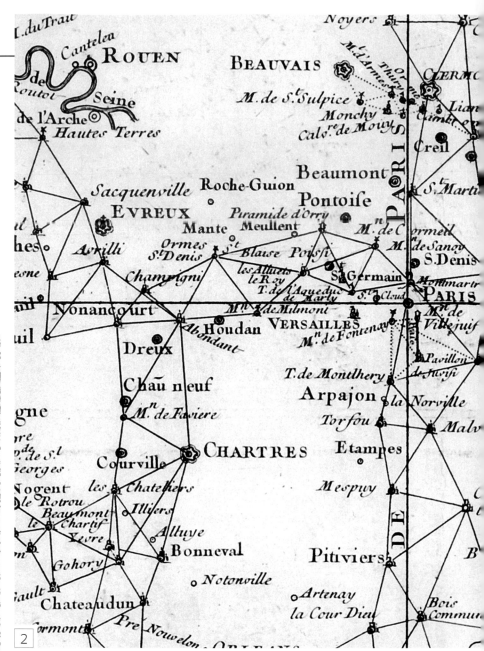

▶ **地名索引**　杜希的卡西尼這張地圖充滿創新的元素，包括這張按字母順序列出主要城鎮的索引。他根據測量方法和天文觀測得出這些城鎮的經緯度、以及與地圖中心巴黎的距離。

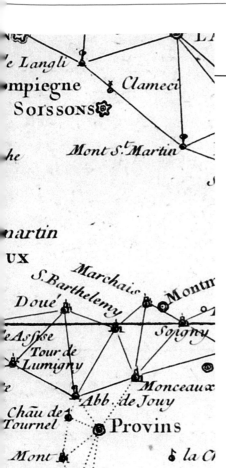

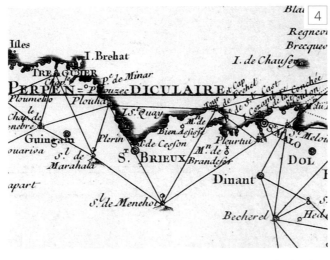

◀ **西北部的留白**　卡西尼的測量員無法畫出這個國家的每個角落。法國西北部大片偏遠農業地帶，包括布列塔尼在內，只測繪了沿著海岸線的地區，留白的內陸幾十年都沒有進行測量。

▼ **中央高地**　測量廣大多山的法國中央高地（Le Massif Central）也為卡西尼的測量員帶來極大的挑戰。測量高度的困難尤其大，因此，它在地圖上成了一片空白。西邊比較適合居住、人口眾多的聚居地如利摩日（Limoges）和佩希格（Perigueux）則得以測繪。

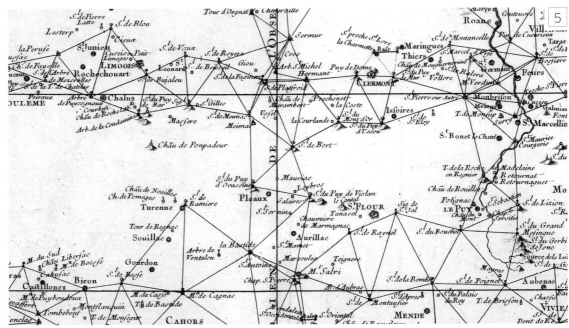

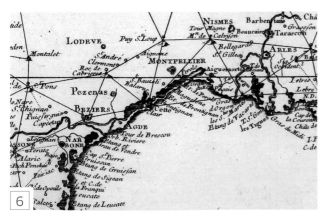

▲ **蒙皮利爾**　互相聯鎖的三角形跨越整個國境，有一條聯鎖三角形始於法國南岸的蒙皮利爾（Montpellier）附近，一直向上延展到巴黎。又一次，附近有大塊地區沒有被利用同樣的方法測繪，國家似乎沒有意識到這些空白區塊的存在。卡西尼的地圖並沒有讓每個人受惠。

論 技術突破

卡西尼的測繪是史上第一次企圖用新式三角測量技術，系統性地繪製一個國家的地圖。這牽涉到基線的確切長度、使用長達幾公尺的木杆。一旦得知兩點間的確切距離，就可以得出第三點，通常是從一個如教堂尖塔之類的高點，從那裡畫一個三角形。參照三角函數表，可以正確量出第三點到其他點的距離。然後把這個過程反覆應用到城市、地區全境，最後是整個國家。這個辦法經過卡西尼的測量團隊多年來的應用而臻於完美。

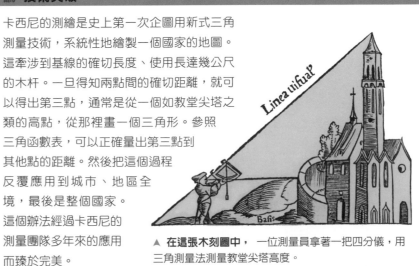

▲ **在這張木刻圖中**，一位測量員拿著一把四分儀，用三角測量法測量教堂尖塔高度。

專題式地圖

公元1750年—公元1900年

耆那教宇宙圖

1750年 ■ 羊皮紙 ■ 90公分 X 87公分 ■ 英國，倫敦，大英圖書館

製圖者不詳

比例

人類歷史上不斷出現將多種神學世界觀視覺化、以說服力十足的圖像呈現的地圖。 在這些地圖當中，沒有任何一幅地圖的美麗，比得上這幅繪有耆那教複雜宇宙觀的地圖。耆那教是世界上最古老的宗教之一，起源於古印度。耆那教徒不同意天神創世的說法，認為「世界」（Loka）是永恆無限的，沒有什麼能創造宇宙、也沒有什麼能毀掉宇宙。在耆那教信仰中，「宇宙空間」（Lokakasa）被垂直分為三個部分：聖靈居住的「上層世界」（Urdvha Loka），又可再分作幾個「房室」；人類及動物居住的「中層世界」（Madhya Loka）；還有由七層地下煉獄構成的「下層世界」（Urdvha Loka）。這三個世界之外是時間與空間的「真空世界」（Alokakasa）。

人類世界

大部分現存的耆那教地圖（Jain map）都像這張18世紀的地圖一樣，只畫出人類居住的中層世界，省略上層和下層世界，呈現出一幅人間剖面圖。謎樣神聖的美魯山（Meru）靜臥於人世中央、一片人類居住的圓形大陸「黑莓樹之地」（Jambudvipa）中間。這塊地量起來有10萬「由旬」那麼長（yojan，耆那教的長度單位，相當於8-10公里），大約是公制的72萬5000公里。這片大陸分成包括印度（Bharat Kshetra）在內的幾個「地區」（kshetras）。黑莓樹之地外面是呈七層同心圓分布的海洋和大陸（這張圖只畫出兩層）。最後一層被稱為「斯瓦揚布拉曼」（Swayam-bhu Raman），包圍住整個圓形的中層世界。

耆那教的宗教宇宙學文本稱作「匯輯」（samgrahanis），通常畫在布面或紙張上，展示在寺廟裡，有教化的目的，讓信徒看見世界觀的複雜本質。耆那教還相信輪迴，因此，這類圖像地圖能讓信徒預見他們在時間長河中將如何輪迴（再生）。

> 在耆那教的想像中，**我們的宇宙**由一系列的陰界組成，**陰界的**大小隨著與人類世界的距離規律漸增；人類世界上方另有一系列的天界。

約瑟夫·史瓦茲伯格（Joseph E. Schwartzberg），美國地理學者和歷史學者

細部導覽

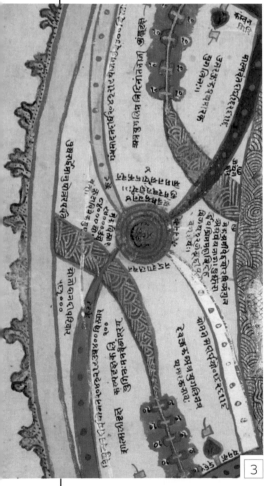

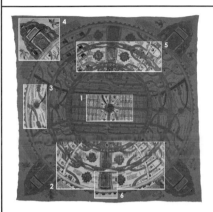

放大區域

▶ **美魯山** 美魯山靜臥在這張地圖的中心，它是宇宙的中心，耆那教最神聖的山。這座山的原型可能是以中亞的帕米爾山（Pamir Mountains）為靈感而想像出來的。四條如長牙般向外旋出的突出物是分別稱作「維杜特普拉巴」（Vidutprabha）、「甘德哈門連那」（Gandhamandana）、「馬亞伐塔」（Malyavata）、「掃馬納薩」（Saumanasa）的山脊。附近地區由16個長方形的省分（videhas）組成，人類就住在那裡。

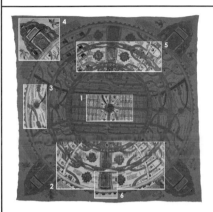

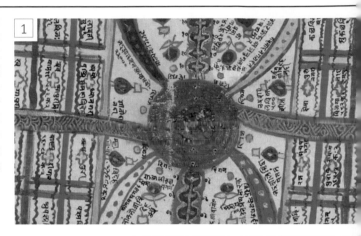

▲ **世界中的世界** 耆那教的宇宙是一個充滿無限多元性與對稱美的空間。圖上的蓮花島（Puskaradvipa）以此地遍地開放、代表純淨與再生的花來命名，島上出現了另一座美魯山。這個地區有大半面積沒有人類居住，和中央的大陸——如瞻部洲（Jambudvipa）、陀得坎達（Dhataki-khanda）——不同。外緣藍色波浪般的帶狀地區代表人類活動到達不了的範圍：馬努娑塔剌山（Manusottara）。

▲ **婆羅多，或印度** 美魯山的南方是婆羅多（Bharata，即印度）。中央的鐘狀地區被兩條河分割：左邊流入大海的印度河，以及右邊的恆河。北邊的地區是「不純淨」種姓的地域，住著野蠻人（mlecca）。中南部是貴族的土地（aryakhanda），純淨亞利安種姓的土地。這個地區的人類必須工作，而且有可能得到改變或進入輪迴。

▶ **神祕符號** 這張地圖上滿是宗教符號，有些符號即使對耆那教徒來說也相當難以解讀。在馬努娑塔剌山外，有一位被獻祭的供品圍住的耆那（見右圖）。他坐在一頂象徵靈界最高統治權的華蓋下，天界的侍從手持拂塵，代表神性。上方可見到象徵豐饒的金屬瓶（kalashas），人面鳥身則代表人獸輪迴。

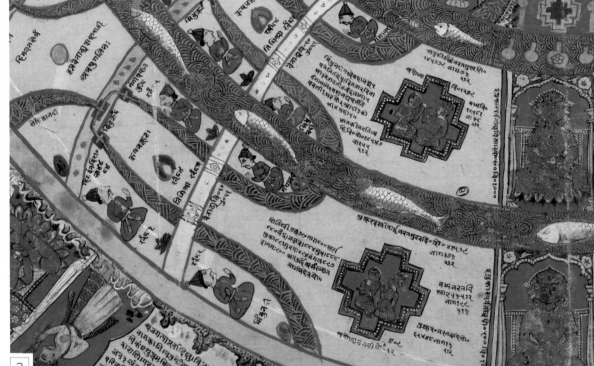

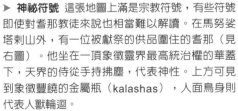

▶ **人類世界的邊緣**　在耆那宇宙學中，人類活在兩個地區（kshe-tras）之間，用圍繞美魯山的同心圓狀島嶼代表。這個世界被稱作「人類世界」（Manusya Loka），世界的邊界充滿精神解脫的希望，還有人物從一個地區輪迴到另一個地區。在這個空間裡，個人及伴侶尋求和諧，受耆那監督（見下）。魚隻界定海洋，但對耆那教徒來說，他們也代表海闊天空、以及從一地移動到另一地的能力。

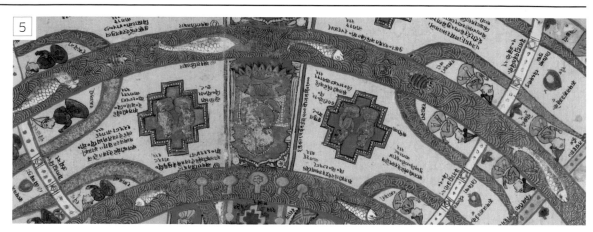

談　背景故事

傳統上，耆那學者相信宇宙呈上下兩端大、中央窄小的形狀。事實上，耆那宇宙學通常被擬人化作一個直立、雙手叉腰的人體。這個可男可女的人物具現耆那教的三層世界：頭和軀幹指天上的「上層世界」、置於臀部的雙手與人類的「中層世界」（即「黑莓樹之地」）相連、雙腿則象徵煉獄所在的「下層世界」。

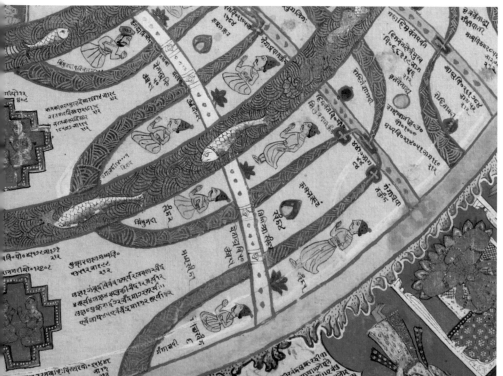

◀ **耆那**　耆那（征服者或解放者）端坐在人類世界的邊緣。他們也被稱為「渡者」（Tirthanka-ras），因為他們被視為神聖的導師，指點虔誠信徒通往解脫之路。在這張圖上，讀者可以很輕易地從拉長的耳垂辨識出耆那，他們打著舒坦慵懶的蓮花坐（padmasana）、在華蓋下冥想，胸前還有與佛陀有別的「吉祥海雲相」符號（srivatsa）。

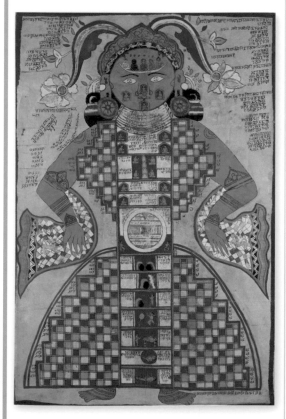

▲ 傳統上，耆那教在比較容易理解的圓形宇宙地圖之外，還會用人體呈現他們的世界觀。

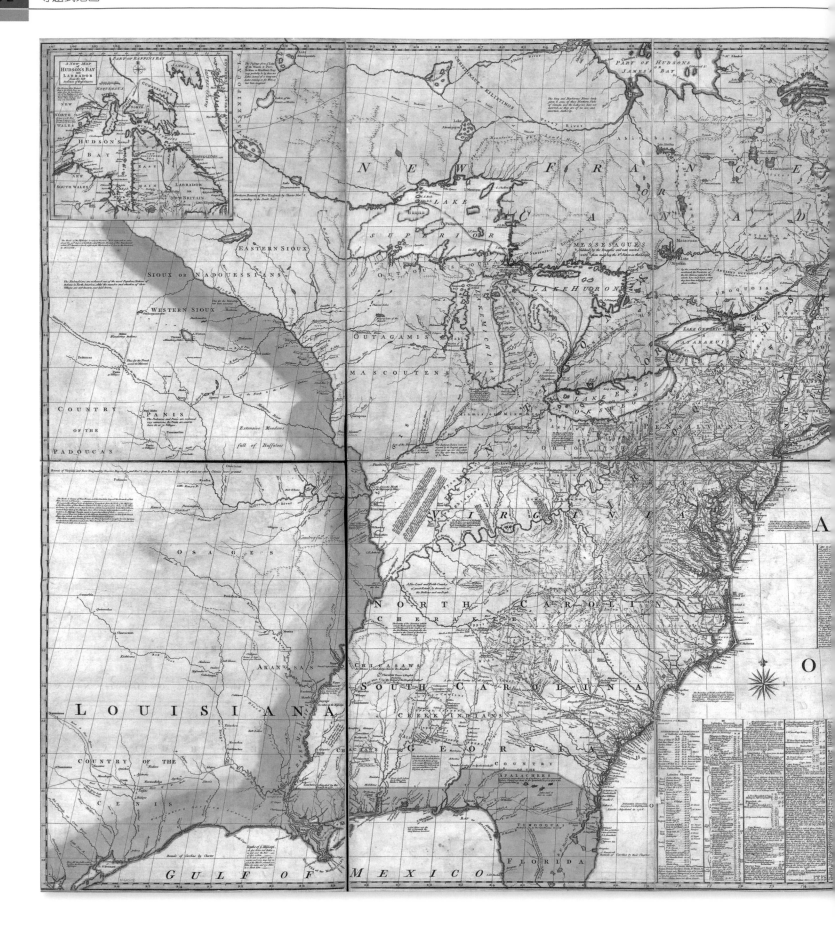

北美史上最重要的一張地圖。

馬修‧愛德尼（**Matthew Edney**），英國地圖史學者

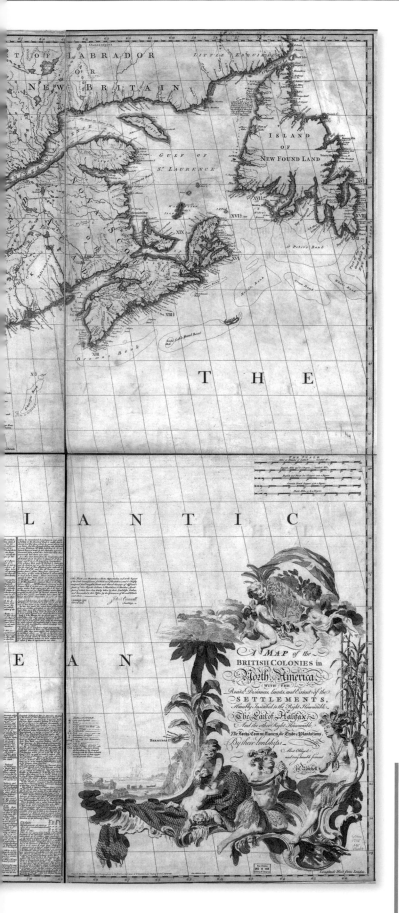

大英帝國北美殖民地圖

1755年 ■ 鎸版 ■ 1.36公尺 X 1.95公尺 ■
美國，華盛頓特區，國會圖書館

比例

約翰‧米契爾

美國史上最重要的一張地圖是醫生暨植物學家約翰‧米契爾設計的。這張地圖畫出大英帝國的北美殖民地，並幫助他們抵禦法國入侵。哈利法克斯公爵二世喬治‧敦克（George Dunk）贊助這張地圖的製作。敦克身兼負責英國海外殖民地的英國貿易與殖民局（British Board of Trade and Plantations）局長，這張地圖便是題獻給他的。米契爾及敦克都憂心法國拓墾者正在逐漸越過英法同意的「烏得勒支條約」（Treaty of Utrecht, 1713-14）所劃定的殖民地疆界。米契爾憑藉哈利法克斯提供的資料，做出一張空前詳盡的地圖，用藍─紅色顯示東起大西洋、向西延展到密西西比河、北及五大湖區、南到墨西哥灣的英國領地（法國領地則用綠─黃色顯示）。

　　雖然這張地圖的目的是劃定英國治下的美洲領土，諷刺的是，它之後在美國獨立戰爭後、1783年的巴黎和約中用來確認剛獨立的美國國界。直到近代1980年代，這份地圖甚至還在解決緬因州漁業糾紛時派上用場。

約翰‧米契爾（John Mitchell）

1711年-1768年

約翰‧米契爾出生於殖民地時代的維吉尼亞，他在大英帝國蘇格蘭的愛丁堡大學習醫，是一位充滿熱忱、受人敬重的植物學家和自然史自學者。

米契爾1735年返鄉，在維吉尼亞的厄班納鎮（Urbanna）行醫，但因為自己和妻子的健康因素，在1740年代從美洲跨越大西洋，搬到倫敦求醫。定居倫敦後，他成為皇家學會的會員，結識哈利法克斯公爵，開始製作這張著名的地圖。

細部導覽

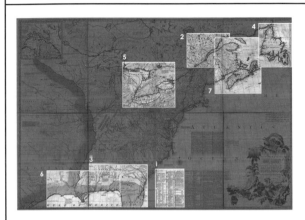

放大區域

▼ **圖例** 米契爾的圖例提到他製作這張地圖的方法。他交待了他用到的天文觀察細節，這些細節用來計算經緯度、得出有史以來最精確的一些數字。米契爾解釋，由於他不是受過專業訓練的製圖師，所以整合了許多出處不同的材料，包括當時可取得的天文資料、海岸線手稿、地圖、當地調查，不過這些資料在此以前從未經過整合到一張地圖中。

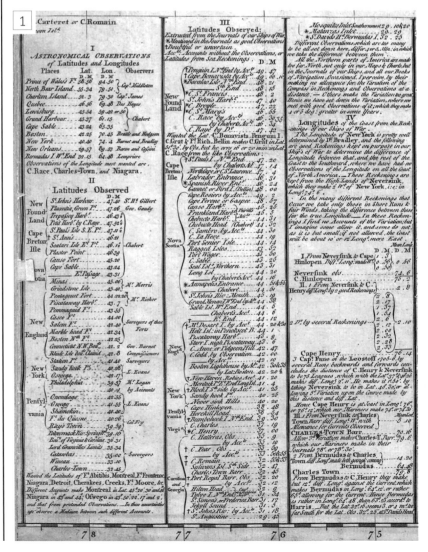

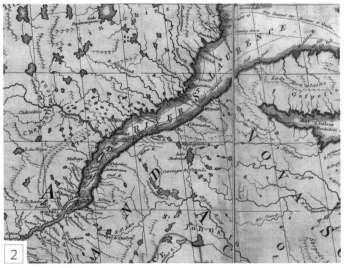

▲ **聖羅倫斯河** 這張地圖上最有爭議的地區是新英格蘭與法屬魁北克（左下角）的交界。英方宣稱擁有界線以北的所有土地，北至具重要戰略地位的聖羅倫斯河，並包含該河在內。這個地區裡有大量法國移居者聚居。烏得勒支條約沒有清楚交代邊界該如何劃定，造成雙方認知的不同與衝突。米契爾的邊界清楚聲明這是英國的屬地。

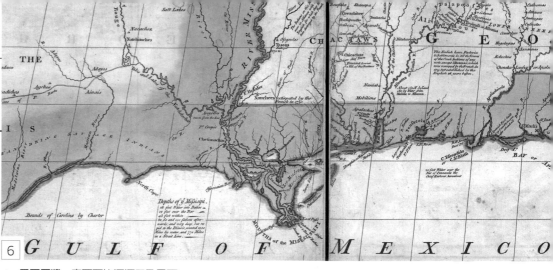

6

▲ 墨西哥灣 密西西比河河口及墨西哥灣的戰略地位重要，是法英兩國交鋒激烈的地區。米契爾警告這張地圖的英國贊助者，法國幾乎已經全面占領這個地區，不過他又批評他們的治理能力：描述沿著西側海岸有「野蠻印第安人」，以及內陸的「瑙企」（Nauchee）原住民是怎麼被法國人「滅絕」（屠殺）的。

◀ 安大略湖周邊 法國和英國的貿易站集聚在安大略湖周邊，安大略湖是法國—印第安人戰爭（1754-63）的爆發地點，這場戰爭在米契爾開始製作地圖時開戰。彩色的線條顯示出法國宣稱的領地範圍與英國領地重疊到何等程度。米契爾還在標示地名處與解說文字中，記錄美洲原住民休倫（Huron）、伊羅奎（Iroquois）族人的出現，解釋他們在哪裡幫助英國人——又在哪裡煽動法國人。

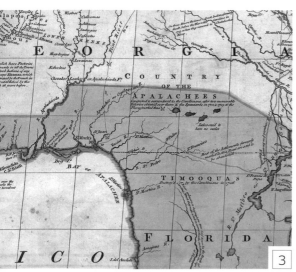

7

▲ 新斯科細亞 烏得勒支條約擴大英國在新斯科細亞（Nova Scotia）的控制範圍，新納入了法國在東魁北克和緬因（在這裡標示為「Acadia」）的屬地。米契爾第一次嘗試繪製新斯科細亞海岸，但受到約翰·格林（John Green）出版於1755年的新斯科細亞地圖嚴厲批評，米契爾接受了這個批評，在後來的版本中進行修改，承認這個地區的重要性。

談 背景故事

米契爾繪製殖民地地圖這件事，可以視作17世紀維吉尼亞境內、英國殖民歷史的一環，拓墾者在地圖上畫線標示所有權，無視當地人的權利。1783年，英國外交官在他們的米契爾地圖上標註受到英王喬治三世重視的地域，這張地圖因而有了「喬治三世的地圖」這個別名。

▲ 法蘭德斯版畫家暨編輯西奧多·德·布利（Theodor de Bry）製作了這張殖民地初期的維多利亞地圖，顯示移居者占領的地域。

3

▲ 喬治亞和佛羅里達 喬治亞和佛羅里達的邊界，包括阿帕拉契山南部在內，是英國、法國和西班牙努力競奪的對象。米契爾將英國邊界向南推移、超越西班牙同意的範圍。在西邊，米契爾宣稱因為英國人早期在此地建設有「工廠」（貿易站），所以喬治亞屬於英國；另外，他似乎又宣稱英國在海岸線上擁有一座西班牙「棄置」的碉堡。

4

▲ 紐芬蘭島 法國在1713-14年間割讓許多新斯科細亞地區的海岸線給英國，包括聖皮埃爾和米克隆島（St. Pierre and Miquelon），在此地圖上原先的法文地名經過英語化成為：「St. Peters」和「Micklon」。在西北岸，米契爾則試圖抹除法國人對「富貴岬」（Port au Choix）的所有權，將地名標示為「Cape Rich」。

印度世界地圖

1770年 ■ 蛋彩繪於布面 ■ 2.6公尺X 2.61公尺 ■ 德國，柏林，柏林國立圖書館

比例

製圖者不詳

伊斯蘭教在亞洲拓展之際，也挾帶著穆斯林、希臘、拉丁的學術傳統，結果造就許多融合多樣文化、語言、地理學的地圖。體現這個多元現象的最佳範例，莫過於這張18世紀晚期印度的世界地圖。我們雖然不知道它的製作者是誰，但可以從那些蓋滿圖面的出色裝飾圖案判斷，應是出自一位微型畫家之手。這張地圖的風格是典型18世紀西印度拉加斯坦地區（Rajasthan）、或南方德干高原（Deccan plateau）的經典畫風。地圖上的說明文字用阿拉伯文、波斯文、北印度語（用的是天城體〔Devanagari〕字母）寫成，採用多種語言這個特點，也透露出它來自這些地區的事實。

歷史、地理、與神話

　　這是一張兼容並蓄的地圖，畫在一本15世紀著名航海員伊本・馬吉德（Ibn Mājid）已佚失的伊斯蘭著作中，書名叫作《海洋的祕密》。它也認可歐洲地理，圖上畫有葡萄牙船隻及大西洋島嶼。雖然這張地圖令人意外地套用了托勒密地理學（參見第24-27頁）的許多內容，卻又採用經典的伊斯蘭指向，把南方置於圖頂。地圖上有像是麥加這樣的宗教中心，也有君士坦丁堡（現在的伊斯坦堡）這類世界大城，還有神話中的怪異生物漫遊海陸，呼應了中世紀歐洲製世界地圖的傳統（參見第56-59頁）

，全圖主題是亞歷山大大帝（Alexander the Great）的豐功偉業。亞歷山大大帝在伊斯蘭傳統中被稱作「伊斯坎代爾」（Iskandar），《亞歷山大大帝之書》（Iskandarnamah）一書講的正是他的故事。這張地圖描述他許多生平事蹟和冒險，讓我們認識到在大多數現代化以前的文化中，他的故事有多麼普及，同時也了解到這個人物對掌握地理學有多麼關鍵的影響力。

談　背景故事

古希臘、羅馬、波斯、伊斯蘭、印度文化都熟悉亞歷山大大帝的事蹟。一般相信《可蘭經》裡的「雙角人」（Dhul-Qarnayn）就是亞歷山大。到公元7世紀前，他已經轉化成伊斯蘭波斯文學中的神話人物、波斯國王大流士三世的親戚「伊斯坎代爾」。13世紀波斯詩人尼札米・岡加維（Nizāmī Ganjavī）寫了一個版本的《亞歷山大大帝之書》，對這個故事的其他許多版本造成很大的影響，這張地圖的製作者可能也參考過這個版本。

▲ **亞歷山大** 在中國主持朝政，此畫出現在一部18世紀波斯製作的《亞歷山大大帝之書》手稿。

> ## 這張地圖的神話成分大多取自《亞歷山大大帝之書》，一部亞歷山大大帝的愛情故事。這個故事在亞洲衍生出許多不同的版本。

蘇珊・格爾（**Susan Gole**），英國作家及地圖史學者

細部導覽

放大區域

▶ **麥加和黑聖石**
地圖的這個部分用了很多細節表現伊斯蘭的聖地。阿拉伯半島的大半面積都用來描繪麥加和周圍的山脈。麥加的中央是「黑聖石」，位於伊斯蘭最神聖的地點麥加聖寺（Al-Masjid Al-Haram）的心臟位置。這裡的建築物畫得稍微準確一些。

▼ **尼羅河上的生活** 尼羅河兩岸的常民生活結合了傳說與神話：大象漫步其間、當地人飲食耕作、尼羅河的源頭自虛構的「月山」流出、傳說中亞歷山大的宮殿高踞山頂。

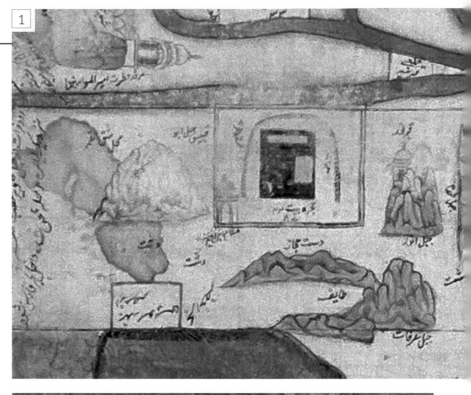

▲ **印度的葡萄牙人** 從印度洋一帶可看出歐洲的影響，紅色的輕型帆船（小船）和小艇下錨於此，旁邊的題詞可讓人判斷出它們屬於葡萄牙。這裡的藝術性和細節暗示我們這張地圖的作者是一位微型畫家，而不是受過訓練的製圖師。

▶ **生命之泉** 這張地圖最引人注目的是位於遙遠北方、靠近極地的黑色長方塊：「生命之泉」。根據穆斯林信仰，發現這泉水的人是舊約中的摩西，不過它在這張圖中的地點與中世紀歐洲製世界地圖上的聖經天堂有驚人的相似性。

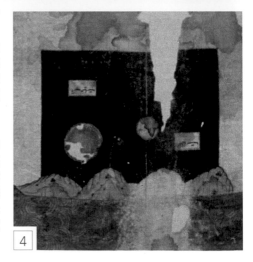

天下圖

約1800年 ■ 紙張上墨 ■ 約45公分X約45公分 ■ 英國，倫敦，大英圖書館

比例

製圖者不詳

朝鮮對製圖史有幾份重要的貢獻，但是沒有哪一份地圖的風格，會比「天下圖」這種地圖來得更美麗神祕。這些地圖的確切年代和作者不詳，不過它的風格源於16世紀，流通的廣泛度（尤其是在西方訪客之間）在19世紀晚期達到顛峰。

一睹東方風采

　　天下圖通常將指北朝上，而且大部分都提及143個相同的地點，是一片稱作「海內」（指文明世界）的主大陸上的主要地點，並以中國為中心。左頁的天下圖範例還收錄了30個額外的地名，包括朝鮮在內。中央大陸被一片封閉的內海所圍繞，包含50多個地名，有日本、真臘（今日的柬埔寨）以及被畫成幾座島嶼的暹羅（泰國）。另外還有許多虛構的地點；外環陸地上約50個地名、人物、地理特徵也一樣多屬虛構。這個外環大陸又被一片環繞世界的海洋所包圍，東西兩端各有一棵樹代表日月起落的地方。

　　這張地圖巧妙地融混事實與神話於一處，從中央的已知世界往地圖外緣，真實性遞減，漸由虛構的成分取代。圖上許多地名和地理特徵出自中國地理古籍《山海經》。有些學者鑑別出圖上的神話林木及山脈與佛教的影響有關。這份地圖在描寫位於極東（太平洋地區）和極西（歐洲）的人物及地點時，文字光怪陸離，是最有趣的部分。極西的歐洲在天下圖上常常被稱為「大荒」。地圖的東方是「食木國」，還有其他「人身生毛」的「毛民國」。往北方去，事物變得更加離奇，有「歐絲國」、「無腸國」。雖然製作天下圖的文化觀迥異於同一時期的基督教地圖，圖上精采的地點、怪物與中世紀歐洲基督教人士製作的世界地圖（參見第58-61頁）在風格上不無相似之處。

> **世界各地的人類天性都是一樣的，從這張由中韓心智孕育出的世界地圖便可以看出這一點。**

荷默・修伯特（Homer B. Hulbert），美國傳教士與記者

細部導覽

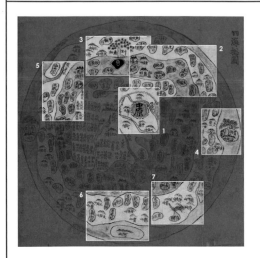

放大區域

▶ **中國、黃河與長城**　這張地圖的許多地名都源自中國典籍,因此,中國在這裡畫得格外仔細也就不奇怪了。它占了中央大陸最主要地區,而且用紅色標示為「中原」。長城在北方切過依照河名塗成黃色的黃河。圖上還畫了恒山、泰山、崑崙山等許多山脈。崑崙山躋身亞洲最長山脈之列,是一座現實與神話色彩交融的山,橫亙中國北部,被視為許多古代神仙的居所。

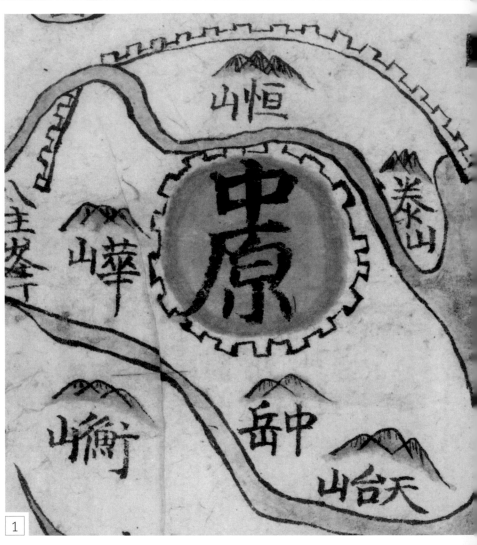

`1`

`2`

▲ **韓國與日本**　在這張《四海總圖》上,中國被畫成最大的國家,朝鮮居次,日本第三。亞洲世界南部被這三大勢力所主導。朝鮮半島左方有一群用黃色色塊標記的地點,它的右下方是用紅色標出的日本;右方遠處是神話想像中的地點所在的環狀外圈大陸,包括如「佻人國」、「龍伯國」等祕境。

`3`

▶ **大樹和附近的島嶼**　地圖上遙遠的北方融合了想像元素與對北半球意外實際的見解。主宰這個地方是一棵典出中國《山海經》的巨木,並有文字說它覆蓋「千里」——大約500公里。但是它的右方是一座「大澤」、「無暘國」、「深目國」,應該是在描述北極地區——雖然含混不清,但仍依稀可辨。

▼ **扶桑**　從中國往東，遠處是日出之地、神祕海島扶桑，寓言中掌理生命的桑樹就長在那兒。扶桑的位置一直是個疑點，許多19世紀的學者甚至推測它就是美洲西岸。然而，憑著這張地圖融混現實與神話地理這一點，我們可以猜測扶桑很可能取自神話，而不在實存空間裡。

▶ **歐洲大荒**　中世紀歐洲基督徒製作的世界地圖把亞洲、非洲說成獸樣部族出沒的地點，天下圖則顛倒這種說法，把圖上北歐一帶的島嶼說成是蠻族盤據的荒地。包括「大樂國」、「聚窟淵」、「伽毗國」和「白民國」族人居住的島嶼。這告訴我們，他們知道西方世界的存在，只不過所知不多。

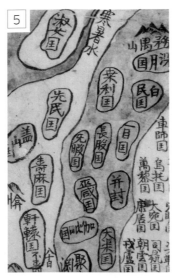

5

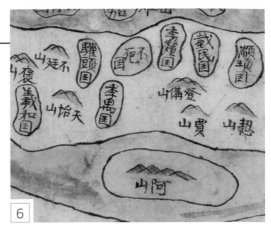

6

▲ **世界邊緣**　這張地圖最奇特的地區大概是它的極南點，這裡是距離地圖中心最遠的地方，也就是說，距離文明的華夏文化圈最遠。它包括右邊的「恝山」，以及左邊的土地「季禺國」，那裡住有「魙頭人」和其他怪物。

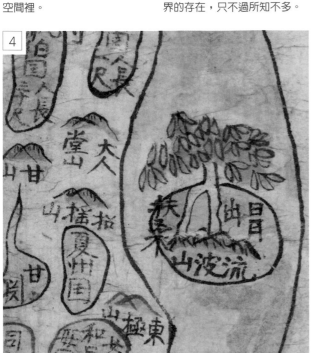

4

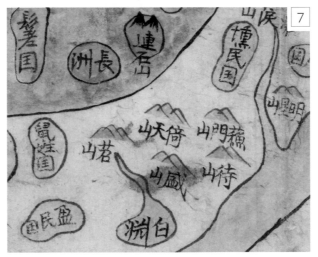

7

◀ **亞馬遜**　這張地圖的東南隅是一連串千奇百怪的地點。綠色的山區標示為「待山」、「門山」。右邊有「壎民國」，毗連著「女人國」，有些聯想力特別豐富的人把它比作神話裡南美洲亞馬遜國的女戰士。

談 背景故事

大多數前現代文化製作的地圖都有根據各自的信仰、兼容神話與事實的特徵。天下圖脫胎自鼓勵與自然和諧共生的南亞道教、佛教和儒家傳統。韓國地圖尤其受到「形勢」（hyŏngse）之說影響──一種根據山川森林等地理特徵安置房宅的方法。韓國的「風水」（p'ungsu）繼承中國的風水觀，但根據韓國多山的地形加以調整，把山脈及河流視為靜脈和動脈，將能量傳送過如同身體的大地。天下圖上動脈也似的河流、高突的山脈及樹木都隱含這類信仰的影響。

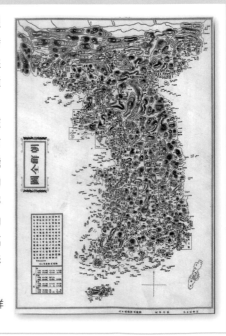

▶ 這張大約製作於1860年的地圖顯示朝鮮半島。

A
DELINEATION
OF THE
STRATA
OF
ENGLAND AND WALES,
WITH PART OF
SCOTLAND;
EXHIBITING
THE COLLIERIES AND MINES
THE MARSHES AND FEN LANDS ORIGINALLY OVERFLOWED BY THE SEA,
AND THE
VARIETIES OF SOIL
ACCORDING TO THE VARIATIONS IN THE SUBSTRATA,
ILLUSTRATED BY THE MOST DESCRIPTIVE NAMES
BY W. SMITH

THE

GERMAN

OCEAN

IRISH SEA

ST GEORGE'S CHANNEL

CAERNARVON BAY

CARDIGAN BAY

BRISTOL CHANNEL

THE ENGLISH CHANNEL

英格蘭、威爾斯與蘇格蘭局部的地層圖

1815年 ■ 鐫刻 ■ 2.4公尺 X 1.8公尺 ■ 英國，倫敦，地質學會

比例

威廉‧史密斯

18世紀興起一種新式科學——地質學。 地球表面的成分與構造不但成為重大學術辯論的主題，還吸引尋找如金銀等貴金屬和煤鐵等工業用礦物的採礦公司，潛在的商業利益引起各方的興趣。這一切自然都需要用到地圖來辨別地球地層（成層組構的岩石及土壤）。

因應這個需求，一位名叫威廉‧史密斯的地質學家在1815年出版這張英國地圖。它用一種全新方法繪製地球，把地下的世界呈現給我們看。史密斯這張大圖印在15張圖版上，以2.5公分相當於8公里的比例繪成，或者可用1：316800表示。史密斯相信這個比例適合用來調查不同的地層。英國一流雕版家及製圖師約翰‧凱利（John Cary）協助製作這張地圖，他先用銅版印出一張底圖，顯示地面上的自然地形，但不施陰影或製造浮凸效果。然後以水彩手繪添上數千個地理特徵，由一批技術純熟的女工藝師完成修飾工作，直到完全符合史密斯的要求為止。

自然地質順序

史密斯的偉大發現根據的是他擔任煤礦測量員時，累積的大範圍實務經驗。他指出不同層的岩石——或說地層——如砂岩、粉砂岩、泥岩、煤炭，會依照明確的順序出現，而且各層內含相同的化石。他把這個現象稱為「化石連續」（faunal succession），並說明透過這道定律，可以從每個地層內出土的化石來判別不同岩石的年代。史密斯按照這個發現，在地圖上使用多種不同色調和陰影，以三度立體效果呈現不同地層和年代。這麼做得到的不僅是一

張極美麗的地圖，而且很科學、精準，還開啟了這類地圖的先河。

> 這張地圖的製作代表一個時代的開始……從此，科學發現帶來的興奮與驚異標誌著這個時代的精神。

賽門‧溫契斯特（Simon Winchester），
《改變世界的地圖》（The Map that Changed the World）

威廉‧史密斯（William Smith）

1769年-1839年

威廉‧史密斯是一位鐵匠的兒子，基本上透過自學而成為地質學家和測量員。然而，他經歷了許多艱苦曲折才讓世人承認他的多項成就。

史密斯在英格蘭西南部薩莫塞特郡煤礦工作時，開始注意到岩石中明顯的地層構造，並著手收集大量化石支持他的「化石連續」論。他在1799年開始出版多種地質地圖，並於1815年出版他那張今天已非常有名的地圖。不幸的是，某些已經在地質學界取得地位的人剽竊他的觀點，導致他破產，在負債監獄裡坐了兩年牢。一直到人生的最後幾年，史密斯的成就才獲得世人承認，其中包括地質學會在1831年頒給他的沃拉斯頓獎（Wollastone Medal）。

細部導覽

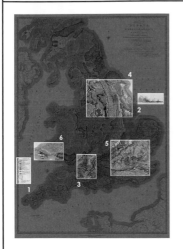

放大區域

▶ **地層速寫** 史密斯在留白的北海（地圖上用的是它從古典時代以來的舊名「德國海」）添上一張特別製作的英格蘭及威爾斯剖面圖，從西向東切過地層，顯示這個國家的剖面。它從高於1000公尺、花崗岩及頁岩構造的斯諾登山（Mount Snowdon）逐漸下降，經過英格蘭中部的沉積煤層和泥灰，最後來到地勢最低矮的泰晤士河谷「製磚黏土」和「倫敦黏土層」。

▼ **圖釋** 地圖通常要用圖例來說明它們的比例、等高線或政治地理；但是地質圖要說明的是岩層的構造。這張「圖釋」出現在史密斯的地圖旁。他的說明文字依照色塊編碼排列地層，反映出岩石的顏色，從深藍色的「倫敦黏土層」到白堊、石灰岩、花崗岩、砂岩，當然還有黑色的煤層。

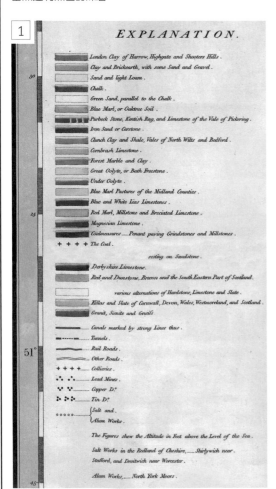

▲ **巴斯及附近地區** 史密斯在擔任薩莫塞特煤礦公司測量員時，曾在喬治亞時代著名的療養地巴斯附近的地下工作，從那兒得到他最重要的發現。這張格放圖上可以看到用醒目黃色代表的「巴斯鮞狀岩」（Bath oolite；史密斯稱之為「巴斯易切石」，Bath Freestone）是這個地區的主要岩石構造。從侏儸紀中期以來，這片鮞狀岩的邊緣是紅色的泥灰岩，北方還有黑色的沉積煤層。

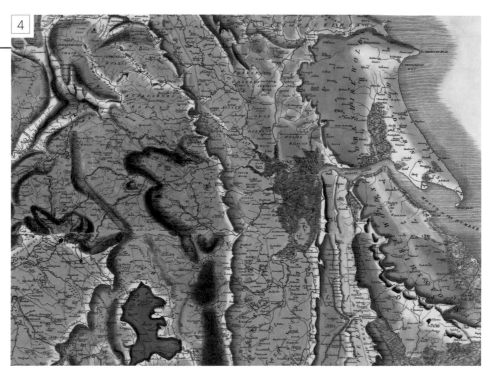

▶ **約克郡和本寧山脈** 史密斯在1794年偕同「薩莫塞特煤運河」（Somerset Coal Canal）工作人員來到約克郡，探勘這個地區是否具有開採價質。他的地圖特別凸顯分布在南約克郡低地區的豐富黑色煤礦藏。本寧山脈顏色暗沉的碳化花崗岩分布於西北邊，伸入峰區（Peak Di-strict）的德比夏石灰岩（Derbyshire Limestone）中。

◀ **倫敦** 史密斯的色塊清楚分明地把倫敦的地質特性記錄下來。這座城市座落於一個由藍色黏土及赭石構成的盆地，形成年代可追溯至古生代。泰晤士河自東方的海口蜿蜒而來。該市北方是堊土綠的契爾頓丘陵（Chilterns）、南方則有北當斯山脈（North Downs）。

論 技術突破

威廉·史密斯是製作地質圖這個領域的先驅，但是他並不是用圖面表達地質特徵的第一人。喬治·居維耶（George Cuvier）及亞歷山德·布隆尼亞（Alexandre Brongniart）曾在1808年出版了一張他們稱為「構造地質學」的巴黎盆地圖。然而，史密斯是發展出可同時呈現地質時空技術的第一人。他用比例恰當的銅板雕刻以輪廓線畫出地層，彷彿它們外露在地表或就在地表下方。運用陰影的巧思也讓繪者能在地圖上表現深度，或是岩層沉積的時間。他表現出分層的沉積化石在長久的時間作用後，是怎麼發展出複雜的型態，影響到後來達爾文的演化論。

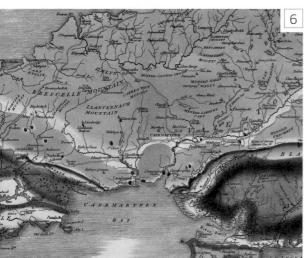

◀ **威爾斯東南部** 說到這個國家因史密斯製作地質圖而改變的自然地貌，大概找不出比他畫的威爾斯東南部更戲劇性的例子。一大片深埋於地下的黑色沉積煤層從西邊的斯萬西（Swansea）延展到東邊的加地夫（Cardiff），有些地方的厚度甚至超過1800公尺。它們被北邊較高的紅色布雷康砂岩（Brecon sandstone）所圍繞。

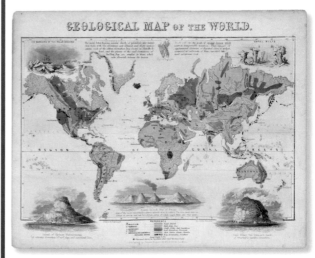

▲ **約翰·埃姆斯利刻印1850年出版的這張世界地質圖**，沿用了約翰·史密斯突破性的地圖風格。

大日本沿海輿地全圖

1821年 ■ 宣紙 ■ 86公分X 1.04公尺 ■ 美國，華盛頓特區，國會圖書館

比例

伊能忠敬

繪製日本海岸線是一件令人卻步的工作。雖說北海道、本州、四國、九州四座主要島嶼占去該國97%的面積，剩下的3%卻分散在超過6848座較小的島嶼上。然而，業餘製圖人伊能忠敬立志要畫出整個日本，意志堅定到奉獻出他人生的最後16年，以及相當大一筆私人財產，來測繪這整個國家。他總計旅行近3萬5000公里，製作了214張大比例的地圖，這裡收錄其中三張。雖然伊能忠敬在測繪尚未完成前就去世，他的工作團隊還是在1821年把工作完成。

伊能忠敬不同於在他之前的製圖者，選擇用現代導線測量技術，並把數學及地理正確性置於政治或歷史考量之上。然而，這張地圖顯示所有主要道路、河川、海岸線，詳盡到令德川幕府（軍人執政者）憂心落入外國入侵者手中的可能性，不對公眾開放。直到1868年還政天皇後，這張地圖才流傳開來。一直到20世紀，伊能忠敬的地圖在日本都具有最權威的地位，而且他在測繪期間收集的資料也為後來陸續出現的地圖提供了許多資訊。

伊能忠敬

1745年-1818年

測繪者及製圖人伊能忠敬是繪製現代日本地圖的關鍵人物。他出生於一座濱海漁村，17歲時入贅佐原市一個有錢人家。

他為這個家族經營釀酒和販米事業，直到49歲退休後，才開始學習地理、天文和數學。他在1800年正式展開測繪日本的工作，製作了一系列的地圖。除此之外，伊能忠敬還寫了幾本談論測量及數學的學術著作。

▲ **北海道** 這座島在伊能忠敬的地圖上被稱作「蝦夷地」，在1869年更名為北海道。

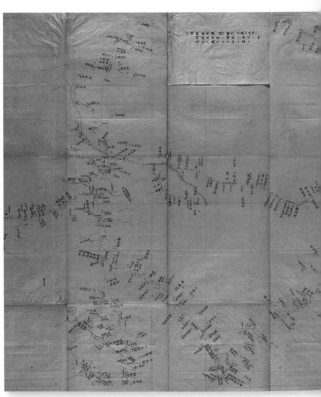

▲ **本州，江戶** 日本的首都在1821年是京都，但是江戶（今日的東京）才是真正的政治中心。

細部導覽

放大區域

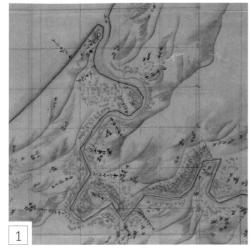

1

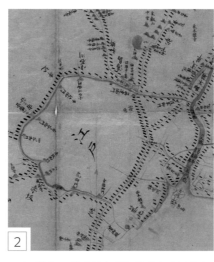

2

3

▲ **石狩平原** 伊能忠敬殫精竭慮地詳繪北海道西邊蜿蜒流入日本海的石狩河河道。這條河以南是現代札幌的所在地。札幌這座城市在1868年正式開發，現在是北海道最大的城市。

▲ **江戶城** 伊能忠敬在這裡描畫出德川幕府的統治中心：江戶城，和它占地廣闊、固若金湯的防禦工事。幕府時代結束後，江戶城變作皇居，座落在後來更名為東京的城市。

▲ **濱名湖** 濱名湖是日本第十大湖，湖水直接匯入太平洋。伊能忠敬在他的地圖上納入大量有關湖邊聚落的註記，還有地形細節。

▲ **本州，靜岡縣** 本州南部海岸線的特徵是沙丘和一座大湖。

「印第安人保留地」地圖

1839年 ■ 紙 ■ 1.26公尺Ｘ1.61公尺 ■ 美國，華盛頓特區，國家檔案館

亨利・申克・坦那

比例

美國獨立戰爭（1774-83）前，歐洲的移居者大多住在臨大西洋的東岸13個殖民地。然而，美國建國後，殖民者開始覬覦西部肥沃的土地。這在很多個案中無異於「安置」（遷徙）原住民部落。所以虎德船長（Captain Hood）在1839年，率領地形工程局（Bureau of Topographical Engineers）開始收集美洲原住民分布範圍的資料，然後由繪圖員約瑟夫・戈次伯羅・布魯夫（Joseph Goldsborough Bruff）將資料重疊在已經由亨利・申克・坦納繪製出的美國東部及中部

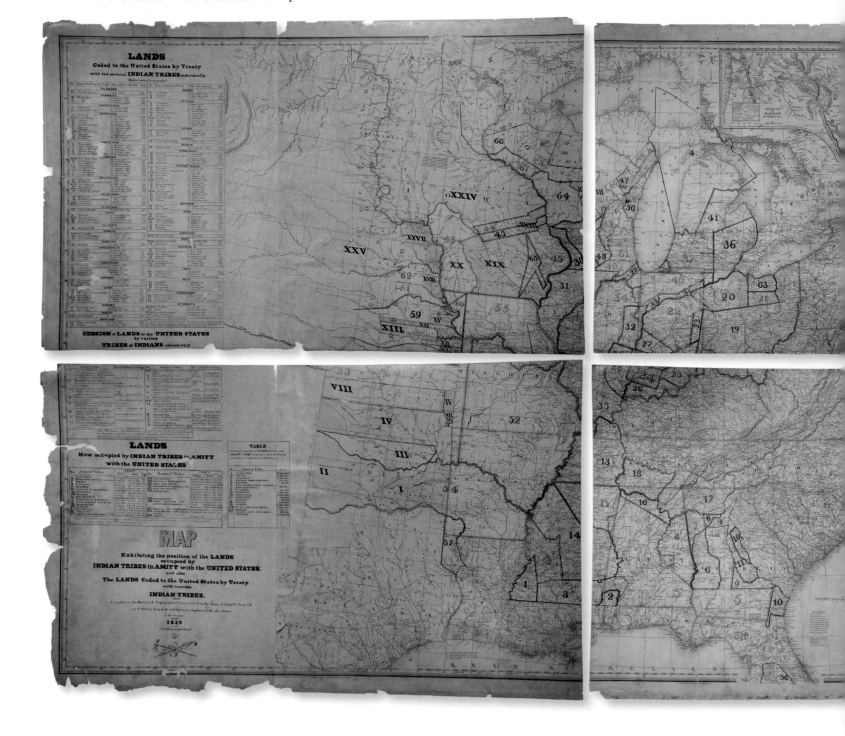

地圖上。這張地圖上著色的地區代表美洲原住民已經按條約放棄的土地，另有他們位於西邊、被稱作「印第安保留地」的新居地，以及安插在地圖周緣、載有補充資料的表格。

　　這個時期製作的「印第安保留地」地圖不只這一張，但是坦納編輯的地圖最完整、也是唯一一張比例這麼大的地圖，存留到今天的一共有三張。這一張發現於華盛頓特區國家檔案館，一般相信當年美國國會策劃各階段原住民安置工作時，參考的就是這一張。

亨利‧申克‧坦那（Henry Schenck Tanner）

1786年-1858年

亨利‧申克‧坦那出生於紐約，但是大部分的生涯都定居費城，是美國地圖製作黃金年代的傑出製圖師和地圖出版家。

坦納獻身地圖製作藝術，既是製圖師、又是出版家。最有名的作品包括《全新美洲地圖集》，出版於1823年；德州的第一張地圖，出版於1830年，當時德州甚至尚未成為一個正式的州；還有《霍亂流行病從爆發地印度進入美國的地理及統計報告》，出版於1832年，是因應1817年的全球霍亂大流行而寫的書。坦納還在1846年出版大受歡迎的世界地圖《新通用地圖集》，也製作了許多知名旅遊指南、各州地圖、掛圖和口袋地圖。

細部導覽

放大區域

▶ 原始聚居地 圖上的彩色數字對應地圖左邊表格的內容。休倫湖和密西根湖南部這個地區，最初是許多不同部族的聚居地，例如編號19的地區原先住有萬岱茲（Wyandets）、德拉瓦（Delawares）、秀尼（Shawnees）、渥太華（Ottawas）、契波瓦（Chippewas），以及其他至少七個部族。然而，安置計畫把許多部族與過去鄰近的部族給打散了。

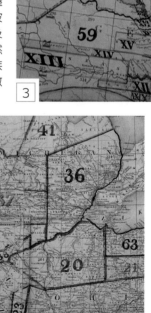

▼ 額外資訊 這張地圖左上方的兩個表格記載美洲原住民放棄的土地，下方的兩個表格則用阿拉伯數字及羅馬數字詳列他們的新領地，這兩種數字也出現在主地圖上。布魯夫在這張簡表上以英畝為單位，詳列每個部族在安置計畫中被授予的土地。

▲ 印第安人領地 美洲原住民部落被推往西邊更遠處，朝後來的奧克拉荷馬州方向遷徙。羅馬數字代表新領地、阿拉伯數字則代表舊屬地。所以，有些比較幸運的部族，如奧圖族（Otoes）、密蘇里雅族（Missourias）不需要搬得太遠（61和XVIII）。其他的，想當然耳，就沒有這麼幸運了。

約翰・斯諾的霍亂地圖

1854年 ▪ 紙 ▪ 30公分X 28.5公分 ▪ 英國，倫敦，大英圖書館

比例

約翰・斯諾

這張倫敦蘇活區地圖代表現代流行病學（一種醫學研究，探討疾病在一群人當中的發生模式、分布及控制）的誕生。這張地圖是約翰・斯諾醫生製作的。那個年代的人認為霍亂這樣的疾病是由「戾氣」（不良空氣）造成的；斯諾不接受這種說法，但是又提不出替代理論。1854年，斯諾在蘇活區調查一場在短短10天內造成500多人死亡的霍亂疫情時，把死亡人數畫在一張該區街道圖上。結果驚人地顯示出死者分布地點集中在博德街（Broad Street）一臺公

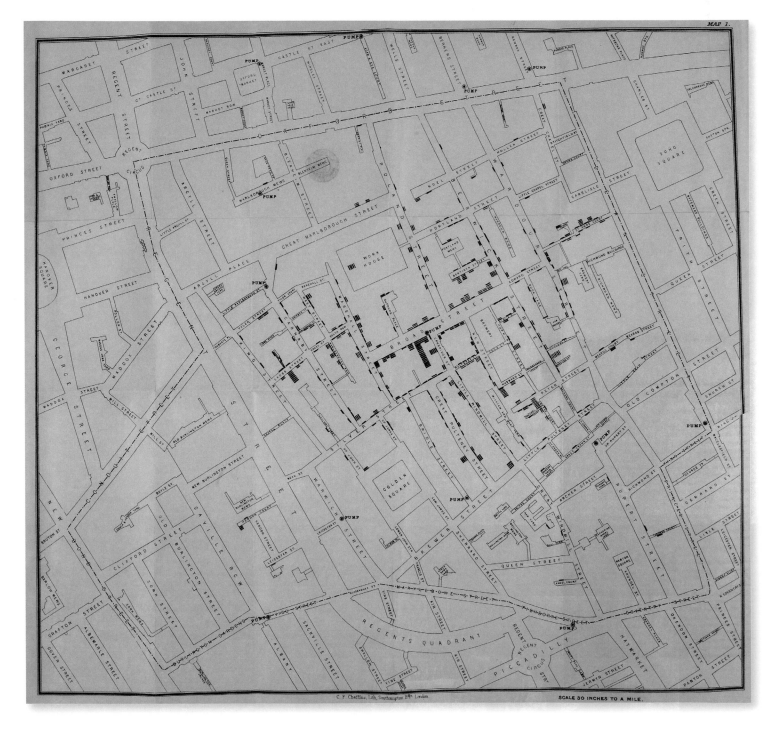

共抽水幫浦附近，附近居民用這臺幫浦汲取飲用水。斯諾判斷幫浦的水應是受到附近污水坑的排泄物污染。他用這張圖說服當局關閉幫浦，新的霍亂病例馬上驟減（他這套霍亂由排泄物傳染的理論令地方當局不知如何自處，後來又恢復博德街幫浦的運作）。

　　這張地圖改變了我們視覺化複雜資料的方法，讓斯諾得以解釋疾病的傳播。它也告訴我們如何以地圖的形式表現統計數據，進而影響公共政策。斯諾的方法還鞏固了現代流行病學和預防保健的基礎。

約翰・斯諾（John Snow）

1813年-1858年

約翰・斯諾被公認為現代流行病學奠基人。他是一名英國醫師，出身微寒，後來卻出類拔萃。

斯諾出生於英格蘭北部的約克市，在倫敦習醫，後來成為手術麻醉的先驅，包括在維多利亞女王分娩時為她施用氯仿，在當時這麼做的人還很少。他在1850年成立「倫敦流行病學學會」，為接下來在倫敦爆發霍亂時的工作埋下伏筆。雖然因為與當時盛行的理論背道而馳，斯諾的地圖一開始帶來的影響沒有持續多久，但是經過長時間考驗，他還是改變了現代醫學的面貌。在此之後斯諾持續為保健改革而奮鬥，直到他在1858年中風猝逝為止。

細部導覽

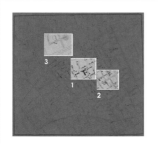

放大區域

▶ **博德街**　斯諾將每個霍亂病例用黑色條塊標示在蘇活街道圖上，很快就發現疾病的來源與傳播途徑：博德街的抽水幫浦顯然就是傳染的禍源。

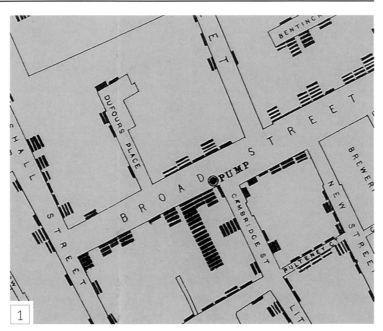

1

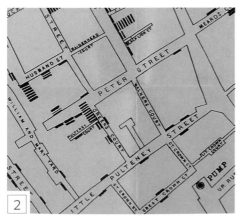

2

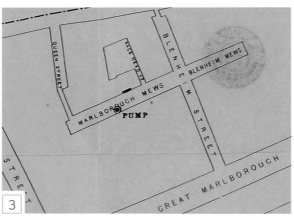

3

▲ **彼得街**　博德街東南方是彼得街（Peter Street），這個地方也出現了大量感染案例，但分布情形相對均等。斯諾推斷這是它與博德街幫浦距離較遠的緣故。往南更遠處，霍亂發生率降低到幾近於零。

▲ **馬爾波羅車房**　在斯諾的紀錄中，博德街西北部、馬爾波羅車房（Marlborough Mews）這一帶是較高級的地段，雖然靠近另一個公共抽水幫浦，卻只出現一起霍亂病例。這是由於不同的幫浦有不同的水源，某些受到污染的機會比其他的大。

論 技術突破

斯諾破天荒地使用「對照組」（control groups）支持他的發現。他研究住在博德街同一地段的一群居民健康狀況，這群居民在一座當地酒廠工作，有自己的抽水井。他們沒有受到感染，表示問題出在博德街的幫浦。斯諾的方法為「細菌理論」的出現鋪路，即使疾病傳染的成因仍不清楚，卻已經確認它與空間分布相關。這層認識對往後人類對抗瘧疾、愛滋等疾病來說相當重要。

▲ **博德街**受污染的幫浦。

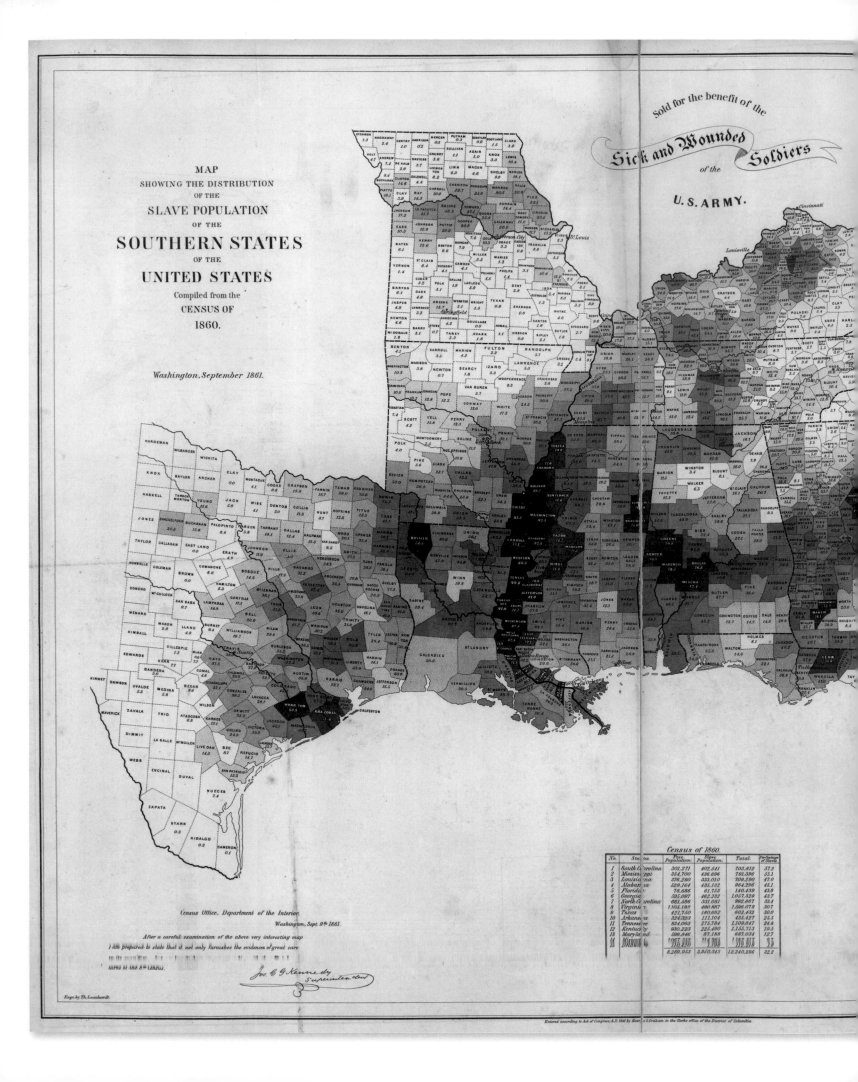

MAP
SHOWING THE DISTRIBUTION
OF THE
SLAVE POPULATION
OF THE
SOUTHERN STATES
OF THE
UNITED STATES
Compiled from the
CENSUS OF
1860.

Washington, September 1861.

Sold for the benefit of the

Sick and Wounded Soldiers

of the

U. S. ARMY.

Census Office, Department of the Interior.

Washington, Sept. 9th 1861.

After a careful examination of the above very interesting map

I am prepared to state that it not only furnishes the evidences of great care

...... of the 8th Census.

Jos. C. G. Kennedy
Superintendent

Engr. by Th. Leonhardt.

Entered according to Act of Congress, A.D. 1861 by Henry S. Graham in the Clerks office of the District of Columbia.

No.	States.	Free Population.	Slave Population.	Total.	Percentage of Slaves
1	South Carolina	301,271	402,541	703,812	57.2
2	Mississippi	354,700	436,696	791,396	55.1
3	Louisiana	376,280	333,010	709,290	47.0
4	Alabama	529,164	435,132	964,296	45.1
5	Florida	78,686	61,753	140,439	43.9
6	Georgia	595,097	462,232	1,057,329	43.7
7	North Carolina	661,586	331,081	992,667	33.4
8	Virginia	1,105,192	490,887	1,596,079	30.7
9	Texas	421,750	180,682	602,432	30.0
10	Arkansas	324,323	111,104	435,427	25.5
11	Tennessee	834,063	275,784	1,109,847	24.8
12	Kentucky	930,223	225,490	1,155,713	19.5
13	Maryland	599,846	87,188	687,034	12.7
		8,289,953	3,950,343	12,240,296	32.2

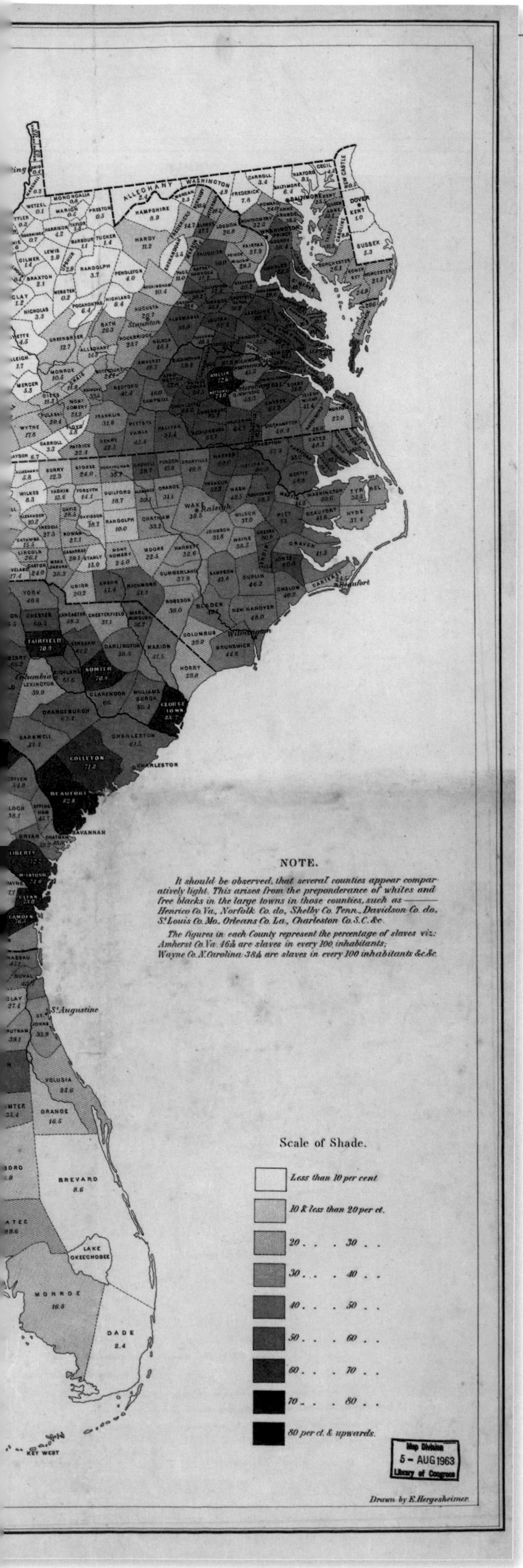

（地圖內標註文字）

NOTE.

It should be observed, that several counties appear comparatively light. This arises from the preponderance of whites and free blacks in the large towns in those counties, such as — Henrico Co. Va., Norfolk Co. do., Shelby Co. Tenn., Davidson Co. do., St. Louis Co. Mo. Orleans Co. La., Charleston Co. S.C. &c.

The figures in each County represent the percentage of slaves viz: Amherst Co. Va. 46⅔ are slaves in every 100 inhabitants; Wayne Co. N. Carolina. 38⅘ are slaves in every 100 inhabitants &c &c.

Scale of Shade.

- Less than 10 per cent
- 10 & less than 20 per ct.
- 20 . . . 30
- 30 . . . 40
- 40 . . . 50
- 50 . . . 60
- 60 . . . 70
- 70 . . . 80
- 80 per ct. & upwards.

Drawn by E. Hergesheimer.

美國南方各州奴隸 人口分布圖

1861年 ■ 平版印刷 ■ 66公分 X 84公分 ■
美國，華盛頓特區，國會圖書館

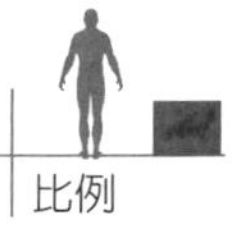

比例

愛德溫・赫爾傑什米爾

美國在1860年進行的一項全國普查估計全國人口約3100萬人，其中將近400萬人是奴隸——而美國在1790年時奴隸人數僅有70萬名。這個統計數字相當駭人，不過奴隸問題導致了這個國家的分裂：主張廢奴的亞伯拉罕・林肯在1860年贏得總統大選，但是他還沒來得及宣誓就職（Confederate States of America），七個支持蓄奴的南方州就已經宣布脫離北方各州。這些南方州在1861年成立美利堅聯盟國，然後，美國很快陷入為期四年的內戰。南北戰爭開打六個月後，支持廢奴的美國海岸測量所（US Coast Survey）的製圖師愛德溫・赫爾傑什米爾出版了這幅具有里程碑意義的地圖。

新技術與社會變遷

　　赫爾傑什米爾採用新穎的分區統計圖法（choropleth），根據某特定主題的統計資料分布，為地理區域畫上陰影或紋樣——用這個例子來說，根據的是登記為奴隸的人口百分比。這張地圖把南方各州脫離聯邦的危機解釋為恐懼廢奴造成的經濟衝擊，並把販賣地圖的收入用來照顧因對抗聯盟國而病殘的士兵。聯邦軍隊穿越各個高奴隸比例的州時，亞伯拉罕・林肯用這張地圖來追蹤他們的動態，甚至讓他的畫像畫成正在參考這張地圖的模樣。

愛德溫・赫爾傑什米爾（Edwin Hergesheimer）

1835年-1889年

赫爾傑什米爾是一位德國移民，政治立場激進，在1848年革命失敗後，被迫從祖國出亡。他就和許多對歐洲無力進行政治改革感到失望的人一樣，最後落腳在美國。

赫爾傑什米爾來到美國後，加入聯邦政府的機構：成立於1807年的美國海岸測量所，他受僱為繪圖部的製圖師，在該所主管亞歷山大・巴奇（Alexander Bache）手下工作。偕同商業雕版師亨利・葛拉罕（Henry Graham），這三個人協力製出這張被亞伯拉罕・林肯稱為「奴隸地圖」的知名文件。赫爾傑什米爾接著又製作了南北戰爭主要戰役及防禦工事的地形圖。

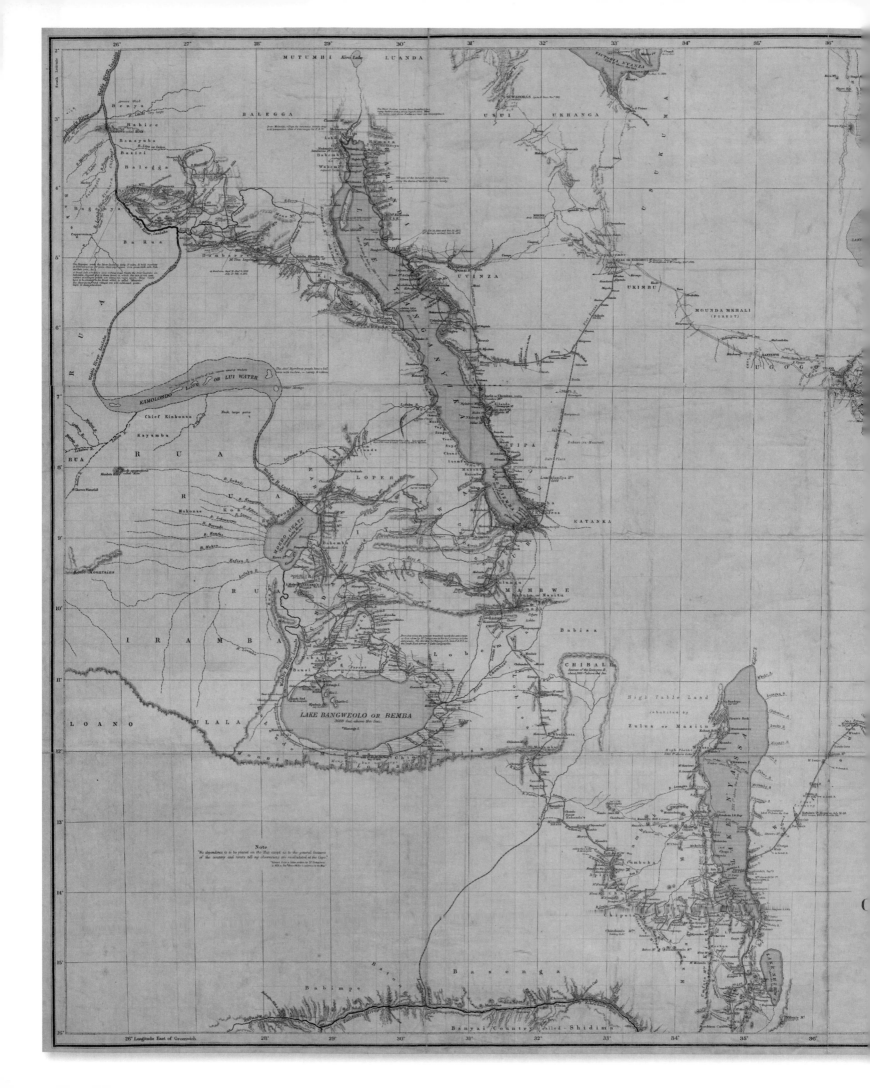

利文斯頓博士的非洲地圖

1873年 ■ 印於亞麻布上 ■ 72公分 X 79公分 ■
英國，倫敦，皇家地理學會

比例

大衛・利文斯頓

偉大的蘇格蘭探險家大衛・利文斯頓在最後一次非洲探險進入尾聲之際，畫了這張中非地圖。繪製這張地圖根據的是他從1866年到1873年5月在辛巴威因瘧疾和痢疾英年早逝為止、在非洲最後幾年內，利文斯頓測量、繪圖及觀察的成果。

　　這張地圖用紅線畫出他最後一次探險的路線，從海岸線上的占吉巴島，經過今日的坦尚尼亞、辛巴威、剛果民主共和國，企圖解答幾個世紀以來關於尼羅河源頭的爭議。利文斯頓相信這條河的源頭就在坦加尼喀湖（Lake Tanganyika），如地圖所示，他的旅程大多圍繞著這座湖而行。雖然利文斯頓是錯的——現在大部分地理學者接受尼羅河的源頭在它北邊的維多利亞湖（Lake Victoria）的說法——他的最後一場探險還是發現了大量新湖泊及河流，並讓國際正視這個地區的阿拉伯奴隸交易。他的地圖第一次揭開非洲內陸的面貌，讓它擺脫過去幾個世紀以來許多地圖打造的虛構神話和野獸傳說。

> # 我返回非洲，試圖為通商及基督信仰闢出一條開放的路。
>
> 大衛・利文斯頓

大衛・利文斯頓（David Livingstone）

1813年-1873年

大衛・利文斯頓出生於蘇格蘭的一個新教家庭，曾在紗廠擔任童工，然後才開始習醫，並加入倫敦傳道會（London Missionary Society）。

他的非洲傳教工作以幾趟劃時代的旅行揭開序幕。這些旅行讓他成為第一位目睹維多利亞瀑布、並抵達尚比西河（Zambezi River）的歐洲人。他探險的動力是相信通商及宗教能夠帶給非洲文明，並根除奴隸問題。他名副其實地從西方世界「消失」了好幾年。1871年，他的探險家同道亨利・莫頓・史坦利（Henry Morton Stanley）在坦尚尼亞找到他時，愕然吐出那句不朽的名句（但很有可能是後人編造的）：「我猜，您是利文斯頓博士吧？」

細部導覽

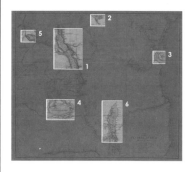

放大區域

▶ **坦加尼喀湖（和烏吉吉）**
利文斯頓的路線顯示他早在
1871年回到此地之前，就已
在1868年延著這座湖的湖岸
往來移動。這張地圖在湖東
岸的烏吉吉（Ujiji）附近記
錄著：「1871年10月28
日，史坦利先生抵達」。這
是探險史上鼎鼎有名的一次
會面（參見第199頁）。「
風景優美，」利文斯頓在他
們兩人往北方探險時寫道。

▶ **維多利亞湖** 利文斯頓
在這張地圖的頂部畫了維多
利亞湖，或可按當地的
班圖語（Bantu）稱作「尼
安札」（Nyanza）。第一
位發現這座湖的歐洲人是
約翰·漢寧·斯佩克（John
Hanning Speke），他在
1858年發現了這座湖，
宣稱它是尼羅河的源頭，
與利文斯頓的主張不同。

▲ **占吉巴島** 利文斯頓在1866年1月最後一次返回非洲。他在坦尚尼亞外
海的占吉巴島著陸，這座島是英國的保護地，還是阿拉伯奴隸交易的中
心。利文斯頓痛恨占吉巴髒亂不堪的環境，稱它為「惡臭的酒吧間」，
並在3月帶著他的36名隊員離開，前往非洲大陸。

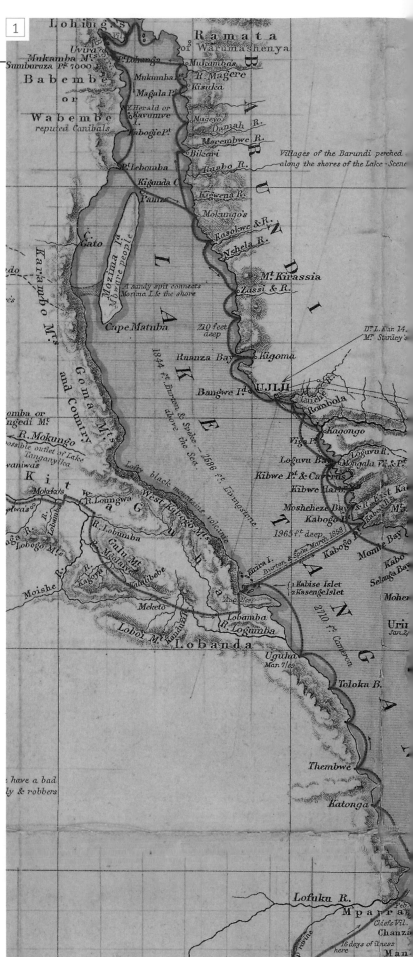

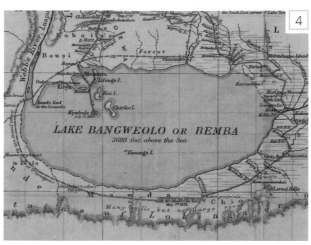

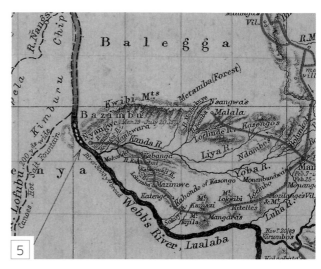

▶ **邦吾盧湖** 利文斯頓在1868年7月帶著所剩不多的補給，抱著病體跨越上剛果河盆地的氾濫沼澤，尋找尼羅河的源頭。7月18日，他成為歐洲第一位見到邦吾盧湖（Lake Bangweulu，位於今日的尚比亞境內）的歐洲人。

▲ **尼揚圭** 1871年3月，利文斯頓抵達盧亞拉巴河（Lualaba River）畔的尼揚圭（Nyangwe）。這張地圖沒有記錄到他在四個月後親眼目睹的可怖大屠殺，有400名非洲人（大部分為女性）慘遭來自占吉巴島的阿拉伯奴隸交易者殺害，企圖恫嚇當地人。利文斯敦發表的屠殺報導在國際間引起強烈義憤，而且一般認為占吉巴島奴隸交易的情形劇減要歸功於此。

談 背景故事

利文斯頓的非洲探險早於歐洲帝國強權根據殖民利益，割據非洲大陸的「瓜分非洲」（Scramble of Africa）行動。約瑟夫・康拉德的1899年小說《黑暗之心》裡提到主人公盯著一張「畫著七色虹彩」的非洲地圖，指的是法國（藍色）、德國（紫色）、英國（紅色）占領地。然而，在真實情況中，各國領地並沒有界定得那樣清楚。舉例來說，截至1900年，英國宣稱占有的1550萬平方公里的非洲領地仍然沒有接受過地圖測繪。

▲ **尼亞沙湖** 利文斯頓在先前1859年的一場探險中已經發現了尼亞沙湖（Lake Nyasa）。他在1866年返回後，繞行湖的南端，然後朝西北方向的坦加尼喀湖前進。然而，他的隊員拋棄了他，只剩下三四個還留在他身邊。

▲ **這張1886年的世界地圖**用粉紅色標出大英帝國的領地，「瓜分非洲」那時才剛開始。

傳教士地圖

19世紀晚期 ▪ 金屬塗料和鉛筆、畫於細布上 ▪ 1.27公尺 X 1.75公尺 ▪ 美國，華盛頓特區，史密斯森美國藝術博物館

製圖者不詳

比例

這張末日說傳教地圖上繪有天使及惡魔潛行於塵世的景象，設計目的是吸收信眾相信19世紀傳教士威廉・米勒（William Miller）的基督復臨觀點。米勒研讀聖經後，得出基督「復臨」（降世）的結論，甚至預測日期會是1844年10月22日。他大量製作一張教育圖表，條列他的信仰（見右圖）。這張圖表影響了後世其他相關作品，包括左頁這張地圖在內。

這張地圖畫入了整個非洲大陸，透露出19世紀晚期在非洲工作的傳教士可能利用過此圖。地圖左方的大號人像典出《但以理書》（the Book of Daniel）中尼布甲尼撒王的夢，有個精金做的

頭、胸膛和手臂是銀的、肚腹是銅的、腿是鐵的、腳是泥土的，每個部位都代表一種古文明。地圖其他部分的地景上點綴著聖經人物。然而這張地圖並不完全忠於米勒的想像；由於他預測的基督復臨落空，所以地圖上略去他提到的所有數字和計算方法。

細部導覽

放大區域

▶ **紅衣女子** 大號人像旁邊是一幅由怪獸及紅衣女子組成的末世景象。在這裡，惡龍代表撒旦，紅衣女子應該是巴比倫的娼妓，代表塵世的享樂與罪惡。

▼ **人類的毀滅** 這個人像的設計靈感來自尼布甲尼撒王的夢，他被分成幾個歷經盛衰起落的古文明，從巴比倫到羅馬，而且一代不如一代。這個演替過程最後以一塊擲出的石頭終結，這塊石頭最終將毀滅所有的人類，而地球將變成上帝的王國。

▲ **基督復臨** 橫互地圖頂部的時間軸代表世界的五個時代，從混沌初開的原始時代一直到最後的神聖時代。放射出焰火、標示有數字「2」的圓盤講的是基督復臨，為遞嬗進入神聖時代作前導。

倫敦貧窮地圖，1898-9

1898-99年 ■ 印刷 ■ 1.6公尺X2.23公尺 ■ 英國，倫敦，倫敦政治經濟學院

比例

查爾斯·布斯

英國媒體在1880年代公布倫敦有25%的人口生活在貧窮之中。慈善家查爾斯·布斯對此感到相當震驚，自力發起市區內的居住及工作狀況的調查，雇用研究團隊訪談當地民眾。布斯找出的真實數據是35%，並使用他的資料製作出一張首都的「貧窮地圖」。出版於1889年的《倫敦貧窮地圖》（*Descriptive Map of London Poverty*）首次揭開複雜的19世紀倫敦社會地理樣貌。不過，這張地圖只畫出東區，所以布斯在1891年將範圍擴大，西起肯辛頓、東至波普拉（Poplar）、北到肯蒂什鎮（Kentish Town）、南至斯托克維爾（Stockwell）。到了1898年，布斯感到有修訂地圖的必要，他採用新資料進行修訂，涵蓋更大的面積。這張在1898-9年時由12張圖組成的地圖，現在已經用數位技術接合在一起。

布斯的貧窮分級

■ **黑色** 最低的等級，境況惡劣，半犯罪地區。

■ **深藍** 非常貧窮、工作不穩定。長期匱乏。

■ **淺藍** 貧窮。普通家庭每週收入為18-21先令。

■ **紫色** 收入級別不一。某些小康、其他貧窮。

■ **粉紅** 生活寬裕。良好的普通收入。

■ **紅色** 中產階級。富人。

■ **黃色** 中上階級和上層階級。富裕。

多種顏色——例如深藍色或黑色、或粉紅及紅色——意指各顏色所代表的階級在這條街上都占有不小的比例。

查爾斯·布斯（**Charles Booth**）

1840年-1916年

查爾斯·布斯是一名商人和慈善家，他為人所知的事蹟是為倫敦勞動階級的生活作記錄，以及引領風氣之先製作社會地圖。

查爾斯·布斯出生於利物浦。他曾經在政治圈中角逐，但是沒有成功，後來將心力轉移到製作倫敦勞動階級貧窮地圖。他出版了一份影響至鉅的研究：《人民的生活與勞動》（*Life and Labour of the People*, 1899），引介「貧窮線」這個概念，並支持引進由政府成立的退休計畫。

細部導覽

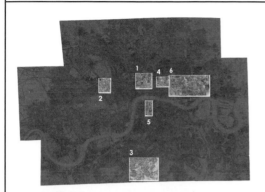

放大區域

▶ **龍蛇雜處的荷爾邦** 布斯的地圖揭露了種種驚人事實,其中一種是指出富人與窮人在倫敦的地理分布並不遠。例如中區的荷爾邦(Holborn)及克拉肯威爾(Clerkenwell)等地方有「富人」、「生活寬裕者」住的街道,如「哈頓花園」(Hatton Garden),位置緊鄰「境況惡劣,半犯罪地區」,如「布魯克街」(Brooke Street)。

◀ **多金的馬里波恩** 有些地區的居民幾乎全都是富裕人家。馬里波恩(Marylebone)是時尚貴族的聚居地,就在西敏市西方,裡面只有寥寥幾小塊藍色的貧窮地帶。

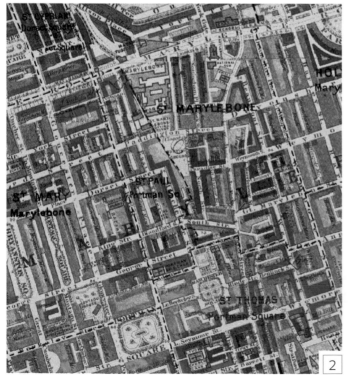

▲ **繁榮的布立克斯頓** 這張地圖還對都會歷史變遷提出了引人深思的洞見。位於倫敦南區的布立克斯頓(Brixton),今日是一塊人口密集的城中區,但是在布斯的地圖上,它還只是一處繁榮的郊區。

▼ **倫敦心臟地帶的貧與富** 布斯的社會地圖提供一個切入點，洞察倫敦複雜的歷史地貌。位於市中心東邊的芬斯伯里廣場（Finsbury Square）是個被貧窮區塊圍繞的「富人」住宅區。由於低工資的製造工廠麇集於倫敦此區，這個地段有多處都圖示為「貧窮」（淺藍色）。一張21世紀的類似地圖會呈現一幅截然不同的城市樣貌。

▶ **通衢大道和次要街道** 布斯的都市貧富地貌提出一種了解社會發展的新方法。在這張格放圖上，鐵道將沙瑟克（Southwark）一帶沿著黑衣修士路（Blackfriars Road）分布、「生活優渥」的資產階級地段，與東邊的「半犯罪地區」波卡克街（Pocock Street）分隔開來。

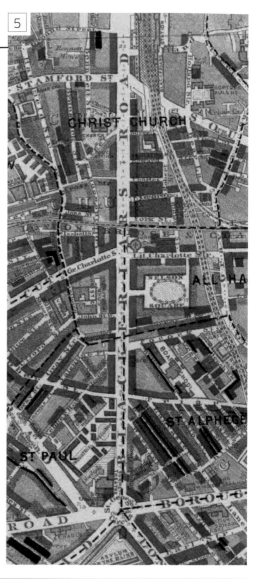

▲ **東區的貧窮狀況** 長久以來，倫敦東區的白教堂（Whitechapel）一直被視為貧窮、犯罪與疾病的溫床。雖然布斯的地圖上顯示如斯特普尼（Stepney）等地夾雜了黑色及深藍色的區塊，各區間的街道風情各異。商業路（Comercial Road）該區呈現一整片紅色，屬於中產階級區。這告訴我們貧富間的分隔並不像布斯的同代人所想的那樣壁壘分明。

論 技術突破

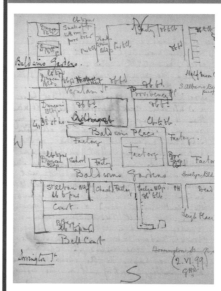

▲ **筆記上的這頁** 詳載位於倫敦中區荷爾邦區一帶的巴德溫花園（Baldwin Garden）附近的資料，包括幾座工廠在內。

布斯的調查方法費事而複雜。他對倫敦主要的勞動階級提出三方面的問題：他們的工作地點和工作地的狀況、他們的住家和都市環境、他們信仰的宗教。布斯雇用幾十名助手訪問家庭、工人、工廠廠主、貿易工會會員、神職人員和他們的信眾，並在他們的家中或工作地點進行訪談。布斯的助手挨家挨戶進行調查，通常會伴隨執行勤務中的倫敦學校董事會（London School Board）工作人員或當地警察，以便盡可能擴大接觸到的民眾數目。調查員獲取了滿滿的幾百本筆記本的資料，用來纂輯對布斯貧窮地圖來說最關鍵的統計數據。

馬紹爾群島木枝圖

發現於1899年 ■ 椰子葉 ■ 78公分X 35公分 ■ 德國，柏林，民族學博物館（Museum für Völkerkunde）

製圖者不詳

比例

馬紹爾群島位於菲律賓東南方的密克羅尼西亞，當地航海員為了在浩瀚的太平洋上移動的導航需求，發展出一套有高度原創性的航海製圖法。他們的「木枝圖」依據的是馬紹爾群島的海潮及特殊自然現象。該群島由32個珊瑚礁島組成，島嶼激起的連漪可向外擴散約30公里遠。技術純熟的導航員有辦法偵測海潮的變化，得知他們與某些特定群島之間的距離。

　　這張被稱作「rebbelib」的木枝圖顯示拉利克群島（Ralik chain of Islands）與流經群島的主要海潮交會點。彎曲的木枝代表海潮；人字型木枝表示某些海島附近的海潮折射；水平的木枝用來測量島與島間的距離。這張地圖主要用於教學——航海員出海前會參考它，但從來沒有實際用在海上；而且當來往於馬紹爾群島間的獨木舟交通在1950年代衰退後，這種地圖就從歷史上消失了。

談 背景故事

密克羅尼西亞的航海員在出航前會參考相關的木枝圖，因此在坐進獨木舟前就可以評估風向、季節和星辰，掌握海潮和它們的交會點——這些因子會怎麼影響獨木舟的起伏和搖擺——並根據這些資料導航。最早發現木枝圖的是19世紀晚期的德國殖民者，當然這種航海圖的使用歷史，無疑要回溯到更久遠之前。

▲ **這幅現代製作的木枝圖模型**顯示出海潮，上面的貝殼代表島嶼。

細部導覽

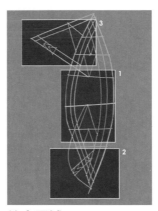

放大區域

▶ **艾林拉巴拉巴** 外緣這三根彎曲的木枝代表「rilib」（東方）和「kaelib」（西方）的海潮。「bōt」（中點）標示出交會的海潮向島嶼外擴散開，這張格放圖上顯示的是艾林拉巴拉巴（Ailinglap-lap）珊瑚礁島。

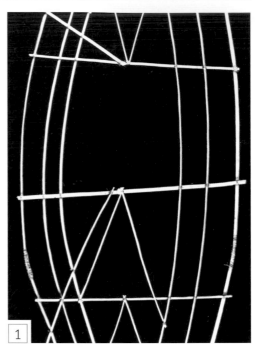

1

2

◀ **伊本** 地圖下方的幾道海潮受到島嶼干擾。這張格放圖的左邊是納莫里克（Namorik）、下方是位於整個馬紹爾群島最南方的島嶼伊本（Ebon）。

▶ **從沃托到攸結木枝圖** 淚滴狀的部分含括了整個馬紹爾群島，只有兩座島嶼無法納入。所以這幅木枝圖向西伸出、經過兩道海潮延伸到沃托島（Wotho，稍微偏上方的人字型頂點）和攸結島（Ujae，最左邊的頂點）。

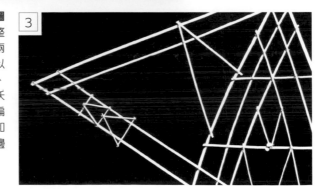

3

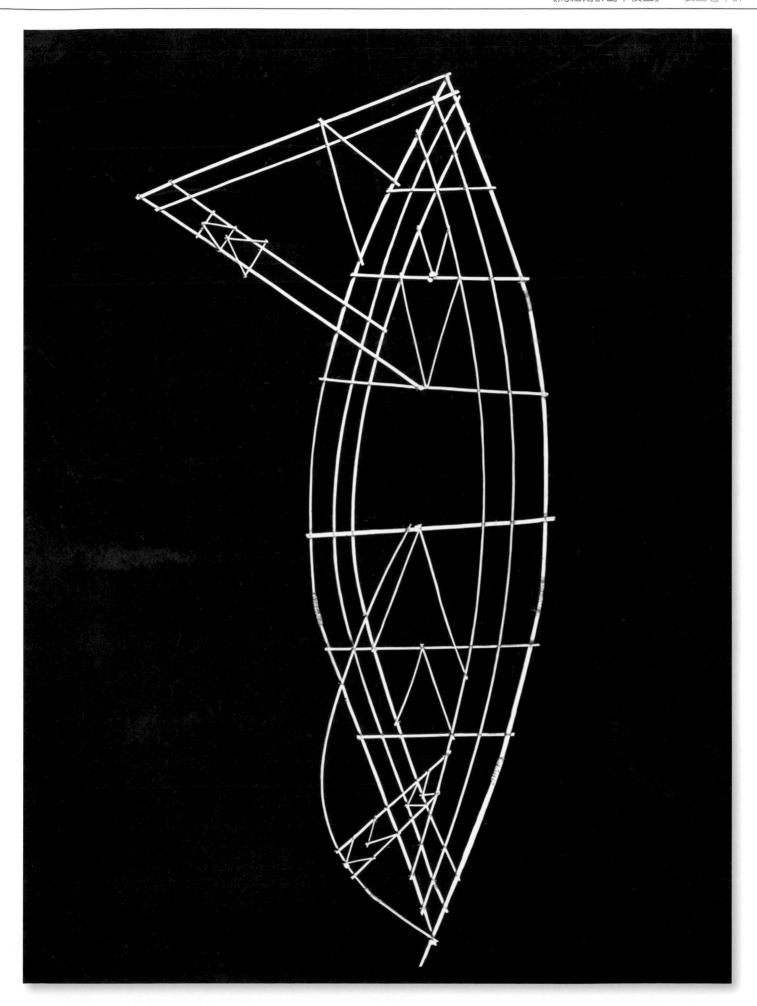

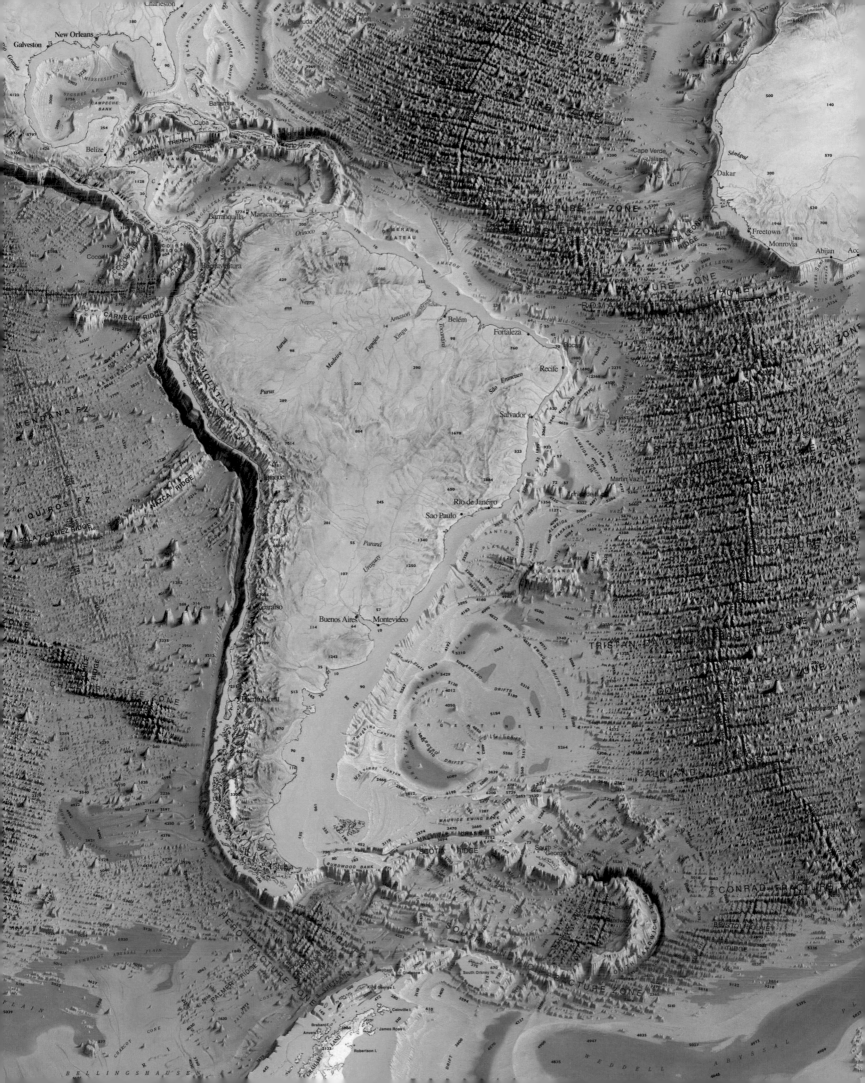

現代製圖

- 《國際百萬分之一世界輿圖》

- 《倫敦地下鐵圖》

- 《戴馬克松地圖》

- 《登月地圖》

- 《等面積地圖》

- 《世界海床圖》

- 《世界地圖》

- 《統計地圖》

- 《新烏托邦》

- Google地球

公元1900年至今

國際百萬分一之世界輿圖

1909年　■　印刷　■　56公分 X 1.01公尺　■　美國，麻薩諸塞州，波士頓，波士頓公共圖書館

阿布雷希特・彭克

比例

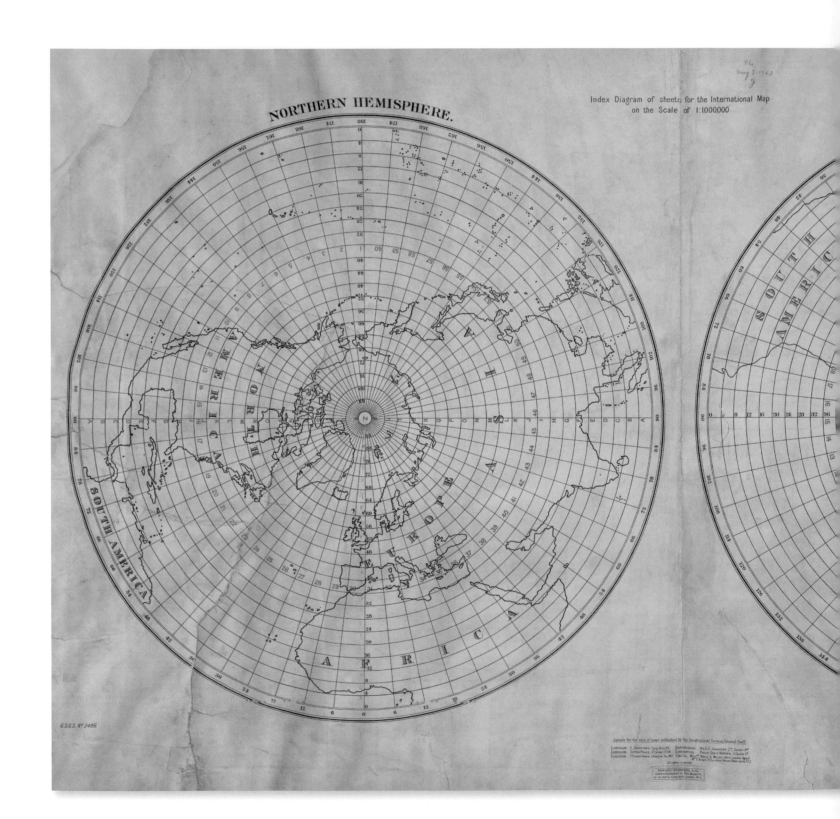

阿布雷希特・彭克在1891年建議製作一張新的標準世界地圖。他認為世界地圖這個領域還沒有統一製圖比例、投影法及符號，然而國際間事實上已具備充足的資訊，可以聯手合作一張規格統一的世界地圖。彭克建議使用1:1000000（每1公分代表10公里）的比例，並稱這張地圖為《國際百萬分之一世界輿圖》（*International Map of the World*，IMW），不過它也因地圖的比例而以另一個名字：《百萬分之一

世界輿圖》（Millionth Map of the World）通行。這個工程浩大的計畫包括要製作2500張涵蓋整個地球表面的地圖。每張地圖跨越緯度4度、經度6度，全部使用同樣的投影法（改良圓錐投影法〔modified conic〕）和相同的地名標示法、符號甚至顏色。

繪製世界地圖

　　彭克希望歐洲的地理學會及政府能支付這項計畫的大部分費用，不足的則由販賣地圖的收入補齊，每張地圖的定價為16分錢。他透過國際地理大會（International Geographical Congresses）推動他的計畫，不過支持他這個理想的全球合作精神，很快就因為國際及帝國角力而蒙上陰影——也許沒什麼可怪的。按原定計畫，每個國家都應該製作自己的地圖，但這對沒有資源及專家測繪國土的小國來說是個問題。彭克在1909年製作了這張打頭陣的地圖以訂定這項計畫的規模——從圖面上的編號看來，相當龐大。四年後，只完成了六張歐洲地圖，而且沒有多久，美國政府就決定要製作自己的1:1000000地圖。

　　然而，彭克的計畫還是捱過了兩次世界大戰，承受許多挫折，像是檔案被炸毀、或是後來製作的地圖沒有遵守彭克的規範。彭克在1945年過世，甫成立的聯合國在1953年接下這項計畫。它在1989年正式宣告中止，完成的地圖還不到1000張，而且大多數都已經過時必須淘汰。這個計畫崇高遠大，卻以不怎麼光彩的方式告終；而且還證明了一點：地圖永遠沒有真正完成的時候。

阿布雷希特・彭克（Albrecht Penck）

1858年-1945年

阿布雷希特・彭克是一位傑出的地理學家與地質學者，他的著作含括地形學、氣候學、和區域生態學、還有政治地理學等領域。

彭克參與了19世紀晚期德國地球科學研究的黃金時代。他出生於萊比錫，曾任維也納大學（1885-1906）及柏林大學（1906-26）教授。他以冰河時期地層學的地質研究蜚聲於世，主要研究巴伐利亞的阿爾卑斯山區冰河形成。德國在第一次世界大戰中戰敗時，彭克對《國際百萬分一之世界輿圖》那份充滿理想主義的信心也隨之衰退。相反的，他開始發展出較排外的德國民族主義信仰，並擁抱德國地理學家弗列德里希・拉采爾（Friedrich Ratzel）的「生存空間」（Lebensraum）說。

細部導覽

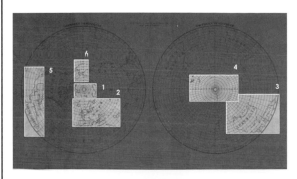

放大區域

▶ **北極** 彭克很聰明地選用兩張以兩極為中心的半球投影圖，迴避以其他任何地點置於地圖中心可能產生的糾紛（當時國際間才剛同意讓本初子午線通過大英帝國選定的格林威治）。

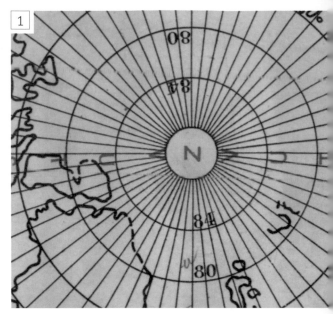

▼ **歐洲** 令人震撼的是，這張地圖上的歐洲沒有畫出任何政治邊界。彭克似乎想強調製圖可以、而且應該、超然於國家界線之上。

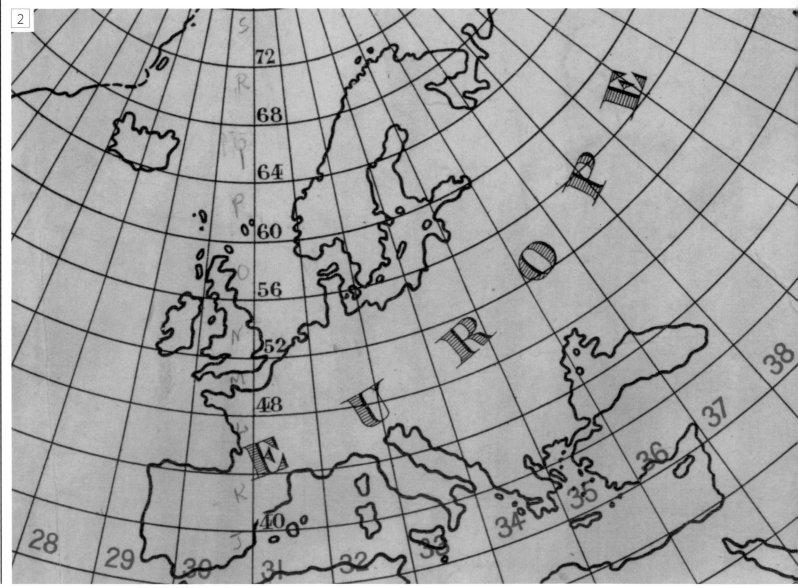

▼ **澳洲和印尼列島** 這張地圖的座向依舊讓某些地塊顯得相當邊緣化，包括出現在南半球邊陲的澳洲及印尼，這些地方與其他大陸幾乎沒有聯繫。

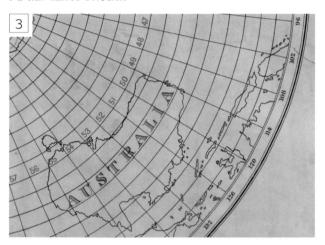

▼ **南極** 以南極為投影中心的南半球格外引人注目。陸塊（非洲、南美洲、澳洲）之間看不出任何具體有形的聯繫，凸顯出地圖從來不以這個區域為中心的原因——它不具地理政治勢力。

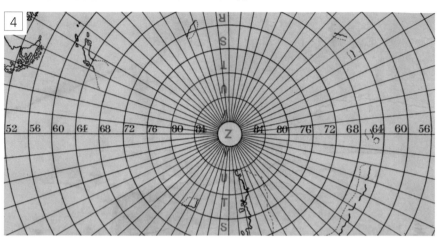

◀ **南美洲及墨西哥灣** 像南美洲這樣的地區非常熱衷於製作1:1000000地圖。製圖者對歐洲爭奪帝國主權不感興趣，他們感興趣的只是在地圖上呈現自己。因此，南美洲在彭克的地圖上畫得相當好，和北美洲形成鮮明對比。

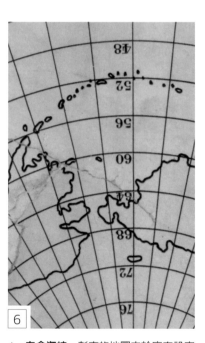

談 背景故事

雖然《國際百萬分一之世界輿圖》建築在國際合作的精神上，它很快地就挪用到其他立意沒有那麼崇高的活動上。英國地形測量局和皇家地理學會建議接手《國際百萬分一之世界輿圖》計畫。這個建議得到英國情報組織MO4的補貼。MO4負有為戰爭收集軍事地圖的責任。英國地形測量局和皇家地理學會在這場衝突中生產了一系列的1:1000000歐洲、中東、北非地圖，協助同盟國戰事。到了1939年，《國際百萬分一之世界輿圖》的比例被認定不適用於軍事行動，因此同盟國停止對這項計畫的補貼。這是《國際百萬分一之世界輿圖》最終失敗的又一個原因。

▲ **白令海峽** 彭克的地圖由於座向設定的關係，顯出美俄之間只隔著一條狹窄的白令海峽，實際上十分接近。20世紀的這兩大超級強權可能在啟動籠罩了20世紀下半葉的冷戰地理宣傳之前，參閱過彭克的地圖。

▲ **這張1915年的皇家地理學會地圖索引** 以1:1000000比例製作的歐洲地圖：第一次世界大戰前（紅色外框）、大戰期間製作的地圖（深粉紅色）、計畫中或進行中的地圖（淺粉紅色）。

倫敦地下鐵圖

1933年 ■ 紙 ■ 15.4公分X 22.7公分 ■ 英國，倫敦，倫敦運輸博物館

哈利‧貝克

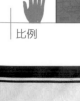

比例

世界上肯定找不出比哈利‧貝克的倫敦地下鐵路網圖（London Underground Map）更具代表性的交通地圖。自從它1933年問世以來，不曉得有幾百萬造訪倫敦時被地下鐵路網弄得一頭霧水的遊客使用過這張地圖。它不但是一張了不起的地圖，還是一份典型的現代設計之作——不過，它的創作過程證明，許多不同凡響的發明在挑戰根深蒂固的觀念時，必然要面對不少問題。

倫敦地下鐵在1863年開通時的路網相當簡單，然而，經歷20世紀初期的擴張後，整套路網膨脹到超過200座地下及地上車站、將近400公里長的軌道。許多家倫敦私營鐵路公司針對這套路網發行了令人眼花撩亂的各色地圖互相競爭，讓倫敦的通勤旅客和遊客困惑不已。貝克設計的地圖因應而生。

距離不是重點

貝克是一位地下鐵電路號誌製圖員，他知道鐵路乘客只想了解如何用最短的時間從一個地點前往下一個地點，空間距離並不重要。乘客需要的是設計簡單的地圖，可以判別路網方向，不必理會車站和地上物的關係。貝克解決這個問題的方法是設計一張不試圖表達實際距離的地圖。它看起來比較像一張電路板，而不是城市鐵道圖，有效地打造了運輸路網的概念。這張地圖捨棄曲線不用，圖上僅有垂直線、水平線及對角線。這些線條連接各個車站、但不管實際地貌為何。他不僅採用現代字型設計，還給每條路線指定一種一目了然的顏色，並用菱形代表轉運站。他縮短外圍郊區路線的長度，並拉長擁擠的市中心站與站之間的距離，再一次無視實際距離。

一開始，貝克的設計因為地圖與地貌間的連結過於革命性且前衛，而沒有被接受。最後它終於在1933年獲得採用，不過貝克的創新突破在他有生之年都沒有得到應有的認可，他的天才到了晚近幾年才得到認同。這張地圖的成功與歷久不衰證明了：地圖可以犧牲現實但依舊偉大。

哈利‧貝克（**Harry Beck**）

1902年-1974年

亨利‧「哈利」‧查爾斯‧貝克出生於倫敦東區，1920年代在倫敦地下鐵信號局擔任臨時工程製圖員，1931年遭解雇。

他利用餘暇，開始依據地鐵現況製作一張新的路網圖。這張地圖雖然沒有得到倫敦運輸局的委託，卻在1933年被接納採用。貝克終其一生都在不斷修改這張地圖，在1959年完成他的最後一個版本。遺憾的是，倫敦運輸局把他後來的版本當成別人的設計，令貝克相當失望。他還在1930年代提出一張巴黎地鐵圖的改善方案，但從未獲得採用。他另外又製作了一張倫敦周邊鐵路系統圖。

它直接影到響許多人。這張地下鐵圖是史上最偉大的平面設計之一，可以在短時間內看懂，而且在世界各地複製。

肯・加蘭德（**Ken Garland**），英國平面設計師

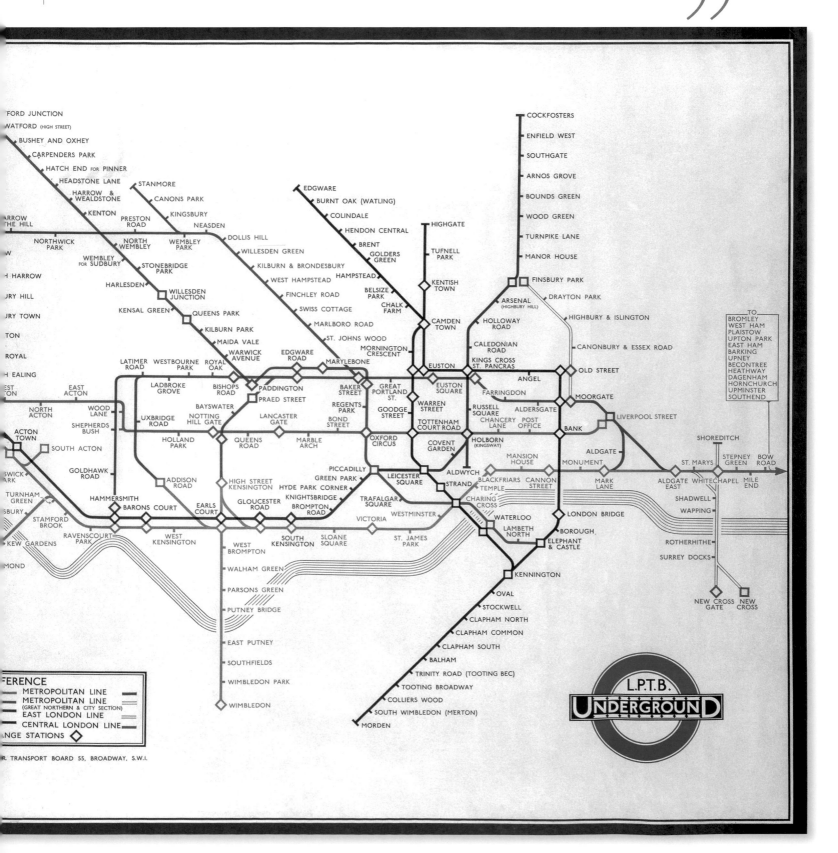

細部導覽

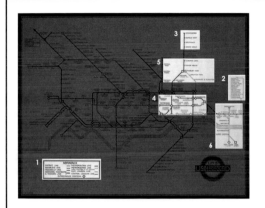

放大區域

1

▲ **圖例表** 這張地圖的圖例作用類似舊式地圖上卷軸型圖名裝飾框，能讓使用者快速判別方向。這個圖例採用愛德華·詹斯頓（Edward Johnston）字如其名的著名「無襯線字體」（sans serif），為它帶來一股現代風。這種字體也用在地下鐵的招牌標誌上。圖例上有些今天已經不存在的地鐵線，說明了地圖的年代，例如「厄治瓦、海蓋特和墨登線」（Edgware, Highgate and Morden Line），現在已改作北線（Northern Line）。

2

▲ **倫敦及外圍** 倫敦地下鐵不斷在發展，並與幅員廣大的地上鐵道系統相連──貝克畫出了其中大部分。貝克為了表明路網的成長，在地圖東端的「弓路」站（Bow Road）正上方標示出鐵路的地上車站。這條鐵路經過布倫來（Bromley）和達根罕（Dagenham）通往東北方，最後會到距離倫敦將近一小時車程艾瑟克斯海岸邊的終點站紹森（Southend）。

3

◄ **考克福斯特及皮卡迪利線** 政府在1930年代投下重資以400萬英鎊（660萬美金）向北延長過度擁擠的皮卡迪利線（Piccadilly Line），從芬斯伯利公園（Finsbury Park）延伸到目前的終點站考克福斯特斯（Cockfosters）。這項延伸工程分成幾期完成，貫穿貝克製作新地圖的期間。最後一段在1933年7月完工，正值以貝克的設計為藍本的折疊地圖發行的當兒。具有前瞻眼光的貝克把新的延伸路段納入地圖中，彷彿這段路線一直都在那裡。

◄ **芬斯伯利公園**　貝克的地圖面臨了許多路線轉換及車站連通的狀況，最棘手的要數倫敦北方的芬斯伯利公園站。這座車站最初屬於私營的大北方與城市線（Great Northern and City Line），到了1930年代初，皮卡迪利線的延伸計畫也將它納入工程的一部分。貝克用兩個方塊標示這座車站連結的兩條路線，解決了這個問題。

◄ **繪製倫敦金融區（Square Mile）**　貝克面對的一項重大挑戰是重現倫敦市中心密布的轉運站，像是英格蘭銀行（the Bank）這類地方。他的解決辦法是把這些地方畫成放在凸面鏡下看到的樣子，放大中心區車站間的空間，縮短外圍的路線。他還與剛成立於1933年的倫敦乘客運輸委員會（London Passenger Transport Board）合作，用一套清楚的色碼簡化原屬私營的多條火車路線，以菱形轉運站代表換線轉乘點。現在的地圖上已經沒有菱形，但是貝克的顏色編碼仍在。

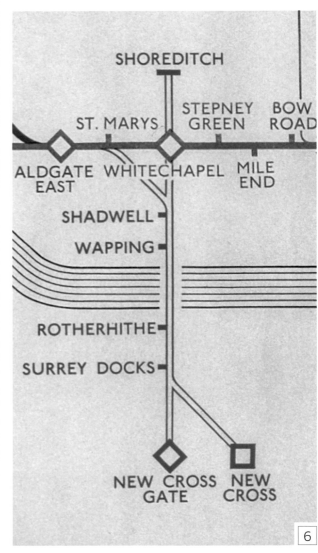

▲ **東倫敦線及泰晤士河**　貝克僅僅納入一種地面上的實物地貌——用藍色細線代表的泰晤士河。這讓乘客能夠對照把倫敦南北切分開的主要軸線，迅速辨識自己的所在位置。這條河在東邊切過路網中最短的路線：地面上的東倫敦鐵道（East London Railway，現在是倫敦地上鐵路網的一部分），從新十字（New Cross）直抵秀爾迪契（Shoreditch），這兩個地方在當時還只是倫敦的外緣，現在已經成為倫敦市內兩個成長最快的地區。

論 技術突破

貝克受過繪製電路圖的訓練，他把這種技巧運用在重繪地下鐵的工作上，或者用他的話來說：「把一碗亂糟糟的米粉整理成圖表」。他的早期設計把火車路網畫得像電路板，兩者的重點都在從一點連接到另一點，中間實際經過的距離並不重要。後來的版本捨棄了曲線，只用直線或（45度）對角線。這麼做比較方便使用，但是與地上世界的關聯不大。

► **哈利・貝克初期的草圖**，顯示他那張具有代表性的倫敦地下鐵圖受到他的電路圖工作影響。

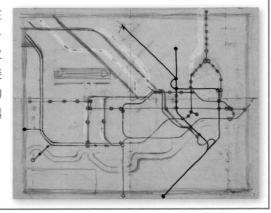

戴馬克松地圖

1943年 ■ 紙 ■ 24公分X 39公分 ■ 美國，紐約，巴克明斯特・富勒協會

巴克明斯特・富勒

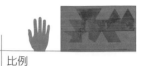

比例

第二次世界大戰在1939年爆發，製圖可以用來為政治、宗教或民族服務的功能昭然若揭。1943年，有遠見的美國發明家、設計師巴克明斯特・富勒決定正視將圓形的地球投影在平面上的問題。他設計了一張畫有全球相連空間的地圖，強調同一、而不是差異。

富勒的《戴馬克松地圖》（Dymaxion Map）以他提倡的獨特設計倫理（參見下方製圖者簡介）命名，它是一顆20面體的地球儀，可以攤開成一張平面的世界地圖，看起來像是摺紙作品。雖然形狀迥異，它的比例卻比其他有嚴重變形問題（特別是在靠近兩極處）的長方形地圖正確。富勒的辦法證明了沒有哪一種地圖投影法可以精確描繪整個地球。他把自己講求全球合作、永續發展的進步思想投射在地圖上，所以沒有在相連的大陸上畫政治邊界。富勒拒絕為地圖指定「上方」或「下方」，而繪製了一張具激進民主思想的地圖，這張地圖比較著重在探討氣溫是如何影響人類的發展。

巴克明斯特・富勒（**Buckminster Fuller**）

1895年-1983年

理查・巴克明斯特・富勒是一位發明家、作家、建築師、設計師、20世紀美國偉大的知識分子型獨行俠。

富勒被哈佛大學退學後，在第一次世界大戰期間服役於美國海軍。他致力研發可生產廉宜、輕量住宅的技術。他以自己造出的招牌詞彙「戴馬克松」（dymaxion，從「dynamic」（動力）、「maximum」（最大化）、「ion」（離子）三個字各取一部分而造出的新字）為名，推出了幾種發明，造屋技術是最早的一種。「戴馬克松」指的是富勒從1920年代晚期以來發明的一系列愈來愈有企圖心的計畫，包括一部三輪汽車、住宅和側地線穹頂（geodesic dome）——一種穩固、輕量的球狀結構，影響了一整個世代的都市計畫師。富勒與眾不同的思想發自他的真知灼見——他相信全球永續和環保意識對於他稱為「地球太空船」的脆弱地球非常重要。

D Y M A

N. C. STATE

R. BU
PUBLIS
COPYR

TEMPERATURE	LAND	-58° F	-50° C	-49° F		-40° F	-40° C	-31° F		-22° F
	WATER									

這是為重達65垓公噸的地球太空船畫的甲板圖。

巴克明斯特‧富勒

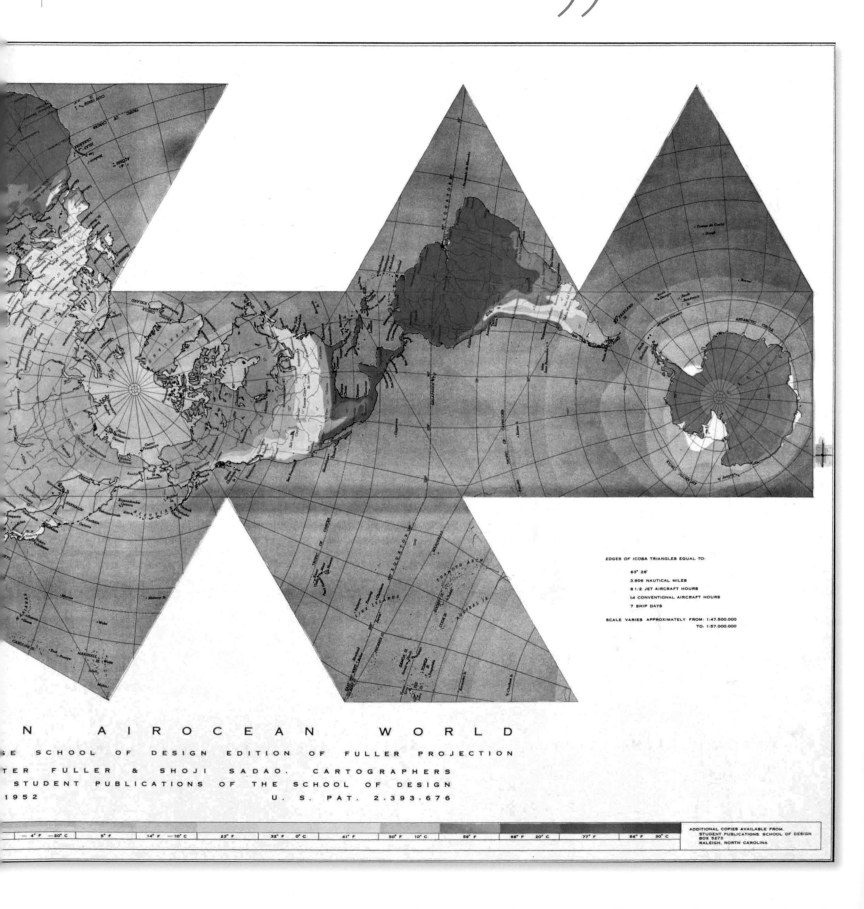

EDGES OF ICOSA TRIANGLES EQUAL TO:

63° 26'

3,806 NAUTICAL MILES

8 1/2 JET AIRCRAFT HOURS

14 CONVENTIONAL AIRCRAFT HOURS

7 SHIP DAYS

SCALE VARIES APPROXIMATELY FROM: 1:47,500,000
TO: 1:57,000,000

N AIROCEAN WORLD

SE SCHOOL OF DESIGN EDITION OF FULLER PROJECTION

TER FULLER & SHOJI SADAO, CARTOGRAPHERS

STUDENT PUBLICATIONS OF THE SCHOOL OF DESIGN

1952   U. S. PAT. 2,393,676

— 4° F —20° C | 5° F | 14° F —10° C | 23° F | 32° F 0° C | 41° F | 50° F 10° C | 59° F | 68° F 20° C | 77° F | 86° F 30° C

ADDITIONAL COPIES AVAILABLE FROM:
STUDENT PUBLICATIONS, SCHOOL OF DESIGN
BOX 5273
RALEIGH, NORTH CAROLINA

細部導覽

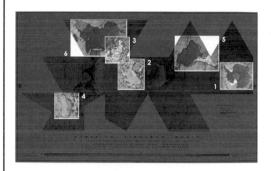

放大區域

▶ **孤冷南極** 大多數的世界地圖都把南極推到邊陲地帶，或者，以麥卡托的例子來說，任它變形（參見第110-13頁）。就算是極投影（polar projection）也無一例外地以北極為中心。富勒的繪製辦法雖然把南極放在相對孤立的地方，卻難能可貴地呈現了這塊大陸的形狀與大小。現下熱門的環境議題圍繞著全球暖化，這幅地圖的預言能力令人感到毛骨悚然。

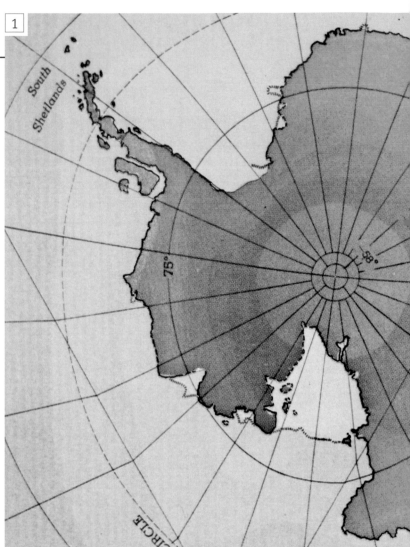

▲ **兩極之間** 富勒堅持一項信念：「上」、「下」、「北」、「南」都是文化打造出來的概念，因此，他的地圖沒有任何「正確的圖頂」。北極雖然大致上位於地圖中央，除了顯示出一個呈螺旋狀連結各大陸的空間之外，並沒有更多的重要性。

▶ **邊緣化的歐洲** 富勒將歐洲從中心挪開。它的政治地理不再顯得重要，許多地名出現在地圖上時甚至上下顛倒。相對的，富勒再次引入古老的氣候區概念，把歐洲置於溫帶氣候區。如果亞里斯多德、托勒密甚至伊德里西看到這張地圖，應該都會認得這個希臘「氣候區」（參見第43頁）的修訂本。

▼ **南方大陸？** 富勒的地圖排斥「上」、「下」這類方向性的語彙，改寫了許多地理語言創造的假設，包括把澳洲說成是「南方大陸」。甚至連柏拉圖解釋一個地方在地球直徑的另一端，指涉到「上」、「下」的「反向點」（antipode）這個字也被放棄不用。澳洲在富勒的地圖上只是另一塊大陸，不受長久以來對它在世界上的位置所預設的成見束縛。

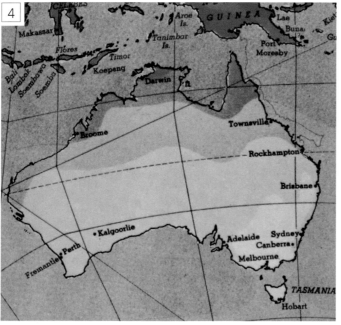

談 背景故事

有史以來大多的世界地圖都將球形的地球投影在如長方形或橢圓形這類簡單的形狀上，因而造成某種程度的扭曲。富勒的方法截然不同。他採用以20個三角形組成的20面體，因為這是最接近球體的形狀，當地球表面投影在上面時，受到的扭曲程度比較小。陸地的形狀及大小就能保留下來，但代價是當地球20面體攤平成一張不連續的地圖時，得到的地圖形狀並不規則。

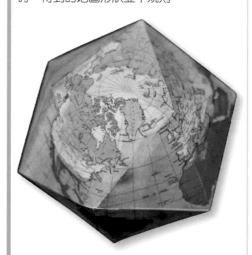

▲ **摺成一個立體**20面體的富勒地圖。

◀ **南美洲** 南美洲從15世紀晚期以來就是帝國及殖民者製圖的熱門主題，在這裡南美洲以左右橫放的方向被畫成連接北美洲、亞洲、然後是非洲的長形帶狀的其中一端，不同於一般常見的南北座向。南美洲與其他大陸的距離受到大幅扭曲（尤其是與非洲），但是富勒保留了它的形狀和比例。

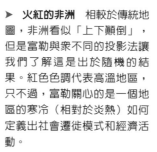

▶ **火紅的非洲** 相較於傳統地圖，非洲看似「上下顛倒」，但是富勒與眾不同的投影法讓我們了解這是出於隨機的結果。紅色色調代表高溫地區，只不過，富勒關心的是一個地區的寒冷（相對於炎熱）如何定義出社會遷徙模式和經濟活動。

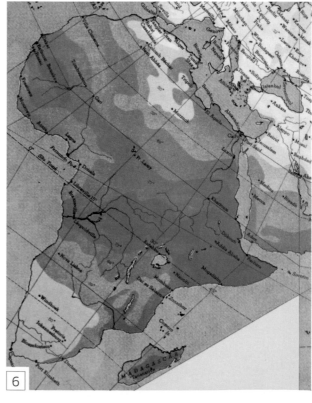

登月地圖

1969年 ■ 印刷 ■ 87公分X 89公分 ■ 美國，馬里蘭州，綠帶（Greenbelt），
戈達太空飛行中心（Goddard Space Flight Center）

美國太空總署

比例

LUNAR DATA

Distance from earth		
mean (miles)		238,900
(kilometers)		384,400
Diameters		
miles		2,160
kilometers		3,476
Temperatures		
sun at zenith	101°C to 130°C	
night	−153°C	
Velocity of escape		
miles per second		1.5
kilometers per second		2.4

GRAPHIC DATA

Position was established primarily from
the measures of J. Franz and S.A. Saunder
as compiled by D.W.G. Arthur and E.A.
Whitaker in the Orthographic Atlas of the
Moon, edited by Dr. Gerard P. Kuiper,
1960.

THE PHOTOGRAPHS IN THE MOSA-
ICKED IMAGE OF THE MOON WERE
SELECTED FROM PHOTOGRAPHY TAKEN
AT Mc DONALD, MT. WILSON AND PIC
DU MIDI OBSERVATORIES.

隨著無人太空之旅的來臨，比過去精確的月球地圖開始以空前未有的數量出現。它們是幾個世紀以來，月面學（selenography）累積的成就。月面學是一種研究繪製月球表面的科學，它的歷史至少可以回溯到17世紀早期——當時伽利略等科學家開始藉助望遠鏡來繪製月球表面的地圖。到了1651年，耶穌會教士、天文學者吉奧凡尼・巴蒂斯塔・里喬利（Giovanni Battista Riccioli）不只繪製月球，還以拉丁文為其上的許多特徵命名。里喬利的月球地名英譯，例如「Sea of Tranquility」（Mare Tranquillitatis，寧靜海）一直沿用至今。

美國太空總署（NASA）的阿波羅登月計畫準備工作貫串了整個1960年代，在這同時，美國太空研究機構美國太空總署還研製出「月球對地球面馬賽克圖」（Lunar Earthside Mosaic）——一張平版印刷的月球合成地圖，用來自多座天文臺的照片纂集而成。這張地圖最初在1960年以1:5000000的比例出版，用的是一種叫做正投影（orthographic）的投影法。它持續經過更新，最後在1969年完成了這張以1:2500000比例製作的版本。它用來追蹤許多後來的月球登陸點，顯示人類對外太空製圖不減的熱情。

論 技術突破

1960年代的月球地圖照片已經被更複雜的科技所取代。1994年，美國的「克列門丁」（Clemeentine）月球任務用雷射光捕捉高度及地勢起伏，製作出月球遠近兩面的地形圖，找出過去沒有找到過的隕石坑和盆地。從2009年以來，太空總署的「月球勘測軌道飛行器」（Lunar Reconnaissance Orbiter）就一直在距月球表面僅50公里的上空繞行，目的是收集資料來製作月球表面3D立體地圖，以尋找未來可能的著陸地點，並找出潛在的月球資源。最近公布的地圖解析度已達到每像素相當於100公尺。

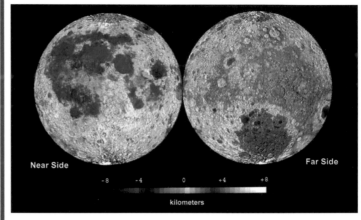

▲ 月球探測儀「克列門丁」捕捉到這些月球影像，用色階顯示地形變化。

細部導覽

放大區域

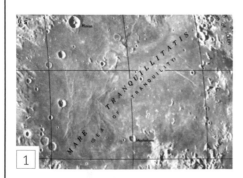

1

▲ **寧靜海** 里喬利把月球上大片暗沉的平原誤認為海洋，把它命名為「寧靜海」。阿波羅11號在1969年7月11日在此地登陸時，尼爾・阿姆斯壯說了一句：「休士頓，這裡是寧靜海基地，老鷹號著陸成功」，讓它成為一個不朽的歷史名詞。

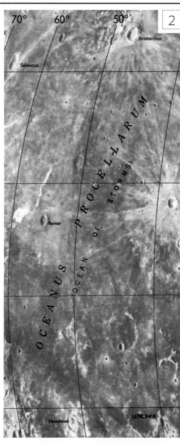

2

◀ **風暴洋（Ocean of Storm）** 里喬利把月球最大的盆地當成海洋。這個面積400萬平方公里的盆地是月球上最大的盆地。阿姆斯壯懷疑它是受到一顆巨大的流星撞擊造成的。這裡是阿波羅12號在1969年11月著陸的地點。

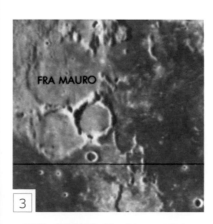

3

▲ **弗拉・毛羅高地（Fra Mauro Highlands）** 這個火山口和附近高地是阿波羅14號在1971年登陸的地點，以15世紀威尼斯製圖師的名字來命名（參見第72-75頁）。弗拉・毛羅的地圖同時畫出了地球與天堂。

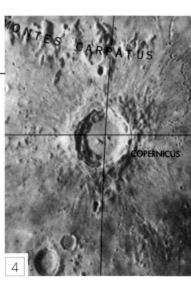

4

▲ **哥白尼隕石坑** 風暴洋的東方有個被里喬利以文藝復興時代天文學家哥白尼來命名的隕石坑。里喬利或許巧妙地暗示了哥白尼的宇宙日心說模型製造了一場永久的風暴；又或者，如某些歷史學者臆測的那樣，里喬利之所以把哥白尼放在月球地圖上，是默認自己接受了他的觀點。

等面積地圖

1973年 ▪ 印刷 ▪ 53公分X 82.5公分 ▪ 美國，麻薩諸塞州，ODT地圖公司

阿諾‧彼得斯

由歷史學者轉行的德國製圖師阿諾‧彼得斯，於1973年在當時還屬於西德的波昂（Bonn）一場記者招待會上發表了一張與眾不同的新世界地圖。彼得斯宣稱他的地圖為世界上受到殖民的國家及那些住在他稱為南方「發展中世界」的人提供平等性。覆蓋面積達6200萬平方公里的大部分非洲、南美洲和東南亞，與占據支配地位、「已發展」的北半球國家形成對比，後者覆蓋面積僅3000萬平方公里。彼得斯譴責傑拉德‧麥卡托那個用了400多年的投影法（參見第110-13頁）令世界製圖遵從歐洲中心的觀點，他認為這麼做「呈現一幅完全錯誤的圖像，在非白人的土地上尤其明顯」。

　　身為倡議社會平等人士的彼得斯使用「等面積」的方法，以忠實呈現表面積為製圖第一要務。他聲稱這樣繪製的地圖比麥卡托地圖正確，並修正了發展中國家的大小及位置。然而，專業製圖師反駁，認為彼得斯地圖上扭曲的距離會造成比其他地圖面積扭曲更嚴重的問題。他們還指出，沒有任何一張平面的長方形世界地圖能在不造成任何扭曲的前提下，再現球狀的地球。一開始，有許多宗教、救援、政治組織採用彼得斯的地圖，在世界各地發行了8000多萬份地圖；而且，它還多次發行更新版，包括2014年的這個版本。然而，今天實際上很少有人在使用此地圖。

阿諾‧彼得斯（Arno Peters）

1916年-2002年

德國歷史學者、製圖家阿諾‧彼得斯終生伸張平等與社會正義課題，他引起爭議，但也透過作品提出重要議題。

彼得斯出生於柏林一個左派家庭，在1930年代學習電影製作技術，然後才投入歷史，並寫了一份有關電影應用於宣傳的論文。他目擊第二次世界大戰的慘狀與後來的祖國分裂，深深撼動了他的政治觀點，因此他到東德以獨立學者的身分工作。彼得斯在1952年出版了一部別開生面但備受爭議的「同步」世界史，這部他稱之為「時間地圖」的歷史賦予非西方歷史同等的分量。這份作品給了他把興趣轉向地理學的靈感，並開始製作他的世界地圖。繼這份地圖於1973年出版之後，彼得斯還發表了一份宣言：《新製圖學》（New Cartography, 1983）、以及暢銷作品《彼得斯世界地圖集》（Peters Atlas of the World, 1989）。彼得斯定期修訂他的著名地圖，直到今天，雖然他已過世了十多年，他的地圖仍會與時俱進。

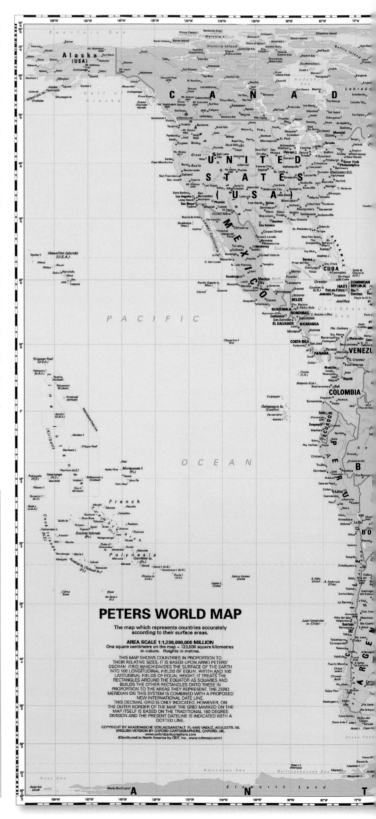

◄ **印尼** 身為香料貿易中心的印尼向來是歐洲製圖師的焦點。彼得斯將它視為發展中世界的一部分，要不是被西方地理學邊緣化，就是被扭曲。不幸的是，他畫的印尼出現了新的錯誤：南北縱長變成兩倍長、東西寬度卻只有一半寬。

◄ **歐洲** 彼得斯反對大部分西方投影法的理由是它們誇大歐洲的大小與中心性。歐洲面積只有970萬平方公里、英國的面積只占了地球陸地面積的0.16%。歐洲比其他任何大陸都要小，不過早於彼得斯的西方地圖和地圖集都沒有反映出這一點。

▼ **南極半島** 彼得斯雖然攻擊麥卡托的投影法，他選擇的座向及長方形圖面卻重蹈了這位法蘭德斯製圖師的許多錯誤及明顯變形的問題。因為彼得斯的投影法把地球想像成一個攤開的圓筒，所以他畫的南極半島和麥卡托的一模一樣，朝東西兩向延伸到無窮遠。

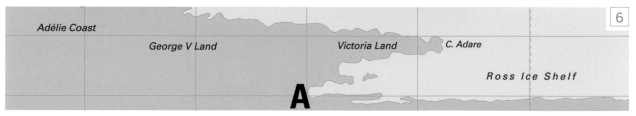

論 技術突破

彼得斯用一種叫做「正交等面積投影法」（orthographic equal-area projection）的技術製作他的地圖。這種方法把地球視為一個圓筒，然後把圓筒攤平為一個長方形，彼得斯堅稱這是用平面呈現地球最好的辦法。他設定南北緯45度線為兩條標準平行線，位於這個緯度的地區區塊變形最小，然後他計算地圖上陸塊的表面積，做出一張國家之間相對「等面積」的地圖。彼得斯宣稱這是一個革命性的辦法，能達到空前精準的程度。但事實上，蘇格蘭福音牧師及業餘製圖者詹姆斯·蓋爾（James Gail, 1808-95）1855年就已發明了這種辦法。

▶ **這張等面積地圖**根據的是詹姆斯·蓋爾和阿諾·彼得斯兩人的計算結果，稱作「蓋爾—彼得斯投影圖」。

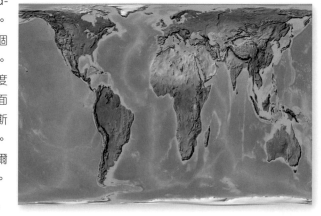

世界海床圖

1977年 ▪ 紙 ▪ 56.7公分X 97.4公分 ▪
美國，紐約，瑪麗・沙普地圖（Marie Tharp Maps）

比例

瑪麗・沙普、布魯斯・希森

雖然地圖史上的女性參與者少得可憐，還是出現過幾個值得敬重的例外。其中一位是地質學者瑪麗・沙普，她從1948年起就在美國哥倫比亞大學研究海床。她在接下來的20年裡纂輯支持大陸飄移說（continental drift）的資料——大陸飄移說認為地球各大洲橫跨海床飄移，是因為板塊（大片地殼）運動造成的。不幸的是，身為女性的沙普無法獲准加入測量海洋深度及等高線的航海探險。所以，她和一位男性合作夥伴布魯斯・希森（Bruce Heezen）共事，負責評估資料。史上第一張海床圖在兩人合作下誕生，繪製出變化萬千、多山的水底地形，說服科學界相信大陸飄移的真實性。

瑪麗・沙普（Marie Tharp）

1920年-2006年

出生於密西根的瑪麗・沙普從1948年起以地質學者與製圖師的身分在哥倫比亞大學拉蒙—多厄梯地球氣象站（Lamont-Doherty Earth Observatory）工作，在那裡遇見了終身合作夥伴布魯斯・希森。

沙普和希森的第一張「生理地圖」（physiological map）在1957年問世，然後，他們在1977年發表了完整的世界海床圖。同年，希森在冰島附近為研究出海時過世。沙普繼續在哥倫比亞大學工作，直到1983年退休為止。

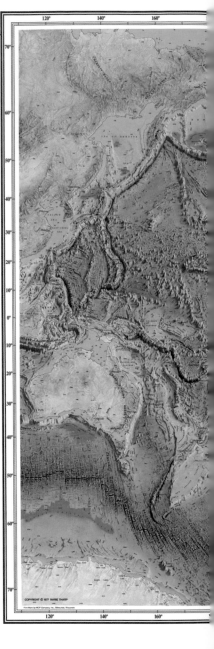

細部導覽

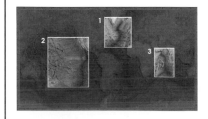

放大區域

▶ **大西洋中洋脊** 人稱「大西洋中洋脊」（Mid-Atlantic Ridge）的山脈在大西洋底從北邊的冰島往南縱向延伸到加納利群島。然而，沙普還注意到山脈中的一條裂谷，很可能只是地殼上的一條裂縫、板塊碰撞造成「飄移」的地點。這個發現震驚地質界，引起一片譁然，因為這個領域中的多數人都是「固定論」（fixism）者，斥「漂流說論」者為異端。

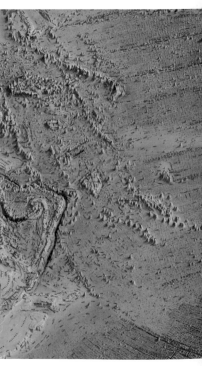

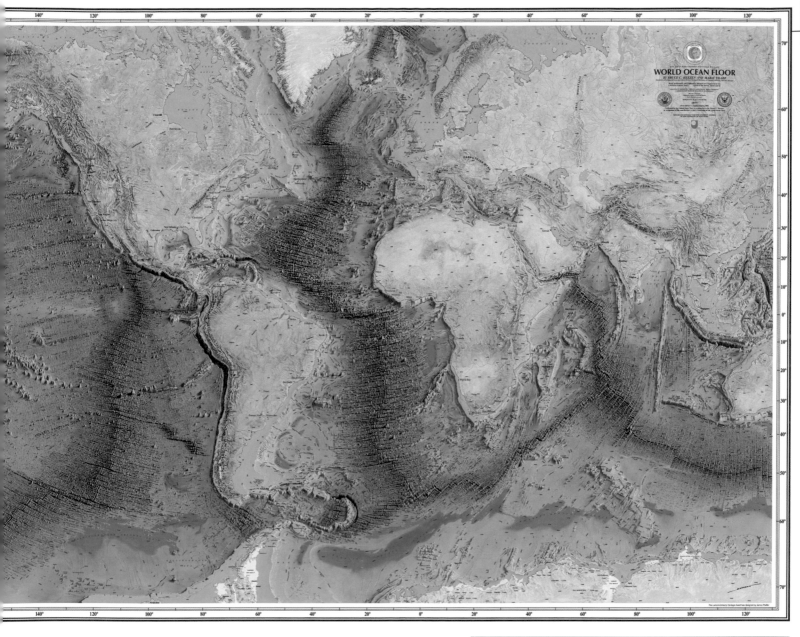

WORLD OCEAN FLOOR
BY BRUCE C. HEEZEN AND MARIE THARP

2

◀ **太平洋漂流** 沙普將資料收集範圍擴大到全世界，然後發現所有海床上都找得到類似大西洋上的這種裂谷。美國西岸外所謂的「東太平洋脊」（East Pacific Rise）在沙普的地圖上與幾個板塊（包括地球上最大的太平洋板塊）交會的地點，看起來像個巨大的裂縫。

▶ **東非裂谷系** 這是沙普向世人展現的另一座大裂谷，從阿拉伯半島穿越印度洋，縱貫超過6400公里長，延伸了64公里寬。沙普與藝術家海因利希·波藍（Heinrich Berann）攜手製作出一張3D地圖，帶來的視覺震撼力不遜於製圖史上其他任何地圖。

3

論 技術突破

探險船「維瑪號」（Vema）上搭載的聲納發出音波，然後透過海床反彈回來的音波，探測海床深度，沙普再對這些數據進行分析。她在大張紙面上標示深度測量值，建立海洋表面的3D檔案。這麼一來，她就能判別出可視作大陸飄移線索的地殼裂縫。接下來，沙普開始彙編她的「生理」海床地圖，繪製出與眾不同的地勢起伏（顯示如下）。

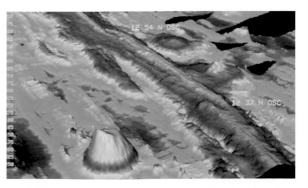

▲ **這張圖像**顯示透過聲納讀數取得的太平洋海床上「東太平洋脊」（East Pacific Rise）的樣貌。

世界地圖

1989年　■　刺繡於亞麻布上　■　2.3公尺X 4.6公尺　■　美國，紐約，現代藝術博物館

阿里傑羅・波提

比例

地圖的視覺力量一直受到藝術家的矚目，而且沒有哪個例子比阿里傑羅・波提知名的《世界地圖》（Mappa）系列更廣為人知。波提在1960年代晚期開始對地圖產生興趣。他描繪出巴勒斯坦和「占領區」的輪廓，這些人為形狀一

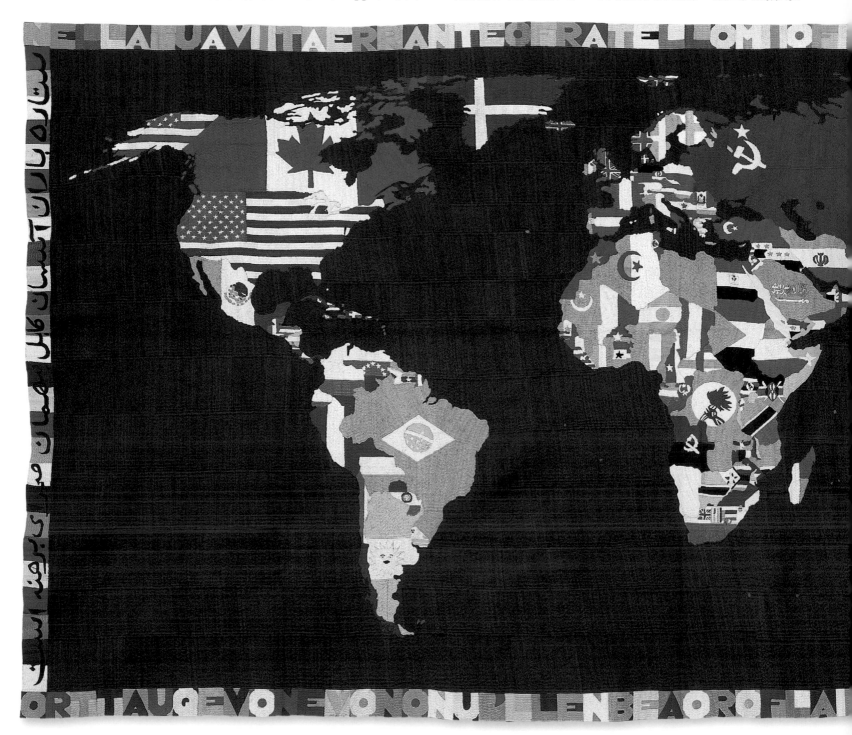

> 世界就像它原來的形狀，我沒有畫它；國旗就像它們原來的樣子，我沒有設計它們。簡而言之，我沒有創作任何東西。
>
> 阿里傑羅・波提

且經過複製，就可以貼上「藝術」的標籤。後來，波提在1971年第一次造訪巴勒斯坦，而且後來陸續前往多次。他

被當地織工的刺繡方法及材料所吸引，透過中間人，波提委託這些女匠師繡了一系列的世界地圖，除了地圖本身之外，他對設計、顏色都不給予製作指示。讓波提感興趣的是：由不同創作者去進行藝術創作，不經過合作或討論，將大量元素任由運氣和意外擺布、產生效果——例如地圖上海洋的顏色，是由織工以不同方式詮釋的。他還想要把藝術從「創造發明」的過程上移開，複製地圖就是一個絕佳的例子。

脈絡中的世界

這個系列經歷一段時間後產生了不同的意義。波提身為一名了解地圖投影法的概念藝術家，深諳想用「真實樣貌」呈現世界是徒勞無益的。他比較想要告訴世人，西方製圖學與阿富汗工藝間的鴻溝能夠經由生產勞作而填補起來。每張《世界地圖》還記錄了全球政局的震盪——波提運用國旗為各國疆域定界，所以能夠追蹤政治世界地圖在時間長河中的變化，尤其是那個生產這些地圖的國家：飽受戰火蹂躪的阿富汗。

阿里傑羅・波提（Alighiero Boetti）

1940年-1994年

阿里傑羅・波提名列義大利最早、也最傑出的一批觀念藝術家之列。他出生於義大利杜林（Turin），在法國巴黎學版畫。

打從1960年代晚期，波提便在家鄉首倡「貧窮藝術」運動（Arte Povera，參見第235頁）。波提深受藝術家杜象（Marcel Duchamp）的影響，早期作品不但有高度智性、極簡、而且充滿趣味，他利用塑膠、工業用布、燈飾來探索藝術與生活的界線。他也著迷於字母、數字和益智遊戲，從這裡可以預見他日後對地圖的興趣。他對地圖的興趣是在1970年代到阿富汗旅行期間產生的。波提還在喀布爾（Kabul）開設「一間旅館」（One Hotel），那裡也成為他在阿富汗的駐點，著名的世界地圖系列藝術也是在那裡孕育出概念的。

細部導覽

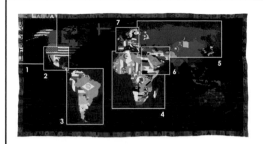

放大區域

▶ **文字鑲邊** 地圖左邊的鑲邊以波斯語寫著：「喀布爾繁星密布的天空如同一片沙漠」，右邊鑲邊的文字則是：「新雨從喀布爾天空降落到阿里傑羅·波提的房間」，上下的鑲邊則以義大利文寫道：「在你漂泊的人生中，我的兄弟，用雙眼盯住甜甜圈，別看著甜甜圈的洞」。

▲ **墨西哥** 波提從倫敦的一位製圖師那裡訂購最新的地圖和國旗，然後把它們分配給阿富汗織工，其中很多人從來不曾見過世界地圖或各國國旗。波提想要的達到的是：在創作中導入隨機的因子——墨西哥國旗和美國「星條旗」大膽的顏色對比即為一例。

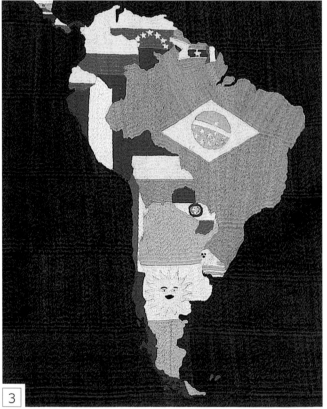

▲ **南美洲** 波提持續實驗不同的地圖投影法，他正視當代對不同投影法各自抱持政治偏見的問題。一開始他採用麥卡托投影法，但是，這張圖上的南美洲形狀和大小告訴了我們，到了1980年代晚期波提轉而支持美國製圖家亞瑟·羅賓森（Arthur Robinson）在1963年發明、廣為使用的投影法。

▶ **非洲** 我們可以從旗幟變化一窺後殖民時代非洲風雲丕變的政局。莫三比克揚起了1975年獨立後的新旗幟；安哥拉在同年自葡萄牙殖民統治獨立後的國旗，則令人想起蘇聯的鐮刀與鋤頭；就在安哥拉下方的納米比亞則因為1969-90年間的內戰，沒有旗幟，留下一片空白。

5

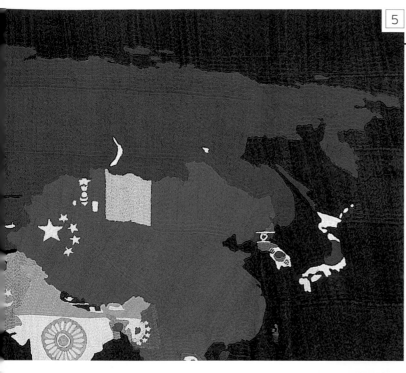

◀ **蘇聯及阿富汗** 這張地圖捕捉到1980年代晚期、蘇聯紅黃雙色旗上的鋤頭與鐮刀仍然支配著中亞的關鍵時刻。阿富汗當時仍受後來注定要走向敗亡的共產共和國統治,以它的第二面國旗(黑、綠、紅色,1987-1989年間使用)作為代表。這兩個國家都在三年內先後消失,被不同的政治意識形態取代、並改換不同的旗幟。

6

▲ **中東** 在1980年代晚期,包括伊拉克及伊朗在內的中東是國際上相對安定的地區。看著21世紀波灣戰爭及阿拉伯之春在地圖上造成的影響,凸顯了波提提出的政治世界的「織物」不斷流變的論點。

7

◀ **歐洲** 近距離觀察歐洲,可以很輕易看穿那和諧的表象下醞釀著的緊張關係。就在1989年柏林圍牆倒塌、揭開共產蘇聯解體序幕之時,南斯拉夫(右下方)的旗幟也將降下,即將升起的是波羅的海諸國的新旗幟。這裡塗的是尚未分裂前一片同色的蘇聯紅。

談 背景故事

波提以身為1960年代義大利「貧窮藝術」一員在藝壇取得一席之地,這個運動是戰後針對消費主義和美國抽象表現主義(Abstract Expressionism)的重大繪畫傳統所做出的回應。相對於這兩者,貧窮運動崇尚簡單的日常用品,包括石頭、木材、布料和塑膠。通常只會用最少的構思,避免流露過多藝術表現的意圖。類似波提這樣的藝術家尋找超越傳統繪畫雕塑、更直接、更戲謔的藝術的語彙,連身體也因為可以拿來作為實驗場域而變得重要。

▶ **阿里傑羅・波提的雕塑作品**《1969年1月19日,我在杜林作日光浴》(Me Sunbathing in Turin 19 January 1969)在英國倫敦泰特美術館展出。

統計地圖

2008年 ■ 數位技術 ■ 英國，雪菲爾，雪菲爾大學

世界繪圖者（Worldmapper）

由於關係到全球議題的統計資料日益複雜、數位技術催生愈來愈具革命性與多樣化的製圖技術，統計地圖已經在近來製圖發展中占有最重要的一席之地。統計地圖採用能夠統計量測的單一變數，例如人口或移民，把結果畫在地圖相應的陸地區塊上，表現該主題比例分布的圖像。

英國學者丹尼‧道靈是使用這個方法最具新意的其中

一人。他是「世界繪圖者」（World-mapper）的一員，這個團隊運用如聯合國、世界衛生組織、世界銀行等不同組織的資料，畫出世界人口（如下圖所示）、運輸、貧窮、健康、戰爭、色情業等多種主題地圖。

這些地圖不按照傳統辦法上色或添加陰影，而是根據每個主題所反映的情況膨脹或壓縮各國面積。這張統計地圖顯示2000年全球估計60億人口的分布情形。

丹尼‧道靈（Danny Dorling）

1968年-

丹尼‧道靈目前是牛津大學哈弗德‧麥金德地理講座教授，專攻地理學，在英國幾所大學擔任教席。

道靈是一位知名社會地理學家，著作豐富。他的作品側重於運用製圖技術將多種社會及人口統計資料視覺化，通常帶有強烈的政治、道德訊息，主訴貧窮、道德及住宅幾個議題。

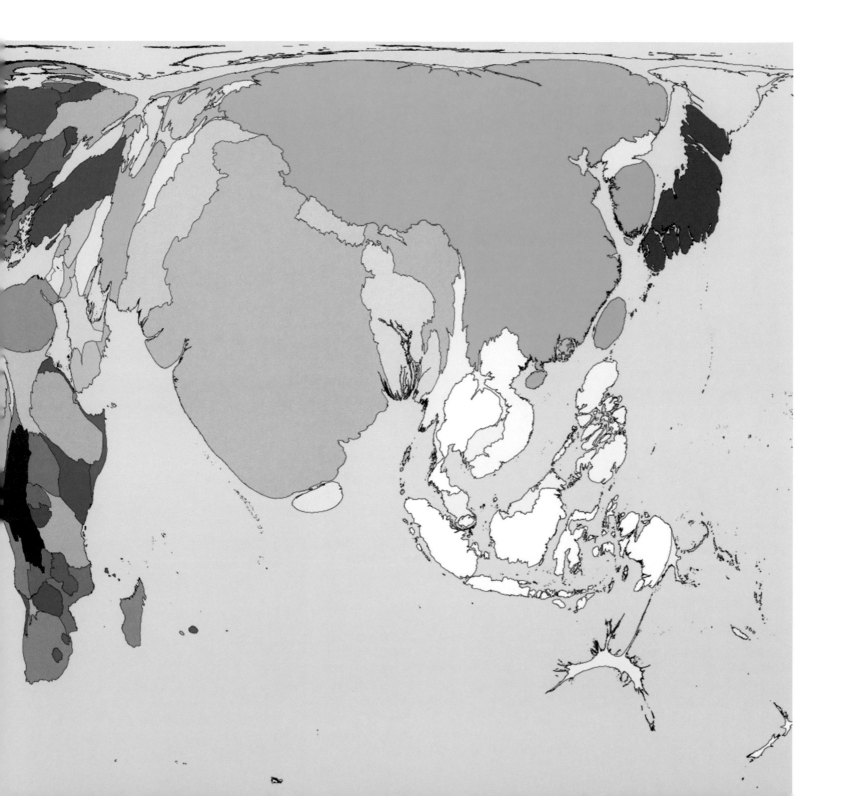

細部導覽

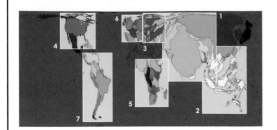

放大區域

▶ **印度** 印度雖然在歷史上的許多地圖中都屈居邊陲，在今日的政治地理地圖上卻相當顯眼，包括類似這樣的人口統計圖表。印度有超過12億的人口，是世界上人口數第二高的國家，僅次於中國。然而根據預測，印度人口將在2025年超越中國，並在2050年之前達到16億。

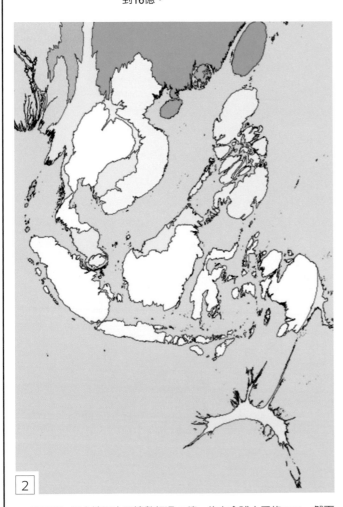

▲ **東南亞** 亞太地區人口總數超過42億，約占全球人口的60%。然而這個數字掩蓋了複雜的人口變化：由於出生率下降和死亡率變低，這個地區的人口成長率實際上已經下跌到只有1%。這個地區面臨的最大挑戰是，65歲以上人口預測將在2050年前成長三倍，達到13億。

▶ **俄國** 在這張統計地圖上能看見的驚人結果中，其中一個值得注意的點是地理政治學上的巨人俄國，正面臨人口劇烈減少的狀況，這透露出該國遇上了一些困境。俄國每平方英哩的土地上平均只有21人（大約是每平方公里8人），是世界上人口密度最低的幾個國家之一；近幾十年來，死亡率大增、出生率低迷。俄國目前的人口雖然穩定，某些預測卻估計在2050年以前，人口數會縮減到只剩下1億700萬人。

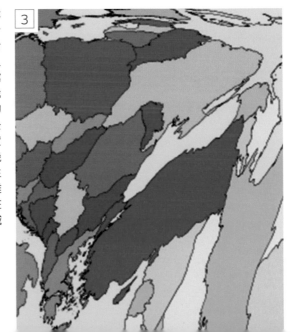

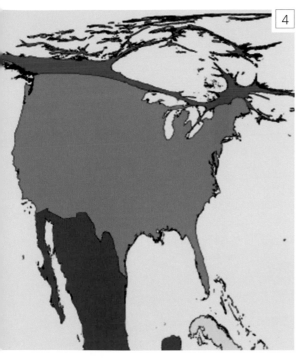

◀ **北美洲** 美國和俄國一樣，在這張地圖上看不出一般人預期的巨大或可觀。它的人口密度適中，每平方公里約有34人，由於移民減少的緣故，目前3億1200萬的人口維持相對穩定。然而，該國的人口估計將在2050年前增加28%，成長到將近4億。

論 技術突破

世界繪圖者團隊把不同的方程式應用在單一全球變因（如人口資料）上，打造了一系列高度震撼人心的統計地圖。他們用基礎物理驅動的數學模型「扭曲」傳統世界投影圖，根據選定的變因調整比例。這麼做產生的結果十分戲劇性，表達統計資料的方法前衛且畫面豐富，一般統計圖表很難達到這個效果。

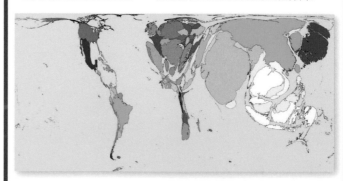

▲ 這張「**輕型機踏車與摩托車**」統計圖顯示摩托車擁有率在哪些國家最顯著。

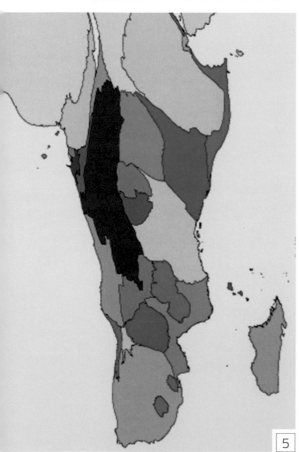

▲ **非洲** 非洲人口地域分布的相關度相當令人驚訝：蘇丹是非洲最大的國家，但它的3500萬人口卻大大少於領土小了許多的奈及利亞（1億7700萬人）。根據預測，到了2050年，世界上最貧窮的地區——撒哈拉沙漠以南的非洲人口將倍增到24億人。

▲ **英國** 英國人口有6370萬，在歐洲國家中排名第三，僅次於德國和法國。它的人口密度是每平方公里256人，在全世界名列前茅，因此顯得醒目。

▶ **南美洲** 南美洲是發展中的大陸，時常遭到製圖學的扭曲。由於在南美洲1780萬平方公里的土地上，只住了相對少的3億8600萬人（預測將在2050年前增長到4億8200萬人），所以在這張地圖上顯得相當狹長。

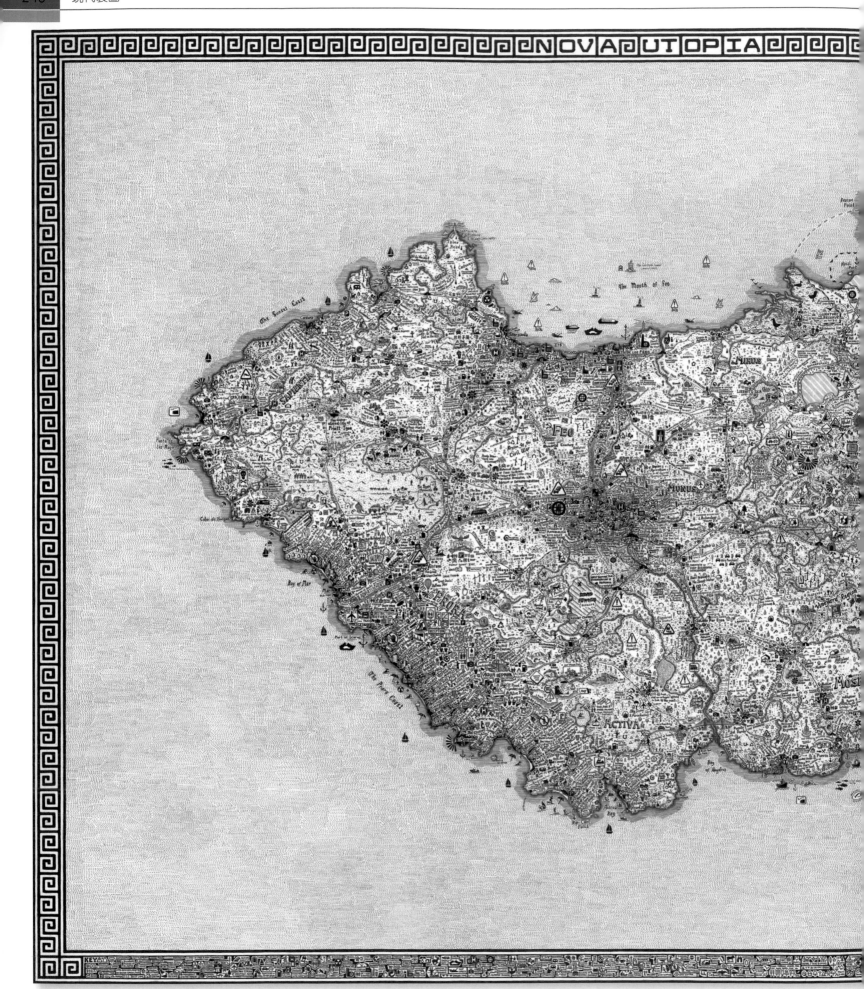

新烏托邦

2013年 ■ 數位印刷 ■ 1.34公尺 X 1.72公尺 ■
英國，倫敦，TAG藝術中心（TAG Fine Arts）

比例

史帝芬・華特

近年將烏托邦概念呈現在紙面上的幾種嘗試中，最逗趣、尖銳的大概是史帝芬・華特的《新烏托邦》（Nova Utopia）。華特畫的不是按照個人觀點打造的理想國樣貌，他的作品根據湯瑪斯・摩爾（Thomas More）著作中原始的烏托邦概念（參見第94-95頁）畫成，彷彿真有這個地方似的。他的地圖描繪1900年4月23日，當一群「資本家」擊敗「烏托邦人」時，一座被資本革命改頭換貌的島嶼。這可能是在影射聖喬治日（St George's Day），暗示華特的地圖就像摩爾的《烏托邦》一樣，也在評論現代不列顛。私人企業的勝利將這座島變成一座被稱作「休閒島」的豪奢旅遊景點。

華特對於「烏托邦是否仍是一個可行的概念」提問，並讓我們看到它的理想典範有多麼容易受到妥協。他以近乎強迫症的刻畫入微描繪當代生活較黑暗、反烏托邦的面向——即常被地圖忽略的面向。他說這個作品也「以地景、符號學、語源學和生活的繁瑣細節而自豪」。

新烏托邦位在介於絕妙、美麗、趣味、闊人、崇高、荒謬之間的某處。

史帝芬・華特

史帝芬・華特（Stephen Walter）

1975年-

英國藝術家史帝芬・華特自倫敦的皇家藝術學院畢業，以探索地方概念的印刷及繪圖作品聞名，通常以錯綜複雜到近乎偏執的細節描畫地圖。

華特的大多數作品都在記錄他的故鄉倫敦。他的印刷作品《地下》（Subterranea, 2012）呈現埋在地面下的倫敦，包括廢棄的地下鐵、污水管、墳場、歷史軼事和鬼故事；他那張如藤蔓蔓生的作品《那座島》（The Island）則是一張城市的詼諧、半歷史地圖，畫滿了刻板印象、地方知識、個人軼事及鮮為人知的事實。他的藝術標榜獨特的扭曲、非正式風格，而且時常供資訊給好奇的讀者，註明還可參考哪些書籍、網站尋找更多相關訊息。華特曾經在倫敦、柏林、雪梨、舊金山、特拉維夫等城市展出作品，也曾經設計過書籍、音樂專輯封面。

細部導覽

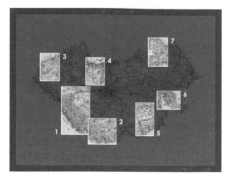

放大區域

▶ **觀光客的夢中景點：普洛拉海灘** 普洛拉（Prora）得名自一座納粹規畫的濱海休閒勝地，嘲諷現代大量觀光活動和過度開發掠奪當地生活。這個地區以「黃金國」（El Dorado）這樣的商業化海濱城鎮著稱。「黃金國」得名自一座傳說中的黃金城市，也是一齣受歡迎的英國肥皂劇劇名。

▲ **「激活鎮」的運動** 激活鎮（Activa）是一個「深受年輕人及運動人士喜愛」的地區，裡面有個紅燈區，還有一區裡住著「負擔不起繼續住在海濱的當地人」。

▶ **「智慧鎮」，「真正的」烏托邦** 「智慧鎮」（Sapientia）的鎮名源自希臘文的「智慧」，它還保有傳統烏托邦生活的殘跡，而且以一座大型養老村的姿態出現。

▼ 「Feo」 新烏托邦的首都「Feo」（西班牙文，意即「醜陋」）地區是一片荒廢的工業用地，裡面有當地人保留作為該國首都用地的「新烏托邦」（Novus Utopos）。華特在這裡以他尖酸的政治頭腦觀察到：「住宅高級化可能很快就會發生」。

▼ 遠離塵囂 摩斯里斯這座島的傳統鄉間靜養地摩斯里斯（Mosris）並沒有逃過商業化的衝擊。華特叮囑：「強烈建議您事先預定行程及安排交通」。

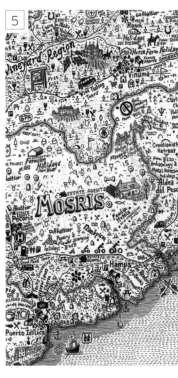

談 背景故事

烏托邦地圖是一種歷史悠遠的藝術傳統，華特的地圖不過是其中一部分。這個藝術傳統可以回溯至阿姆布羅修斯・霍爾班（Ambrosius Holbein）1518年的木刻作品（參見第94-95頁）。《新烏托邦》的「美學範型」是一張文藝復興時期的烏托邦地圖，由知名法蘭德斯製圖家亞伯拉罕・奧特柳斯製作於1598年，該圖直接受到湯瑪斯・摩爾的《烏托邦》（1516）啟迪。像華特這樣的製圖師和藝術家很有興趣探索如何將烏托邦轉呈為一座圖紙上的「烏有之鄉」、一個任他們投射各種當代的希望和恐懼的虛構世界。

▲ 湯瑪斯・摩爾的《烏托邦》書名頁。

▲ 弗洛里斯的下流富人 充斥遊艇、別墅的高級休閒勝地、富豪的遊樂園弗洛里斯（Flosris）一次道盡許多人夢中的烏托邦應有的樣子，那裡甚至還有個叫作「天堂」（Paradise）的地方。不過，它也有它反烏托邦的一面──整形手術度假村、時髦人物的派對場地，闖入的閒雜人等可能會遭起訴。

▲ 另類的「賽克倫」 賽克倫（Sacrum）是一個反對私有化的另類文化庇護所，為華特的新烏托邦帶來一線希望。它以生態意識及提倡有機為傲。華特注意到，相對於「島上較主流的觀光圈套」，這個地區近日變得愈來愈受歡迎。

Google地球

2014年 ■ 數位技術 ■ 美國,加州

Google

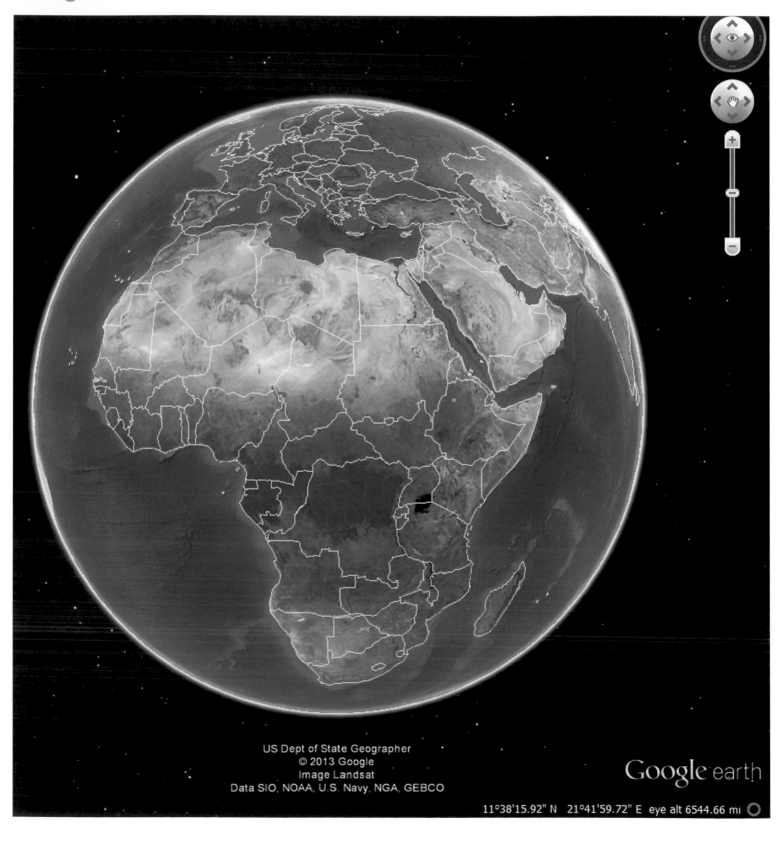

US Dept of State Geographer
© 2013 Google
Image Landsat
Data SIO, NOAA, U.S. Navy, NGA, GEBCO

Google earth

11°38'15.92" N   21°41'59.72" E   eye alt 6544.66 mi

1990年代的網路革命改變了人類溝通、蒐集資料、甚至貿易往來的方式。目前，Google搜尋引擎在「地理空間」應用程式——結合地理資料的電腦軟體——的市場上，具有支配地位。這家公司在2005年創設「Google地球」，一個涵蓋全球大部分地區——以及地球之外——的應用程式，使用者可以把視野從外太空拉近到自家，然後再推遠回去，總共只要幾秒鐘時間。Google地球正在擴大地圖的傳統定義，甚至是其功能：它讓使用者能開啟或關閉政治邊界、用3D模式觀看地形、串流視訊內容。Google預測它的網路搜尋有三分之一需要動用到地理資訊，他們相信超過半數的手機使用者都在使用以「Google地圖」形式提供服務的Google地球。不過，有批評認為Google地球的服務範圍以及它提供的訊息已經涉及壟斷、侵害隱私權、甚至危害全球安全。

地圖資料未來最大的消費市場將會是行動電話。

布萊恩・麥克蘭登（**Brian McClendon**），Google地圖工程部副總裁

談 背景故事

Google地球勝出其他對手的優勢在於獲取了這個應用程式所需的大量資訊——超過十拍位元組、來自商業衛星及空中攝影的資訊。它還率先使用像「clip mapping」這樣的科技，讓一張影像以不同的解析度出現在螢幕上，確保Google地球能夠快速「縮放」影像，過程平順，沒有跳躍感。這項技術也開發使用在「Google地圖」上（見下圖）。

▲ **使用者**可以放大這張地圖的任何部分，搜尋當地街道及商號的詳細情形。

細部導覽

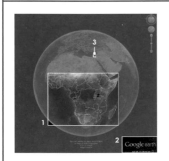

放大區域

◀ **與地球的距離** Google地圖的開啟畫面顯示地球在太空中自轉，有如從太空人的角度見到的樣子。觀看地球的高度大概是衛星環繞地球的位置。當你拉近時，高度也隨之降低。

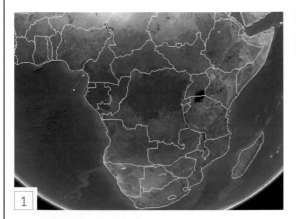

▲ **政治邊界** Google地圖提供多種工具，使用者可以為他們的地圖進行個人化設定：他們可以開啟或關閉政治邊界，例如這裡顯示的非洲，甚至將較早的歷史地圖重疊在今日的地圖上。

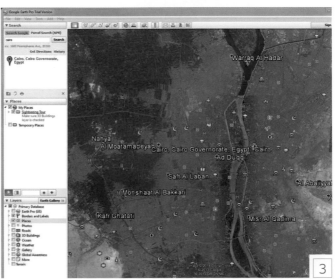

◀ **開羅** 使用者可以輕鬆地從Google地球切換到Google地圖，例如這裡顯示的開羅。拉近之後，可點選的地標物增加，從自然地理擴大到建築、商號、店家、餐廳、旅館。Google從付費顯示在地圖上的商號那裡得到廣告收益。

索引

謝誌

DK出版社感謝以下人員在成書過程中提供協助
感謝史密森學會Jim Harle（自然史博物館志願策展人）審訂；感謝 Richard Gilbert, Georgina Palffy, Priyaneet Singh和Phil Wilkinson 協助編輯；感謝Margaret McCormack編纂索引；感謝Martin Copeland協助圖像方面的研究；感謝Vishal Bhatia協助桌面出版工作；感謝Carrie Mangan協助行政事宜

出版者特別要向下列人士致謝，感謝他們提供DK出版社影像資料：
Luca Giarelli for the Bedolina Petroglyph, Mark Pretlove for the Britannia Road Atlas, and Patrick Rodgers for the Haggadah.

出版者感謝以下單位／人士授權我們在書中使用他們的照片。

(Key: a-above; b-below/bottom; c-centre; f-far; l-left; r-right; t-top)

1 The Bodleian Library, University of Oxford: MS. Pococke 375, fol. 3b-4a (cl). Getty Images: British Library / Robana (cr). Map Reproduction Courtesy of the Norman B. Leventhal Map Center at the Boston Public Library: (c). 2–3 Museo Naval de Madrid. 4–5 The Library of Congress, Washington DC: G3200 1507 .W3 Vault. 6–7 Corbis: (t). Library of the London School of Economics & Political Science: Booth's Maps Descriptive of London Poverty 1898-1899 (b). State Library of New South Wales: Safe / M2 470 / 1617 / 1 (c). 8–9 Getty Images: A. Dagli Orti / De Agostini. 10 © 2014, Biblioteca Apostolica Vaticana: Urb.gr.82.ff.60v-61r by permission of Biblioteca Apostolica Vaticana, with all rights reserved (b). 11 The Bodleian Library, University of Oxford: MS Arab. c. 90, fols. 23b-24a (b). The Mappa Mundi Trust and Dean and Chapter of Hereford Cathedral: (tr). 12–13 The Library of Congress, Washington DC: G3200 1507 .W3 Vault (bc). 12 Museo Naval de Madrid: (bl). 13 The Bodleian Library, University of Oxford: MS. Arch. Selden. A1, fol. 2r (br). 14 The Rosenbach of the Free Library of Philadelphia Foundation: [Haggadah]. Seder Hagadah shel Pesah: ke-minhag Ashkenaz u-Sefarad. Amsterdam: Bevet ha-meshutafim…Shalit, [5] 455 [i.e. 1695] (b). 15 Library of the London School of Economics & Political Science: Booth's Maps Descriptive of London Poverty 1898-1899 (bl). 16 Copyright by Marie Tharp 1977/2003. Reproduced by permission of Marie Tharp: (br). Map Reproduction Courtesy of the Norman B. Leventhal Map Center at the Boston Public Library: (bl). 17 Google Earth: Map data: Google, DigitalGlobe, SIO, NOAA, U.S. Navy, NGA, GEBCO (bl). U.S. Air Force: (br). 18–19 The Bodleian Library, University of Oxford: MS. Pococke 375, fol. 3b-4a. 20–21 Luca Giarelli. 21 Alamy Images: LOOK Die Bildagentur der Fotografen GmbH (cra). 22–23 Corbis. 22 Dorling Kindersley: (bl). 24–27 © 2014, Biblioteca Apostolica Vaticana: Urb.gr.82.ff.60v-61r by permission of Biblioteca Apostolica Vaticana, with all rights reserved. 24 Getty Images: The Bridgeman Art Library (bc). 27 Alamy Images: AF Fotografie (cra). 28–31 ÖNB/Wien: Cod. 324. 29 Stadt Augsburg: (cra). 31 Alamy Images: Universal Art Archive (br). 32–33 akg-images: Erich Lessing. 32 akg-images: (tr). Alamy Images: MB Travel (bl). 34 akg-images: (tl); Erich Lessing (bc). Corbis: The Gallery Collection (cl). 34–35 akg-images: Erich Lessing (c). 35 akg-images: Erich Lessing (cr, tr). Alamy Images: Art Directors & TRIP (bl). Rough Guides: Jean-Christophe Godet (br). 36–39 akg-images: British Library. 39 TopFoto.co.uk: World History Archive (tr). 40–43 The Bodleian Library, University of Oxford: MS Arab. c. 90, fols. 23b-24a. 43 The Art Archive: Bodleian Libraries, The University of Oxford (cra). 44–45 The Library of Congress, Washington DC:. G7821. C3 1136 .Y81. 44 Alamy Images: Eddie Gerald (bc). 46–49 The Bodleian Library, University of Oxford: MS. Pococke 375, fol. 3b-4a. 49 Getty Images: G. Dagli Orti / De Agostini (br). 50–51 Getty Images: De Agostini. 50 Getty Images: British Library / Robana (cra). 52–55 Bibliothèque nationale de France, Paris. 55 Photo Scala, Florence: White Images (br). 56–59 The Mappa Mundi Trust and Dean and Chapter of Hereford Cathedral. 59 Getty Images: British Library / Robana (cra). 60–61 Museo Naval de Madrid. 62–65 Bibliothèque nationale de France, Paris. 65 Photo Scala, Florence: White Images (br). 66–67 Lebrecht Music and Arts: Pictures from History / CPAMedia. 68–71 James Ford Bell Library, University of Minnesota, Minneapolis, Minnesota. 71 SuperStock: Iberfoto (br). 72–73 Photo Scala, Florence. 73 Corbis: Chris Hellier (cr). 74 Getty Images: A. Dagli Orti / De Agostini (br); De Agostini (tr). Photo Scala, Florence: (tl, clb). 75 Getty Images: De Agostini (crb); G. Dagli Orti / De Agostini (cra). Photo Scala, Florence: (tl, bl). 76–79 Museo Naval de Madrid. 76 Getty Images: De Agostini (cb). 79 Photo Scala, Florence: The Metropolitan Museum of Art / Art Resource (cr). 80–81 Getty Images: A. Dagli Orti / De Agostini. 82–83 akg-images: Erich Lessing. 83 Corbis: Alfredo Dagli Orti / The Art Archive (br). 84–85 Corbis. 85 Getty Images: A. Dagli Orti / De Agostini (cra). 86–89 The Library of Congress, Washington DC: G3200 1507 .W3 Vault. 86 University of the Americas Puebla, Mexico Foundation: Anonymous, Martin Waldseemüller, oil on canvas, 1911 172 x 109 cm (c). 89 The Library of Congress, Washington DC: G3201.B71 1507 .H6 1879 (cr). 90 Photo Scala, Florence: Heritage Images (br). 91–93 Alamy Images: Images & Stories. 94–95 Photo Scala, Florence: British Library board / Robana. 94 Photo Scala, Florence: BPK, Bildagentur fuer Kunst, Kultur und Geschichte, Berlin (cra). 96–99 Photo Scala, Florence: British Library board / Robana. 99 akg-images: Cameraphoto (cra). 100–103 © 2014, Biblioteca Apostolica Vaticana: A.-Z.Carte Nautiche Borgiano III. by permission of Biblioteca Apostolica Vaticana, with all rights reserved. 103 akg-images: (cra). 104–105 The Bodleian Library, University of Oxford: MS. Arch. Selden. A1, fol. 2r. 105 Alamy Images: Visual Arts Library (London) (bl). 106–109 Courtesy of Centre for Newfoundland Studies, Memorial University Libraries. 109 TopFoto.co.uk: (cr). 110–113 Bibliothèque nationale de France, Paris. 110 Corbis: Christie's Images (bc). 113 collectie Maritiem Museum Rotterdam: (tr). 114–115 The Bodleian Library, University of Oxford: MS. Selden Supra 105. 116–117 Getty Images: British Library / Robana. 118–121 Photo Scala, Florence. 121 Corbis: Stefano Bianchetti (br). 122–125 State Library of New South Wales: Safe / M2 470 / 1617 / 1. 122 Alamy Images: AF Fotografie (bc). 125 akg-images: British Library

(br). 126–129 James Ford Bell Library, University of Minnesota, Minneapolis, Minnesota: The Ricci map is owned by the James Ford. 129 Getty Images: Hulton Archive (br). 130–133 The Bodleian Library, University of Oxford: MS. Selden Supra 105. 130 Getty Images: Universal Images Group (cr). 133 Corbis: Keren Su (br). 134–137 The Library of Congress, Washington DC: G2306.R5 M3 1644. 134 Corbis: Imaginechina (bc). 137 The Bridgeman Art Library: Private Collection (br). 138–141 By permission of The British Library. 141 The Art Archive: Bodleian Libraries, The University of Oxford (br). 142–145 Harry Ransom Center, The University of Texas at Austin. 143 Het Scheepvaartmuseum: (crb). 145 Mary Evans Picture Library: (bc). 146–149 Gillmark Map Gallery (gillmark.com). 147 Alamy Images: AF Fotografie (bl). 149 By permission of The British Library: (br). 150–153 Getty Images: British Library / Robana. 153 Corbis: (br). 154–155 Bibliothèque nationale de France, Paris. 155 The Bridgeman Art Library: Private Collection / Archives Charmet (tc). Photo Scala, Florence: White Images (tr). 156–159 The Rosenbach of the Free Library of Philadelphia Foundation: [Haggadah]. Seder Hagadah shel Pesah: ke-minhag Ashkenaz u-Sefarad. Amsterdam: Bevet ha-meshutafim…Shalit, [5] 455 [i.e. 1695]. 159 Corbis: Lebrecht Music & Arts (tr). 160–161 Barry Lawrence Ruderman Antique Maps / www.raremaps.com. 162–165 Bibliothèque nationale de France, Paris. 163 The Walters Art Museum, Baltimore: Detail from Portrait by Jean-Marc Nattier 38.101 (br). 165 Alamy Images: Image Asset Management Ltd (br). 166–167 British Geological Survey: CP13 / 107 © NERC. All rights reserved. 168–171 By permission of The British Library. 171 Alamy Images: Universal Art Archive (br). 172–175 The Library of Congress, Washington DC: G3300 1775 .M5. 175 Getty Images: British Library / Robana (br). 176 Getty Images: Universal Images Group (cr). 176–179 Photo Scala, Florence: BPK, Bildagentur fuer Kunst, Kultur und Geschichte, Berlin. 180–183 akg-images: British Library. 183 Alamy Images: AF Fotografie (br). 184–187 British Geological Survey: CP13 / 107 © NERC. All rights reserved. 185 Science Photo Library: Paul D Stewart (br). 187 Getty Images: Science & Society Picture Library (br). 188–189 The Library of Congress, Washington DC: G7960 s43 .l6. 188 Alamy Images: amana images inc. (c). 190–191 Smithsonian Institution, Washington, DC, USA. 192–193 Photo Scala, Florence: British Library board / Robana. 193 Wellcome Images: (br). 194–197 The Library of Congress, Washington DC: G3861. E9 1860 .H4 CW 13.2. 197 Princeton University Library: Donations aux pauvres, Plate V. André-Michel Guerry. Essai sur la statistique morale de la France (1833) Historic Maps Collection, Department of Rare Books and Special Collections (br). 198–201 Royal Geographical Society. 201 Alamy Images: AF Fotografie (br). 202–203 Smithsonian Institution, Washington, DC, USA. 203 Alamy Images: AF Fotografie (cla). 204–207 Library of the London School of Economics & Political Science: Booth's Maps Descriptive of London Poverty 1898-1899. 204 Getty Images: Time & Life Pictures (cb). 207 Library of the London School of Economics & Political Science: BOOTH / B / 354 pp6- 7 (br). 208-209 Photo Scala, Florence: BPK, Bildagentur fuer Kunst, Kultur und Geschichte, Berlin. 208 Agence France Presse: National Geographic (bl). 210–211 Copyright by Marie Tharp 1977/2003. Reproduced by permission of Marie Tharp. 212–215 Map Reproduction Courtesy of the Norman B. Leventhal Map Center at the Boston Public Library. 215 Royal Geographical Society (br). 216–219 TfL from the London Transport Museum collection: Harry Beck. 216 © 1965 Ken Garland: (bc). 219 The Stapleton Collection: Harry Beck (bc). 220–223 © The Estate of R. Buckminster Fuller: Dymaxion™ Air-Ocean World, R. Buckminster Fuller & Shoji Sadao, Cartographers. 220 Getty Images: Bachrach (bc). 223 Roland Smithies / luped.com: (cr). 224–225 U.S. Air Force. 225 Lunar and Planetary Institute: Image processing by Brian Fessler and Paul Spudis (cra). 226–229 Oxford Cartographers, Oxford, UK: Akademische Verlagsanstalt, Germany / ODT, Inc. Massachusetts, USA. 229 Alamy Images: Michael Schmeling (br). 230–231 Copyright by Marie Tharp 1977/2003. Reproduced by permission of Marie Tharp. 230 Reproduced by kind permission of Marie Tharp Maps, LLC (c). 231 Science Photo Library: Dr Ken Macdonald (br). 232–235 Photo Scala, Florence: Private Collection / Photo © Christie's Images / DACS (Design And Artists Copyright Society), © Estate of Alighiero e Boetti / DACS 2014. 233 Corbis: Christopher Felver (crb). 235 Corbis: Finbarr O'Reilly / Reuters / DACS (Design And Artists Copyright Society), © Estate of Alighiero e Boetti / DACS 2014 (bl). 236–239 Worldmapper, © Copyright 2006 SASI Group (University of Sheffield) and Mark Newman (University of Michigan), www.worldmapper.org. 237 Getty Images: Jeremy Sutton-Hibbert (tr). 240–243 Courtesy of TAG Fine Arts. 243 akg-images: (cra). 244–245 Google Earth: Map data: Google, DigitalGlobe, SIO, NOAA, U.S. Navy, NGA, GEBCO. 246–247 The Bodleian Library, University of Oxford: MS Arab. c. 90, fols. 23b-24a

Jacket images: *Front, Back and Spine:* Getty Images: A. Dagli Orti / De Agostini

All other images © Dorling Kindersley

For further information see:
www.dkimages.com

關於作者

傑瑞・波頓（Jerry Brotton）
倫敦瑪麗皇后大學擔任文藝復興學教授，也是地圖史和文藝復興製圖學兩個領域裡的翹楚。波頓著有《十二幅地圖看世界史》（A History of the World in Twelve Maps）和《變賣先王遺物：查理一世和他的藝術收藏》（The Sale of the Late King's Goods: Charles I and his Art Collection），後者曾入圍塞繆爾・約翰生獎（Samuel Johnson Prize）和西塞爾－提爾曼史學獎（Hessell-Tiltman History Prize）決選名單。曾主持英國廣播公司（BBC）的電視節目《地圖：權力、掠奪與占有》（Maps: Power, Plunder and Possession）。

王敏穎
台灣大學建築與城鄉研究所碩士，美國哥倫比亞大學建築歷史與理論博士。曾經從事建築設計，現為自由譯者，改用羅賽塔石解析巴別塔的構築。旅居美東逾15年，2008年獲第35屆香港大學青年文學獎公開組優異獎。譯有《國家地理封面故事》、《尋訪真實歷史上的耶穌》、《巴黎》等書。